"바보들의 행진!
이것은 수천 수만의 노동자들이 겪은 역사적인 사실이자,
용감했던 우리 친구들의 이야기입니다"

조지송 평전

산업선교의 선구자, 노동자들의 벗

초판 1쇄 인쇄 2022년 1월 5일
초판 1쇄 발행 2022년 1월 10일

기획   영등포산업선교회
지은이   서덕석
펴낸이   이영선
책임편집 김선정

편집   이일규 김선정 김문정 김종훈 이민재 김영아 김연수 이현정 차소영
디자인   김회량 이보아
독자본부 김일신 정혜영 김민수 박정래 손미경 김동욱

펴낸곳 서해문집 | 출판등록 1989년 3월 16일(제406-2005-000047호)
주소 경기도 파주시 광인사길 217(파주출판도시)
전화 (031)955-7470 | 팩스 (031)955-7469
홈페이지 www.booksea.co.kr | 이메일 shmj21@hanmail.net

ISBN 979-11-92085-07-4 03230

조 지 송

평 전

영등포산업선교회 기획
서덕석 지음

산업선교의 선구자, 노동자들의 벗
조지송 목사의 삶과 사랑

서해문집

발간사

방황하는 한국 교회와 기독인들에게 길잡이가 될 《조지송 평전》을 내놓으며

이근복 목사
(영등포산업선교회 3대 총무, 조지송목사기념사업회 운영위원장,
한국기독교목회지원네트워크 원장)

"작은 체구에 조용하고 차분한 목소리, 늘 빛바랜 회색 점퍼를 입으시고 조금은 차갑고 냉정하며 엄격하게 말씀하시지만, 언제나 우리들의 얘기를 경청해주셨고, 삶에서 가장 중요한 부분들을 소그룹 모임을 통해서 시시때때로 해주셨던 천금 같은 그 말씀들 지금도 잊지 않고 기억하면서 살아가고 있습니다. '인간은 인간답게 살아야 한다. 인생을 돈 때문에 살면 안 되고, 돈의 노예가 되어서는 더더욱 안 된다'고 하셨죠. (…) 우리 노동자들과 함께 세상의 부당한 권력에 맞서 싸우며 온갖 억압과 핍박을 마다하지 않으셨던 노동자들의 아버지, 그리운 목사님…. 그런 고난의 와중에도 변함없이 정의의 한 길을 걸으셨던 그때가 엊그제 같은데 세월의 흐름은 참으로 덧없습니다."

"영등포산업선교회 조지송 목사의 산업선교의 의의는 한국 교회 중 일부가 노동자들의 편을 든 것, 노동자들의 정체성 회복과 성장, 교육·훈련을 통한 노동자들의 대중운동, 사회적 행동, 산업사회에서 새

로운 신학함의 시도, 세계교회협의회 도시산업선교(WCC URM)의 모
범 사례 등이다."

지난 2021년 1월 22일에 열린 조지송 목사 2주기 선교 세미나에서
나온 박송아(박점순) 권사(성문밖교회)의 증언과 황홍렬 교수(부산 장신
대학교)의 발제문 가운데 일부입니다. 바로 이런 이유로 우리는 조지
송 목사님을 깊이 주목하고 이 평전을 내놓습니다.
돌이켜보면 1983년에 제가 영등포산업선교회에서 사역을 시작할
때 다른 교단의 목회자들과 함께 조 목사님에게서 노동 훈련을 받았
습니다. 공장 노동 생활에 대해 보고하면 귀한 말씀을 주셨습니다.
그 가르침 덕분에 부족함에도 지금까지 사회선교의 길을 가고 있다
고 생각합니다.
조 목사님은 1961년에 '산업전도'로 사역을 시작하셨지만, 노동 현
장에 대한 깊은 고뇌와 결단으로 '산업선교'라는 새로운 패러다임으
로 전환하여 노동자들의 권익과 주체성 제고, 노동문제의 사회화에
크게 기여하셨습니다.
이 평전은 조지송 목사님의 산업선교를 향한 열정과 고귀한 삶이 그
대로 묻혀 있어서는 안 된다는 자각에서 출발했습니다. 조 목사님은
당신의 이야기가 알려지기보다 고난의 시기를 함께했던 노동자들에
게 관심을 가지라면서 본인에 대한 책이나 글을 극구 사양하셔서 생
전에는 소개할 수가 없었습니다.
한국 민주화운동에 산업선교가 기여한 부분을 기록한다는 의미에서
2010년 민주화운동기념사업회의 '민주화운동 기록물 편찬 사업 공

모'에 응모했던 〈조지송 목사와 영등포산업선교회〉를 저자 서덕석 목사가 미완성 상태의 초고로 제출했는데, 그 글이 평전의 주춧돌이 되었습니다. 저자는 조지송 목사님의 삶을 제대로 담아내려면 '내가 조지송이 되어야만 한다'는 심정으로 그를 면담하고 함께 일했던 동료 실무자와 당시의 노동자들을 만나 당시의 상황을 재구성했습니다.

김용복 박사님과 유승희 연구원이 형식에 구애받지 않는 대담을 통해 '조지송과 영등포산업선교 증언' 채록 작업을 진행하여 방대한 녹음테이프를 만들고 이를 영등포산업선교회 실무자들이 글로 풀어 옮겼는데, 그 노고에 특별히 감사드립니다.

또한 민주화운동기념사업회와 영등포산선회관의 자료실에 묻혀 있던 문서들을 체계적으로 발굴하여 2020년 숭실대학교 문화선교연구소가 출판한 《영등포산업선교회 산업선교 자료총서》(8권)로 묶어낸 김명배 교수님의 수고가 컸습니다. 조 목사님은 해오신 일들을 글로 남기는 것을 꺼려 자료가 빈약했는데, 이 두 자료가 기본 텍스트로서 큰 도움이 되었습니다.

기억할 만한 일은 조 목사님께서 주님의 부르심을 받은 지 30개월 된 지난 7월 16일, 장로회신학대학교 최동빈, 김주역 두 신학생이 5개월간 '기독 학생 노동 훈련'을 마치고 감사 예배와 보고회를 가진 것입니다. 별것 아닌 것 같지만 2002년 이후 조 목사님이 시작하신 노동 훈련이 사실상 중단되고 있던 와중이라 한국 교회의 사회선교에 새로운 희망의 씨앗을 뿌린 사건입니다. 이렇게 교회와 사회, 노동운동의 새 길을 만드는 일에 많은 이들이 동행하길 고대합니다.

이 평전이 나오기까지 애쓴 분들이 많지만, 몇 분에게는 특별히 감사를 드립니다. 평전 집필에 목숨 걸듯 수고한 저자 서덕석 목사님, 조 목사님의 동역자로서 당시를 생생하게 증언해주신 인명진 목사님, 해외의 지원을 되살려내신 오재식, 안재웅 목사님과 김용복 박사님, '하나의 집' 시절을 증언해주신 청주도시산업선교회 조순형 전도사님, 당시의 산업선교 여성 노동자들, 역대 실무자들 그리고 평전 출간을 지지하고 적극 격려해주신 예장총회 변창배 사무총장님, 영등포노회의 곽근열 노회장님, 정명철 산업선교위원장님, 또한 조지송 목사 2주기 추모 행사를 후원하고 설교하신 영락교회와 김운성 목사님, 예장 산업선교 공동체인 '일하는 예수회' 회원들과 출판 실무를 뒷받침한 영등포산선 손은정 총무님과 실무자들의 노고에도 감사를 표합니다.

조지송 목사님 평전이 나올 수 있도록 흔쾌히 출간을 결단해주신 서해문집 김흥식 대표님과 김선정 이사님의 배려에 감사드립니다. 무더위 속에서 초고를 읽어주시고 소중한 조언과 함께 기꺼이 추천해주신 김용복 교수님, 김동춘 교수님, 배현주 원장님, 송효순 집사님, 장윤재 교수님께 두 손 모아 감사드립니다.

다른 누구보다도 조 목사님을 존경하며 따르는 삶을 사신 노동자 선배님들의 애정과 뜨거운 지지를 기억하며 조지송 목사님과 함께했던 노동자들께 이 책을 바칩니다.

바라기는 이 평전이 늘 낮은 자리에서 노동자들을 온몸으로 섬기시고 헌신하신 목사님의 삶과 선교, 신학과 철학이 오롯이 드러나서, 여전히 노동의 가치를 인정받지 못하고 소외되고 고통받는 노동자들의 등불이 되고, 코로나 시대에 들어서 더욱 방황하는 한국 교회에 이정표가 되길 소망합니다.

지금 여기까지 조지송 목사님과 유가족, 영등포산업선교회와 우리 모두를 크신 은총 가운데서 인도해주신 하나님께 진심으로 감사드 립니다.

막 걸음마를 시작한 '조지송목사기념사업회'에도 관심과 참여, 기도 를 부탁드립니다.

2021년 12월

산업선교와 노동운동의 새날을 열망하며

아, 조지송 목사님!

정명철 목사
(영등포산업선교위원장, 도림교회 담임)

"아, 조지송 목사님!"
《조지송 평전》의 마지막 페이지를 읽고 내 입에서 흘러나온 한마디….
책을 읽는 내내 복잡 미묘한 감정이 솟아오른다. 자서전이야 누구나 쓸 수 있지만, 평전은 그렇지 않다. 그 사람이 다른 사람들에게 존경받는 삶을 살았는지 객관적으로 뒷받침되어야 한다. 조지송 목사님은 생전에 자신의 이야기가 출판되는 것을 원하지 않으셨다. 그럼에도 그는 많은 사람에게 선한 영향력을 끼친 위대한 삶을 사셨기에 오늘의 이 책이 출판되게 되었다. 하나님 나라를 위하여 살아가는 후배들에게 귀감이 되는 책이다.
그는 어렸을 때부터 새벽기도를 지킨 독실한 크리스천으로, 공산주의가 싫어 월남했다. 이후 탄광 노동자로 일하기도 하고 산업 현장에서 노동자의 삶을 직접 체험하면서 노동자의 비참한 환경을 뼈저리게 느끼게 되었다. 그때부터 "노동자도 인간이다. 노동자가 인간적인 대우를 받으면서 즐겁게 노동을 하는 것이 하나님의 뜻이다"라면서 노동자를 위한 삶을 하나님께서 주신 사명으로 여기면서 평생을 노동자의 친구가 되었다.

조지송 목사님은 암울했던 한국 근현대기에 노동자의 편에 서서 노동조합과 신용조합, 현장 소모임 조직, 산업선교훈련 등을 시작했다. 20년 세월을 영등포산업선교회에서 노동자와 함께했던 그는 노동자의 아버지요, 산업선교의 초석을 놓은 선구자였다. 그는 단순히 노동자와 함께하는 삶뿐 아니라 노동운동을 조직하고 체계화한 위대한 운동가다.

그의 성품은 노동자에게는 한없이 부드럽고 온유한 친정아버지 같았지만, 노동자를 핍박하는 세력 앞에서는 한없이 강직한 투쟁가요, 노동운동가로 외유내강의 성품을 가진 분이었다. 노동자의 삶을 풍요롭게 하는 것이 문화, 예술이라며 노동자가 내면을 가꾸고 성숙한 자아를 형성하도록 실천하신 따뜻한 분이었다.

《조지송 평전》은 많은 독자에게 '하나님을 위한 삶이란 어떤 삶인가?', '이 땅에 하나님 나라를 건설하기 위해서는 무엇을 해야 하는가?', '자신의 삶의 자리에서 신앙인은 어떤 모습으로 살아가야 하는가?'를 보여주는 신앙의 안내자가 될 것이다. 다시 한 번 조지송 목사님의 삶과 그가 이루신 주의 사역 앞에 두 손 모아 존경을 표한다.

한반도에서 기독교 신앙 산맥의 21세기적 심연을 형성한 조지송과 영등포산업선교 공동체

김용복 교수
(전 한일장신대학교 총장, 한신대학교 석좌교수, 아시아태평양양생명학연구원 이사장)

한반도의 기독교 신앙 공동체는 근대 서구 산업자본주의의 탐욕의 마왕에 사로잡힌 일본제국주의가 한반도를 침공해 식민화하는 비극적 역사 속에 우리 민족이 민족자결자주운동에 참여하면서 형성되었다.

1933년 조지송의 신앙적 영성의 씨알은 동아시아전쟁, 제2차 세계대전, 민족 분단, 한국전쟁을 통하여 혼란과 시련을 겪지만 그 본체는 흔들림 없이 지속되었다. 그러다가 남한의 군부 엘리트가 반공 이데올로기에 기대어 주도한 근대 산업자본주의형 개발 과정과 기업의 착취 현장에서 고통받는 노동자들을 만나면서 그의 영성에 불이 붙는다.

1) '노동자가 삶의 주체요, 정의의 역군'이라는 신앙적 확신이다. 이것이 조지송 생명사회전기(평전)의 출발점이다. 그와 영등포산업선교 공동체는 정치 이데올로기는 물론이고 종교적 허울마저 벗어버림으로써 하나님의 정의가 종교적 교리와 예식을 넘어서는 것임을

보여준다.

2) 조지송 목사와 영등포산업선교 공동체는 노동자 소그룹과의 깊은 코이노니아(Justice Koinonia)를 통하여, 기업의 형태로 나타난 세계 자본의 탐욕과 이에 융합한 군사주의적 안보 통치 정권의 악마적 권력에 저항했다. 여성 노동자들과 영등포산업선교 공동체는 무한한 희생을 치르면서 이 예언자적 저항의 누룩을 전 세계에 퍼뜨렸다.

3) 이 과제는 이제 시작이다. 모든 생명체가 야훼 하나님의 정의로운 질서 속에서 전 지구적으로 상생의 살림살이를 펼치려면, 노동자와 지역공동체가 지혜와 상생 영성을 창조적으로 융합하고 폭넓게 연대하는 새로운 지평이 요청된다.

《조지송 평전》에는 이런 영적 심연과 정의에 대한 조용하고 아름다운 열정 그리고 미래에 대한 지혜가 풍요롭게 담겨 있다.

조지송 목사님을 빼놓고는
한국 노동운동사를 말할 수 없다

김동춘
(성공회대학교 사회융합자율학부 교수)

조지송 목사님의 명성과 그가 1970년대에 산업선교에서 하신 역할에 대해서는 많이 들어왔다. 초기 '산업전도'라는 용어가 '산업선교'로 명칭을 변경한 과정에 대해서도 들은 적이 있다. 그런데 막상 이 책을 읽어보니 내가 알고 있던 것보다 조지송 목사님의 역할이 훨씬 컸구나 하는 사실을 새삼 알게 되어 놀랐다. 1970년대의 그 수많은 사업장의 민주노동운동에는 언제나 영등포산업선교회와 그가 있었다.

특히 기독교 밖의 사회운동이나 학생운동 진영에 있었던 사람들이 모두 잘 알고 있는 소그룹 조직화, 프레이리나 알린스키 등의 민중교육과 조직화 이론들, 노동자 협동조합운동 그리고 '노가바(노래 가사 바꿔 부르기)' 같은 문화운동 등에 이르기까지 1970년대 한국 노동운동에 기독교가 얼마나 큰 역할을 했는지 알게 되었다. 산업선교와 조지송 목사님을 빼놓고는 도저히 한국 노동운동사를 말할 수 없는 것이다. 1980년대 중반 이후 급진적 노동운동이 이러한 기독교 노동운동의 전사를 무시하거나 과소평가한 점에 대해 안타까움이 있고, 지금이라도 이 역사를 다시 읽을 필요가 있다는 생각을 한다.

'자본, 권력뿐만 아니라 교회까지 합세한 세쌍둥이가 노동의 인간화에 적'이었다는 그의 목소리는 지금 우리 사회에도 여전히 강하게 다가온다. 특히 노동자가 주체적으로 성장하기 이전에는 정치에 섣불리 참여하면 안 된다는 그의 경고는 노동자 정치운동의 수많은 시행착오가 드러난 지금 시점에서 더욱 신선하고 의미가 크다.

조지송 목사님이 활동하던 시절보다 자본의 힘은 더 커졌고, 기성 교단이나 대형 교회는 더 보수화되었다. 그래서 그의 목소리와 실천을 다시 되새겨볼 필요가 있다. 특히 "힘들고 험한 노동을 해야 한다", "소그룹을 만들어 단단한 이론과 조직력을 가진 활동가를 키워내야 한다", "노동자를 교회로 끌어들이려 하기보다는 우선 그들이 인간다운 삶을 살도록 해야 한다", "노동자가 회사에만 머물지 말고 협동조합운동 등 공동체운동으로 노동운동의 지평을 넓혀야 한다"라는 그의 가르침을 되새길 필요가 있다.

조지송 목사님의 신앙과 고귀한 삶에서 우리는 배울 것이 너무 많다.

추천사

사랑과 정의의 순례자

배현주
(한국에클레시아생명학연구원(ISEL) 대표, 세계교회협의회 중앙위원)

조지송 목사는 한국 교회 역사상 최초의 산업전도 목사다. 20세기 산
업화 시대 격랑의 한복판에서 예수의 길을 걸었던 대표적 인물인 그
의 평전은 우리의 혼탁한 정신을 일깨우고 다시금 옷깃을 여미게 한
다. 이 시의적절한 선물은 조 목사의 제자요, 동지이자, 시인인 저자
서덕석 목사의 성실하고 애정 어린 필치로 우리에게 주어졌다. 그의
평전을 통해 우리 곁에 다시 다가오는 조지송 목사는 마치 예루살렘
에서 절망하고 환멸과 실의에 빠져 엠마오로 걸어가는 제자들 곁에
다가와 무슨 생각을 하고 있느냐고 조용히 물어보시는 부활하신 예
수를 연상시킨다.

그의 치열하고도 소박한 삶과 인격을 기억하는 이들의 증언에서는
예수를 기억했던 제자들과 증인들의 감동이 묻어난다. 2000년 전
'예수 사건'에 대한 감동의 증언이 구전되다가 성서가 되었다. '조지
송 사건'을 기억하고 말과 글로 전하는 이들의 노력이, 교회는 고통
받는 사람들의 친구라는 단순하고 심오한 기독교적 진리를 다시 확

인하고 연결하는 하나의 탄탄한 가교가 될 수 있기를 기대하게 된다. '전기세만 축내고 있는 붉은 네온사인 십자가'를 탄식한 시인 목사의 갈증과 그리움이 행간에 담긴 이 작품이 그 힘찬 첫걸음이 되기를 바란다.

조지송 목사의 삶은 '사람 낚는 어부'의 길 그리고 '거룩함'의 의미를 새롭게 성찰하게 한다. 생명을 살리는 기쁜 소식 이외의 것들에 마음이 팔려 넋이 나가고 혼이 빠진 사회와 교회의 현실 속에서 말이다. 조 목사는 노동자의 고된 일상을 노래 가사로 표현하기도 했다. "월급 타서 집세 내고 연탄 몇 장 사고 나면 빚뿐이네"라는 노랫말이 불온죄에 걸려서 그는 24시간 조사를 받기도 했다. 이런 폭압의 시대에 조 목사와 산업선교운동가들은 노동자가 하나님의 형상대로 창조된 사람답게 살 수 있는 세상을 열망했다. 강도를 만나 쓰러진 이웃을 사랑하라는 그리스도의 가르침을 삶으로 뜨겁게 실천하고자 했다. 그 결과가 불의한 권력에 저항하는 정의의 순례였다.

산업전도와 산업선교는 그 태동에서부터 사회적 약자들의 생명과 정의에 관심을 쏟는 국내외 에큐메니컬 운동 네트워크의 연대라는 맥락에서 시작되었다. 에큐메니컬 정신을 영등포라는 갈릴리에서 온 몸으로 살아낸 조지송 목사의 삶은 대안적 세계화를 추구하는 국내외 에큐메니컬 운동이 걸어가야 할 길을 가리키는 나침반이기도 하다.

우리는 기술공학과 매머니즘의 압도적이고 맹목적인 질주가 빚어낼 수 있는 이른바 '멋진 신세계'의 멋없는 유혹 앞에 서 있다. 기후 위기와 팬데믹, 제4차 산업혁명과 문명사적 전환의 충격에 직면해 있다.

깨어 있는 모든 사람이 연대해야 할 카이로스다. 조지송 목사의 평전은 기독교의 변혁적 전통의 한 흐름을 발견할 수 있게 해주는 길라잡이다. 사람과 자연의 생명이라는 알짬을 부여잡고 시대적 대응의 길을 창조적으로 모색하고자 하는 이들에게, 특히 한국 교회의 정신적 맥과 유산을 더듬어 찾고 있는 청년 세대에게 소중한 영감이다. '바보들의 행진'에 합류하라는 이상한 부르심에 끌리는 분들에게, 사숙할 수 있는 스승 한 분을 소개하는 기쁨으로 이 책을 추천한다.

내가 만난 조지송 목사님을
여러분도 만날 수 있기를

송효순
(1970년대 산선회원 노동자, 성문밖교회 집사)

조지송 목사님을 생각하면 파란 재킷을 유니폼처럼 입고 다니시던
모습이 눈에 선하게 떠오른다. 제대로 된 교육을 받지 못한 노동자들
에게 경제, 문화, 생활의 다방면에서 목사님은 교육자셨다. 노동법이
무엇인지도 모르는 나에게 목사님은 일하는 인간이 무슨 권리를 가
지는지를 가르쳐주셨다. 노동법에 규정된 대로 살고 싶다고 외치고
기업주들에게 노동법을 지키라고 요구하기를 두려워하던 노동자들
에게 서로 기대어 힘을 합치면 못 할 일이 없다고 늘 말씀하셨다.
목사님을 통해서 나는 민주주의와 사회정의가 무엇인지를 깨우쳐갔
다. 목사님은 "네 이웃을 네 몸처럼 사랑하라"라는 예수님의 말씀을
행동하는 신앙으로 살아낸 분이셨다. 우리가 지쳐 힘들어할 때는 밥
을 해 먹이시면서 따뜻한 아버지처럼 힘을 북돋아주셨다. 그러나 노
동자가 사람답게 사는 세상은 누군가 만들어주는 것이 아니라 스스
로 만들어가는 것이라는 것이 목사님의 변하지 않는 원칙이었다.
노동조합을 만들다가 부당 해고되어 합동수사본부에서 조사를 받던

중 억울함에 복받쳐 흐느껴 운 적이 있다. 힘을 가진 이들 앞에서 나약한 모습을 보이지 말라고 목사님은 호통을 치셨다. 그날의 외침은 지금도 나를 다시 일으켜 세우는 목소리다. 《조지송 평전》을 읽다 보니 그때의 목사님이 다시 살아 돌아오신 것 같다. 이 글을 통해서 독자들이 내가 만난 목사님을 다시 만날 수 있기를 소망한다.

현존(現存)과 부재(不在)

장윤재
(이화여자대학교 기독교학과 교수, 이화대학교회 담임목사)

이 책은 부제 그대로 산업선교의 선구자, 노동자들의 벗 조지송 목사님의 일생에 대하여 서덕석 시인의 논평을 겸한 전기(傳記)다. 눈앞에 영화와 같이 펼쳐지는 이야기는 시인의 생생하고 유려한 필체 덕분이다. 분명 옛날이야기인데 "라떼는 말이야"라고 읽히지 않는다. 지금 우리들의 이야기로 읽힌다.

왜 그럴까? 조지송 목사님의 삶은 그때나 지금이나 예수 그리스도가 어디에 어떻게 현존(現存)하시는지 시공을 초월해 말해주고 있기 때문이다. 중세 서양에 '프란체스코'가 있었다면 근대 한국에는 '조지송'이 있었다. 어찌나 그리스도의 삶을 닮았는지 '제2의 그리스도(alter Christus)'라 불린 프란체스코처럼 예수와 노동자밖에 몰랐던 조지송 목사의 삶은 그리스도교 복음의 영원한 원형(元型, archtype)이다.

그래서 이 이야기는 그리움으로 다가온다. 그리움이란 '어떤 대상을 좋아하거나 곁에 두고 싶지만 그럴 수 없어서 애타는 마음'을 가리킨다. 지금 내 옆에 부재(不在)하다는 말이다. 그래서 더욱 그립다는 말이다. 조 목사님이 우리 곁을 떠났기 때문이 아니다. 그는 예수처럼 항상 가난한 사람들의 마음속에 있는데 우리가 그의 곁을 떠났기 때문이다. 이 땅의 교회가 복음에서 멀어졌기 때문이다. 그래서 예수 그리스도의 현존(現存)은 우리에게 심한 그리움으로, 부재(不在)로 다가온다.

그러므로 우리는 이 평전을 그냥 놔둬서는 안 된다. 예수 바보 조지송 목사님의 이야기는 영화가 되고, 신학생들의 필독서가 되어야 한다. 예수를 따르기 위해 기성 교회를 떠난 200만 '가나안(안 나가) 성도'의 묵상집이 되어야 하고, 세계 교회 앞에서 "예수 사건 이후 가장 강렬한 민중 사건의 하나"인 한국 도시산업선교(UIM)를 증언하는 '마가복음 17장'이 되어야 한다. 그래야 "너희보다 먼저 갈릴리로 가신"(마가 16:7) 부활의 그리스도를 따르는 '바보들의 행진'이 이 땅에서 이어질 것이다.

일러두기

1. '산업전도(Industrial Evangelism)'와 '산업선교(Urban Industrial Mission)'
   - '산업전도'는 노동자 개인에게 예수 그리스도를 전함으로써 영혼을 구원하고 교회를 확장하는 복음증거 활동을 뜻한다.
   - '산업선교'는 복음증거의 의미를 노동자 개인의 영혼 구원으로 한정하지 않고, 산업사회에 정의와 사랑, 평화가 뿌리내리게 함으로써 산업사회 구조까지 구원을 얻도록 한다는 넓은 의미의 노동자 선교론이다. 이 개념은 1968년 WCC 웁살라대회에서 주장된 '하나님의 선교' 신학에 의해 구체화되었으며, 기독교 사회선교와 사회참여에 새로운 지평을 열었다.

2. '영등포산업선교회'의 명칭 변천사
   - 1958년 4월 9일　　'영등포지구 산업전도위원회'로 창립
   - 1969년 5월 19일　　'영등포도시산업선교연합회'(예장통합/감리교 연합조직)
   - 1975년　　　　　　'영등포도시산업선교회'(연합조직 해소)
   - 1984년　　　　　　'영등포산업전도회'(예장통합 총회 결의에 따른 개명)
   - 1987년~현재　　　'영등포산업선교회'
   - 이 책에서는 꼭 필요한 상황을 제외하고는 현 명칭인 '영등포산업선교회'를 주로 사용했다.

3. 교단, 기구의 약칭 및 영문명(영문약칭)
   - 대한예수교장로회(통합) → '예장통합'(PCK) The Presbyterian Church of Korea
   - 기독교대한감리회 → '감리교'(KMC) The Korean Methodist Church
   - 한국기독교장로회 → '기장'(PROK) The Presbyterian Church in the Republic of Korea
   - 대한성공회 → '성공회'(SKH) The Anglican Church of Korea
   - 한국기독교교회협의회 → '교회협'(NCCK) The National Council of Churches in Korea
   - 아시아기독교협의회(CCA) Christian Conference of Asia
   - 세계교회협의회(WCC) World Council of Churches
   - 도시산업선교(UIM) Urban Industrial Mission
   - 도시농어촌선교(URM) Urban Rural Mission
   - 영등포산업선교회 → '영산'(YDPUIM) Yeongdeungpo Urban Industrial Mission
   - 한국교회사회선교협의회 → '사선협'(KCAO) Korean Christian Action Organization
   - 한국기독교청년회(YMCA) Young Men's Christian Association
   - 한국여자기독교청년회(YWCA) Young Women's Christian Association
   - 한국기독청년협의회(EYC) Ecumenical Youth Council in Korea
   - 한국기독학생회총연맹(KSCF) Korea Student Christian Federation
   - 가톨릭노동청년회 → '지오세'(JOC) Jeunesse Ouvrière Chrétienne
   - 한국노동조합총연맹 → '한국노총'/'노총'(FKTU) Federation of Korean Trade Unions
   - 한국기독노동자총연맹 → '기노련'(KFCW) Korea Federation of Christian Workers

I

막장에서
만난
예수

황주골의
꼬마 목사

조지송은 1933년 8월 28일, 황해도 개성과 평양의 중간쯤에 위치한 황주군 인교면 능산리 의동 137번지에서 조병걸과 이근실의 막내아들로 태어났다. 능산리는 나지막한 야산이 앞뒤로 길게 마을을 감싸고 시냇물이 논밭 사이를 가로질러 흐르다 동구 밖으로 빠져나가는 평화로운 농촌 마을이었다. 마을은 옛날부터 한지를 만들었던 곳이라 '종이월 동네'로 불리기도 했다. 황주는 사과의 주산지여서 구릉지마다 사과밭이 널려 있었다. 지송의 집 앞에도 사과밭과 널찍한 목화밭이 있어 늦가을이면 주렁주렁 매달린 붉은 사과와 하얀 목화송이가 탐스럽게 머리를 내밀어 고즈넉하고 평화로운 풍경을 만들어 냈다. 그 시절 대부분의 시골이 그러하듯 지송의 마을도 같은 조씨가 옹기종기 모여 살고 있어 한 집 건너 사촌이거나 아저씨뻘 되는 집안이라 서로 다투거나 언성 높일 일도 없이 인정이 넘치는 동네였다.

지송의 아버지는 가진 농지라곤 밭 3000평이 전부였는데, 그것만으로 열 명이나 되는 대식구의 생계가 해결되지 않아 남의 농지

9000평을 소작으로 부쳐 농사짓는 전형적인 소작농이었다. 지송의 아버지는 큰 키에 듬직한 체구를 가져 남의 집 품앗이를 하게 되면 두 사람 몫을 거뜬히 해내는 타고난 농사꾼이었으며, 어머니는 반대로 몸집이 자그맣고 여린데다 약한 편이었다. 지송 위로 형 둘에 누나가 넷인데, 지송은 일곱 남매 중 막내였다. 장남인 큰형과는 나이차가 서른 살이나 되어 어린 지송이 동네 아이들과 놀다가 집에 돌아오면 우물가에서 발가벗겨 씻겨주곤 했는데, 큼지막한 손으로 벅벅 문질러대는 바람에 지송은 큰형이 목욕시켜주는 것이 제일 싫었다. 어린 지송은 그 시절 아이들이 집안 농사일을 거들며 자랐던 것과 달리, 손위 형제가 많아 일손이 넉넉한데다 몸집도 유난히 왜소한 늦둥이 막내여서 가족들은 소에게 풀을 뜯어 먹이는 것 외엔 지송에게 힘든 농사일을 시키지 않았다.

소학교가 끝나 집으로 돌아오면 으레 소를 몰고 나가 시냇가 방죽에다 매어놓고 여름에는 물고기를 잡으면서 물장구치며 놀거나 풀밭에 드러누워 구름을 올려다보며 찬송가를 흥얼거렸다. 해가 지기까지 노는 데 정신을 팔다가 소가 충분히 풀을 뜯지 못해 빵빵해야 할 배가 덜 찬 상태로 집으로 돌아오면 꼴망태를 어깨에 걸치고 나가 쇠꼴을 가득 베어 왔다. 쟁기질을 하는 데 없어서는 안 될 중요한 소를 먹이는 일을 하면서 지송은 어린 나이지만 맡은 일을 분명하게 책임지는 습관을 들였다. 지송은 부모에게 야단을 맞아본 기억이 거의 없이 나이 차가 많은 누나들과 형들의 귀여움을 독차지하면서 구김살 없는 유년 시절을 보냈다.

집에서 20여 리(약 8킬로미터) 떨어진 소학교를 산을 넘어서 오가며 지송은 일본식 교육을 받았다. 일제의 식민지 동화 정책에 따라 특히 일본어 쓰기가 강요되었는데, 작은 성냥갑을 하나씩 나누어 주고 조선말을 쓸 때마다 상대편이 성냥개비 하나씩을 빼앗게 하여 성냥개비를 제일 많이 빼앗긴 학생에게 벌을 주었다. 지송도 여러 번 벌을 받았다.

지송은 어머니와 형, 누나들의 손을 잡고 교회에 다녔다. 아버지는 교회 문턱에도 안 가셨지만 자식들이 교회에 다니는 것을 싫어하지 않고 오히려 잘 이해하는 편이어서 헌금을 달라고 손을 내밀면 군말 없이 돈을 내어주셨다. 그도 그럴 것이 지송의 큰형은 평양신학교를 다녔는데, 집안 농사일을 겸하면서 주일이면 면 소재지 교회들을 돌면서 예배를 인도하고 설교하는 순회 전도사였던 것이다.

그 당시는 목회자가 드문 시절인지라 시골의 경우 예배를 인도할 목사가 없어 한 사람이 서너 교회를 맡았다. 특히 황해도 지역은 최초의 장로교 신학교가 있었던 평양과 가까워 마을마다 교회가 세워져 있어 한 사람이 많은 교회를 떠맡아야 했다. 지송의 형은 당시로서는 최고 학부에 속했던 신학교를 다닌 시골에서 보기 드문 엘리트였는데, 농사일을 하면서도 옆구리에는 늘 책을 끼고 살아 어린 지송은 형에게서 왕성한 독서열과 탐구욕을 배웠다.

어느 날 지송이 다니던 교회에 부흥회 강사로 온 목사가 요한계시록을 강해하면서 2000년에 예수님이 재림할 것이라고 말하는 것을 어린 나이임에도 심각하게 들었던지 그때부터 지송은 부쩍 신앙생활에 열심이었다. 열 살밖에 안 된 소년이 시간 맞춰서 한 시간씩이나 새벽기도와 저녁기도를 하고, 매일 성경을 몇 장씩 분량을 정해놓고 읽으며 찬송가를 입에 달고 살다시피 하니 동네 사람들은 지송을 '꼬마 목사'라고 불렀다. 큰형이 목사가 되기 위해 여러 해 동안 신학교를 다니는데 그 막내까지 목사 흉내를 내니 대견해서 붙여준 별명이었다.

지송은 새벽기도를 빠뜨리거나 스스로 정해놓은 신앙 규율을 어기면 마치 하나님과의 큰 약속을 어긴 것이란 생각이 들어 죄스러워할 정도로 신앙생활에 몰입했다. 어린 나이에 걸어서 가기에는 예배당이 너무 멀어서 매일 새벽과 저녁에 오가는 것이 힘들었는데, 그래서 뒷산에다 소나무를 잘라 기둥을 세우고 짚을 엮어 벽으로 삼아 기도 움막을 짓고는 그곳에서 기도하고 성경을 읽었다. 하루에 성경을 20장씩 읽겠다고 결심하고 신약성서를 열한 번이나 읽었으며, 아무도 가르쳐주지 않았던 교회 오르간을 혼자서 배우고 익혀 대부분의 찬송가를 연주할 수 있었다.

지송이 다니던 교회의 오르간은 평양에 사는 부자 사촌 형이 고향 교회에 기증한 야마하 제품으로, 예배 때 반주할 사람이 없어 그냥 장식품처럼 놓여 있었다. 잠자고 있던 교회 오르간이 소리를 낼 때마다 들여다보면 지송이 건반을 누르고 있었으니 시골 사람들의 눈에는 어린 지송이 예사롭지 않게 보였을 것이다. 이렇게 사람들이 '꼬마 목사'라고 불러주는데다 스스로 신앙적 규범을 만들어 그것을 실천해 나갈 정도였으니 지송의 어린 시절 장래 희망이 목사였던 것은 너무나 자연스러운 일이었다.

해방 공간의 혼란과
목숨을 건 월남

지송은 소학교 3학년인 13세 때 해방을 맞았다. 해방과 함께 황주 지역은 소련의 지원을 받는 김일성 세력의 통치를 받기 시작했다. 가장 큰 변화는 소작농이었던 지송의 집이 공산당의 토지개혁 수혜자가 되어, 모든 토지는 직접 경작을 하는 사람의 소유로 한다는 지침에 따라 소작하던 9000평을 합해 1만 2000평의 농지를 소유하게 된 것이다.

마을에 인민학교가 생겨 지송은 3학년에 편입하여 다녔는데, 해방 직후부터 조회 때 〈애국가〉를 부르다가 갑자기 〈인민해방가〉를 부르기 시작하자 지송은 어린 생각에도 반발심이 생겨 친구 20여 명과 함께 조회를 거부한 채 산속으로 들어간 적이 있었다. 산에서 시간을 보내다가 어둑해져서야 집으로 내려갔는데, 마침 한동네에 살던 담임선생이 찾아와서 "이놈의 자식이 감히 반항을 해?" 하면서 지송의 귀싸대기를 올렸다. 지송의 어머니는 담임선생이 막내아들의 뺨을 때리는 걸 보고는 큰일 났다며 걱정이 이만저만이 아니었다. 그 사건 때문인지 지송은 인민학교 졸업 때 품행 사상 점수가 5점 만점에 3점밖에 되지 않았다. 인민학교 3년을 마친 또래 친구들은 모두 중학교로 진학을 했지만 지송만 사상이 불온하다는 이유로 진학을 못하고 집에서 쉬었다. 큰형은 동네 유지로 행세하는데 막내인 지송은 중학교도 못 들어가는 신세가 된 것이다. 그래도 지송은 개의치 않고 더욱 열심히 공부했다.

신앙생활에도 열심이어서 지송은 매일 교회로 가서 오르간을 연주하며 혼자서 찬송가를 부르고 성경을 읽고 기도를 했다. 지송은 농사일밖에 모르고 자식과 대화도 없었던 아버지보다는 큰형의 영향을 많이 받아 그 나이에 걸맞지 않게 보수적인 신앙에 반공 사상이 형성되어 있었다. 그 당시 황해도 지역의 기독교 지도자인 목사는 열명 중 한두 명만 남고 모두 처형되는 판이니, 신앙심이 깊은 기독교인이라면 반공주의자가 되는 것이 당연하게 여겨졌다. 그러나 큰형은 반공주의자이면서도 공산주의를 제대로 알아야 한다며 《볼셰비키 혁명사》 같은 책을 주머니에 넣고 다니면서 읽었던 합리적인 지식인의 풍모를 가졌다.

지송이 18세 때 한국전쟁이 일어났는데, 그해 3월에 생일이 같은 날인 친구와 함께 인민군 예비역으로 끌려갔다. 전쟁에 투입하려고 어린 학생들을 모조리 징집해서 짚으로 지은 임시 막사에 수용해놓고 군사훈련을 시켰다. 지송은 도망갈 요량으로 학생복을 입고 그 위에다 솜바지저고리를 덧입고 들어갔다. 훈련소에서 군복을 나눠주고 입고 간 옷을 거두어갈 때 지송은 솜바지저고리만 갖다 바치고 학생복은 숨겨두었다.

지송은 훈련을 받던 중 생일이 같은 그 친구와 함께 탈출할 계획을 세웠다. 어느 날 새벽 3시경 군복을 벗고 숨겨두었던 학생복을 걸치고 훈련소에서 한참 떨어져 있는 빈 창고에 숨었다가 휘파람 소리를 신호로 만나기로 했는데, 지송이 아무리 휘파람을 불어도 친구는 나타나질 않았다. 어쩔 수 없이 지송 혼자 평양행 기차역이 있는 하성이라는 곳까지 걸어가 여관에 들어갔다. 마침 훈련소에 끌려갈 때 아버지가 쥐여준 800원을 숨겨두었는데, 그걸로 여관비와 끼니를 해결할 수 있었다. 지송이 학생복을 입고 군화를 신고 있는 것을 본 여관 주인아줌마가 눈치를 주면서 "신발은 방 안에다 들여놓게"라고 말해 지송은 신발을 방 안에 두고 낮 동안 꼼짝 않고 있다가 저녁에야 집으로 가는 기차를 탔다.

지송은 아무 생각 없이 학생복에다 군화를 신고 책보자기에 인민군 모자와 군사훈련하면서 필기한 공책과 연필 따위를 싸 들고 있었는데, 기차가 출발해 한참을 가고 있는데 인민경찰과 정치보위부가 검색을 하면서 다가왔다. 지송은 순간 '아이고, 큰일 났구나' 하는 생각에 손발이 덜덜 떨렸다. 점검을 받는 도중 떨면서 보자기를 풀다가 안에 든 것이 죄다 바닥에 쏟아졌는데, 다행히 기차 안이 어두컴컴해서 자세히 보지 못했던지 "학생이구만…" 하더니 그대로 지나갔다.

황주역에서 내려 근처에 살던 누님 댁에 갔는데, 마침 그곳에 어머니가 와 계셨다. 어머니는 도망 나온 지송을 보더니 걱정을 하시며 "이놈아, 왜 도망 나왔느냐, 거기 있지"라고 하셨다. 어머니는 사람들이 도망 다니다가 잡혀서 험한 꼴을 당하거나 다시 끌려가는 것을 보아왔던 것이다. 그리고 얼마 뒤 한국전쟁이 터졌고, 지송은 숨어 지내거나 도망 다니기를 되풀이했다. 그러던 중 8월에 아버지가 돌아가셨다.

1950년 한국전쟁이 일어난 해 겨울, 황주 지역에 유엔군이 진주하면서 지송의 큰형은 유엔군 당국으로부터 치안대장으로 임명되어 지급받은 권총을 차고 다녔다. 그러면서 동네 사람들이 공산주의자를 잡아들일 때 큰형이 나서서, 그들을 죽이는 것만은 못하게 적극 막아주었다. 공산주의자라지만 같은 집안이어서 알고 보면 서로가 아저씨와 조카, 형과 동생 사이였던 것이다. 그러던 중 후퇴하던 공산주의자들에 의해 마을 주민 열한 명이 처형돼 죽었는데, 희생자 가족과 혈기 왕성한 청년들이 형에게 거세게 항의를 했다.

"왜 빨갱이를 감싸고도느냐? 동조하지 마라."

이 문제로 큰형은 골치를 썩였다. 복수심에 미쳐 날뛰는 사람들을 어떻게든 진정시키려고 했지만 제대로 되지 않아 크게 애를 먹었다.

두만강까지 밀고 올라갔던 유엔군이 중공군의 개입으로 밀려 내려오자 너도 나도 피난을 가는데, 지송의 큰형은 뒷수습을 하느라 피난을 못 가고 말았다. 유엔군이 후퇴할 때는 북진할 때와는 정반대의 현상이 나타나 이번에는 반공주의자들이 도망 다니기에 바빴다. 지송도 산속으로 도망 다녀야 했다. 예수를 믿는 사람들은 무조건 반동으로 간주되어 처형되었기 때문이다. 지송이 다녔던 교회의 먼 친척뻘 되는 조씨 목사도 그 와중에 아들과 같이 비명에 갔다. 가까운 산속에 숨어 있다가 낯선 사람이 보이면 잡으러 다니는 사람인지 도망 다니는 사람인지 분간이 안 돼 언제든지 도망갈 준비를 하고 있어야 했다. 그야말로 '도망 못 가면 죽어야 했던' 시절이었다. 좌익과 우익으로 나뉘어 죽고 죽이는 살육의 틈바구니 속에서 지송은 이데올로기에 눈먼 사람들의 섬뜩한 행태를 지켜보면서 사춘기를 보냈다.

유엔군이 후퇴를 거듭하면서 급기야 평양 쪽에서 대포 소리가 들려오기 시작하자 젊은 사람들은 빨리 도망가라고 난리였다. 그때 마침 큰누나가 해산을 하려고 친정집에 와 있었다. 가족들이 의논하여 황주에서 50리 남쪽인 사리원까지라도 가서 사흘 정도 버티면 유엔군이 다시 밀고 올라갈 테니 그때 돌아오면 되겠다 싶어, 어머니와 만삭의 누나와 같이 집을 나섰다. 그런데 눈은 쌓였고 엄청 추워서 어머니와 큰누나는 피난을 포기한 채 다시 집으로 들어갔다. 결국 지송과 육촌 형과 둘째 누나, 누나의 여덟 살짜리 아들, 그 밖의 먼 친척까지 여덟 명이 사리원역까지 걸어가, 신의주를 출발해 평양을 거쳐 내려온 마지막 피난 열차를 겨우 얻어 탈 수 있었다. 그날이 1950년 12월 5일 아침이었다. 잠깐 피해 있다가 돌아오겠다고 나선 길이 영영 못 돌아갈 길이 되고 말았다.

객차 칸은 이미 피난민들로 발 디딜 틈도 없이 들어차서 열차 지붕 위에 비집고 앉아, 꼬박 하루 종일 걸려서 한밤중에 수색역에 도착했다. 하룻밤 지낸 후 마포 용강국민학교에 마련된 피난민 수용소에 수용되었다. 지송의 일가족 여덟 명에게 군용 모포 한 장이 배정되어 그걸 덮고 교실 마룻장 바닥에서 자는데, 추워서 모포를 서로 잡아당기면 팽팽하게 되곤 했다. 내려오면서 북한 돈을 좀 갖고 왔으나 무용지물이어서 끼니를 해결할 길이 없었다. 마침 육촌 형님이 발이 넓어 교계에 아는 사람이 많았는데, 그 형님의 주선으로 피난민들로 이루어진 영락교회에서 월남 후 처음으로 보리밥에 된장국을 얻어먹었다. 그 맛이 꿀맛 같았다. 전쟁의 틈바구니에서 눈물겹게 살아남아 영락교회에서 성탄 예배 메시야 연주를 들었던 그때의 감격을 지송은 평생 잊지 못한다.'

미군부대 잡역부에서
장학생으로

1951년 1월 4일 서울이 함락될 위기에 처하고 한강다리까지 폭파되자 지송의 가족은 한강 얼음 위를 걸어서 건너 시흥까지 갔다. 거기서 그들 일가족은 "더 이상 피난 안 가, 고향으로 돌아갈 거야" 하고 주저앉아 버렸다. 그러나 중공군이 개입하여 파죽지세로 밀고 내려오자 어쩔 수 없이 시흥을 떠나 평택 방향으로 밀려 내려가는데, 평택은 이미 인민군이 들어와 있는 상태였다. 유엔군은 피난민들 사이에 중공군이 끼여 있으니 더 이상 내려오면 발포하겠다고 전단지를 뿌려댔다. 할 수 없이 발안으로 빠져나가, 지송의 누나가 군인들에게서 밥을 얻어 와 그걸로 죽을 쑤어먹으며 버텼다. 나중엔 밀을 사다가 빻아 밀떡을 만들어 발안 시장에 내다 팔아 생계를 꾸렸다.

다시 중공군이 밀려 올라가고 전선이 안정되자 지송과 육촌 형은 미군부대 일용 노무원으로 취직해, 수원역에서 열차로 실어온 군수품을 내려 군용트럭에 옮겨 싣는 일을 했다. 몸이 약한 지송은 힘센 장정이라야 들 수 있었던 포탄 두 발짜리 상자를 쩔쩔매며 옮기느라 얻어맞기까지 하면서 일했다. 대포탄, 휘발유 드럼, 탄약통, 시멘트 등 군수품이 도착하는 대로 재빨리 옮겨 실어 전선으로 보내야 했다. 새벽부터 저녁 늦게까지 일하고 보리쌀 한 되를 품삯으로 받아 식량으로 삼았다. 지송의 육촌 형은 미군부대가 38선 부근의 일선으로 이동할 때 따라 올라가고, 지송은 누나와 조카와 함께 수원역에 남았다.

서울이 수복되면서 지송은 고향 쪽으로 조금이라도 가까이 올라가고 싶어 김포비행장 근처로 거처를 옮겼다. 그리고 역시 미군 군용기에서 물품을 하역하는 데 취직을 했다. 수원역에서는 쇠로 된 무기류를 운반했는데, 김포비행장에서는 미국에서 일본을 거쳐 실어온 닭고기, 바나나, 사과, 아이스크림 등과 '씨레이션'이라는 미군 식품 상자를 주로 운반했다. 시중엔 먹을 것이 거의 없었지만 그곳에는 먹을거리가 산더미처럼 쌓여 있어 마치 천국과 같았다. 전쟁 통이라 물량을 파악할 여유도 없이 막 실어 보내는 형편이어서 배가 고프면 집어 먹거나 빼돌려도 알지 못했다.

공항을 수비하기 위해 김포 근처 오세리에 주둔하고 있던 미군 포병부대(8사단)로 직장을 옮겨 이번에는 군목실에 취직했다. 고향에서의 교회 생활에 대한 그리움이 되살아나 군목실에서 일하면 신앙생활은 확실하게 할 수 있을 것 같아서였다. 사무실을 청소하고 벗어놓은 옷을 세탁실에 가져다 맡기는 등 미군 하우스보이 일을 하면서 군목실에서 맡아 하던 대민 구호 사업을 도왔다. 군부대에서 나오는 우유 가루, 달걀 가루, 옷가지 등 구호 물품을 실어다 고아원, 양로원 등에 전달하는 것이 주 업무였다. 쏟아져 나오는 잉여 군수품을 트럭에 잔뜩 싣고 다니다가 어려운 사람이 있으면 차를 세워놓고 나누어 주었다.

지송은 김포비행장에 인접한 오정교회에 나가면서 주일학교 교사로 봉사했다. 그때 주일학교 교가를 직접 만들었는데, 동료 교사였던 김희보(훗날 목사가 되어 〈한국기독공보〉 편집장 및 문학평론가를 지냈다)가 가사를 쓰고 지송이 작곡한 노래였다. 말년에 지송이 판교에 살 때 김희보 목사가 찾아온 적이 있는데, 오정교회에서 만든 그 교가를 아직도 부르고 있더라면서 감회에 젖기도 했다. 집이 있는 오세리에서 김포비행장의 오정리 교회까지 걸어서 왔다 갔다 하기엔 너무 멀어서, 저녁 예배만 드리려고 오세리에다 작은 기도처를 교인들과 힘을 합쳐 흙집으로 만들었다. 흙으로 쌓은 벽체에다 미군부대에서 나오는 폐양철판을 덧대고 지붕은 역시 군수품 운반용 상자인 '보로박스'를 펴서 덮은 허름한 교회였다. 낮 예배는 오정리 본 교회에서 드리고 저녁 예배만 드릴 목적으로 세웠는데, 피난민이 자꾸 늘어나는 통에 감리교 전도사를 한 분 모시고 독자적인 교회로 발전했다. 고향집 뒷산에 지은 기도처 이후 두 번째로 세운 교회인 셈이다. 지송은 교회 옆에다 움막집을 짓고 누나와 조카와 함께 세 식구가 그곳에서 생활했다.

오세리에 정착한 지 얼마 되지 않은 1955년 5월 7일에 지송은 오세리 교회의 주일학교 교사였던 박길순과 결혼했다. 박길순은 생일이 지송보다 사흘 늦은 동갑내기였는데, 조용하고 유순한 성품이 북쪽에 두고 온 어머니를 꼭 빼닮아 지송은 그녀에게 유난히 마음이 끌렸다. 밤이면 가끔씩 북쪽에서 미그기가 날아와 김포비행장에 포탄을 떨어뜨렸는데, 포탄이 터지면서 피워 올리는 불꽃을 함께 바라보기도 했다. 둘은 사랑을 키워갔다. 지송 부부는 오세리에 사는 동안 딸을 낳고, 후에 문산으로 옮겨 미군 전차부대(24사단) 군목실에서 일할 때 아들을 낳았다.[2]

중부 전선에서 밀고 당기는 공방을 거듭하던 지루한 전투가 끝나고 휴전이 이루어져 미군부대가 철수하면서 지송도 직장을 잃게 되었다. 부대가 없어지니까 먹고살 길이 막막해졌다. 지송은 보자기에 책 네 권과 삶은 달걀 두 개를 싸 들고 무작정 고향 황주 쪽으로 올라가 보기로 했다. 오세리에서 집을 떠나 30여 리 떨어져 있는 개화리까지 걸어가서 배를 타고 한강을 건너 일산으로 가 기차로 금촌에 이르렀다. 거기까지가 북행 한계였는지 기차가 멈추자 지송은 기차에서 내려 무작정 걸어서 산을 넘어 문산까지 갔다. 어느 흙집 벽 처마 밑에서 하룻밤을 자고 이튿날 미군부대를 찾아가 정문 위병소에서 군목을 만나게 해달라고 부탁했다. 그동안 미군부대에서 일하며 익힌 영어가 톡톡히 제 구실을 했다. 영어를 하는 사람이 드물어 영어 하나만 할 줄 알면 얼마든지 미군부대에 끈을 대고 먹고살 만한 일거리가 널려 있을 때였다.

군목실에 연결되어 면담을 하는데 전에 미 포병부대에서 일한 경력과 신학교 입학했던 일을 이야기했더니 며칠 뒤 출근하라는 연락이 왔다. 그 부대는 미군 제24사단 제6전차 대대였다. 장교 식당에서 웨이터로 잠깐 일하다가 곧 군목실로 옮겼다. 거기도 대민사업을 전담하는 곳이 군목실인데, 그 일을 도울 한국인이 필요했던 것이다. 그곳 장교 식당에서 팬케이크를 맛있게 굽는 법을 배워 후에 산업선

교할 때 여성 노동자들에게 팬케이크를 구워주곤 했는데, 그때 먹어
본 팬케이크 맛을 아직도 잊지 못하는 여성 노동자들이 많다.

　미군 제6전차 대대 군목실에 있는 동안 지송은 다른 한국인 근
무자들처럼 미군 물자를 빼내거나 훔쳐 팔아먹는 일을 하는 데 일절
가담하지 않고 원칙대로 성실하게 근무했다. 미군은 보급품이 넘쳐
나서 근무 인원이 열 명이라면 보급품은 20~30인이 사용할 수 있을
정도로 넉넉했다. 그래서 한국인 근무자들이 남는 것을 훔쳐내어 팔
아먹는 일이 잦았다. 일을 마치고 부대를 나올 때마다 커피나 버터
따위 부피가 작은 것들을 몰래 가지고 나와 서울에 내다 팔면 수입이
짭짤해서 한몫 잡은 사람도 있었다. 하지만 지송은 집에서 누나와 조
카, 아내와 어린 딸이 굶고 있어도 물건을 훔쳐서 내다 파는 것만은
따라하지 못했다. 동료들이 자기들끼리만 이익 챙기는 게 미안했는
지 돈을 좀 떼어줘도 지송은 그것조차 받지 않았다. 받아 넣고 싶은
생각이야 굴뚝같았지만, 겁이 나서 도저히 그러지 못했던 것이다.

　그렇게 남다른 처신을 하는 지송을 눈여겨보고 있던 미군부대
원이 있었던지 누군가 미군 영내신문인 〈Star & Stripes〉에 제보하
여 미담 기사가 나갔다. 어느 날 군목실에서 불러서 갔더니 "미스터
조, 당신 최고야" 하면서 지송에 관한 이야기가 실린 신문을 보여주
었다. 내용인즉 '미군부대에서 일하는 한국인 종업원들이 도둑질에
다 문란한 여자관계에 술 마시고 퇴폐적으로 노는데, 그런 것을 전혀
할 줄 모르는 조지송 같은 성실한 한국인이 있어서 이 나라를 위해
싸우는 보람을 느끼게 한다. (…) 조지송은 북한 출신인데 공산당이
싫어 누나 가족과 함께 서울로 피난 내려왔으며, 신학교에 들어갔다

가 형편이 어려워 휴학하고 미군부대에서 일하고 있지만 언젠가는 신학 공부를 끝내고 목사가 되고 싶어 한다'라는 긍정적인 내용의 기사였다.

기사가 나가고 나서 한 미군 장교와 그의 부모가 장학금을 주겠다고 제안을 해왔다. 지송은 결혼 전해인 1954년에 장로회총회신학교에 입학했다가 결혼하면서 사정이 여의치 않아 휴학했던 신학 공부를 계속하고 싶어 장학금을 받기로 했다. 학비와 네 식구가 사는데 얼마가 드느냐고 해서 25달러면 충분하다고 대답해 지송은 1958년부터 매달 25달러씩 3년간 장학금을 받아 공부를 하게 되었다. 공부할 수 있을 때 실컷 공부해야겠다고 생각한 지송은 신학교(야간)에 복학하고 경기대학교 국문학과에도 입학을 했다.

"그때 장신대 수료자는 숭실대 철학과를 지망하면 3학년에 편입할 수 있었는데…. 경기대 1학년으로 갔는데 왜 그렇게 갔냐. (…) 교양과목을 배우기 위해서 간 거야. 3학년이면 전공과목 들어야 하잖아. 나는 1, 2학년이 듣는 교양과목을 배우려고 한 학기에 서른 몇 과목을 했더라고…. 아침에 나갔다가 밤 11시에 들어오는 거지. 지금 보면 어림도 없는데…."[3]

지송은 도시락을 두 개 싸들고 다니며 낮에는 경기대 국문학과에서, 밤에는 신학교에서 강의를 들었다. 빠듯한 장학금으로 네 식구 생활비와 두 대학 학비를 해결하느라 여유가 없었지만, 지송은 모처럼 행복한 학창 시절을 보내며 공부에 전념할 수 있었다.

지송에게 장학금을 보내준 사람은 데이비드 잉그브레슨이란 북침례교 목사였다. 1970년대 후반 산업선교가 한국의 민주화와 저항운동의 상징으로 세계적으로 알려졌을 때 지송이 미국을 방문해 데이비드 가족을 만났는데, 그들은 자기들이 공부시켜준 사람이 이루어낸 믿음의 투쟁에 대해 무척 자랑스럽고 대견스러워했다.

지송은 1961년 2월과 3월 경기대 국문학과와 장로회총회신학교 두 곳의 졸업장을 한꺼번에 받고 국어교사 자격증을 취득했다(이어서 장로회신학대학(원) 별과에 진학하여 12월에 목사 후보생 과정을 수료했다). 두 학교에서 공부하며 학기당 30여 과목씩 들어야 했는데, 졸리더라도 수업에는 절대로 빠지는 법이 없었다. 그도 그럴 것이 멀리 미국에서 매달 장학금을 보내주는데 적당히 노닥거리면서 공부할 수가 없었던 것이다. 노트 정리를 잘하는 친구의 것을 빌려서 공부한 후 학기말 시험을 보는 식으로 공부했는데, 분명히 낙제를 했을 법한 과목도 희한하게도 기본 학점이 나와 무난하게 두 학교 공부를 마쳤다고 지송은 회고했다. 그렇게 공부해서 신학교를 졸업할 때 바울신학을 주제로 한 〈믿음으로 구원을 얻는다〉는 제목의 로마서 연구를 졸업 논문으로 제출했다.[4]

지송이 미군부대에서 일하면서 익힌 영어 회화 구사 능력과, 공과 사를 엄격히 구분하여 정직하고 투명하게 업무를 수행함으로써 인정받은 경험, 한창 나이에 두 대학을 한꺼번에 다니면서 왕성하게 지식을 습득할 수 있었던 탐구심, 그리고 기거하는 곳이 곧 교회가 되게 하는 신앙적 실천력은 이후 산업선교 실무자로 일하는 과정에서 소중한 자산이 되었다.

은퇴 후 그때를 회고하면서 지송은 미군 장교 가족으로부터 받을 장학금 액수를 정할 때 100달러라고 말해도 되는데 고지식하게

단돈 25달러만 있으면 된다고 대답해 부자가 될 기회를 놓쳐버렸다
고 농담조로 말하곤 했다.

농촌 목회에서 산업전도로
진로를 바꾸다

조지송이 신학교 공부를 끝냈을 무렵인 1961~1962년은 5·16쿠데타를 통해 집권한 박정희 군사정권이 통치의 정당성을 확보하기 위해 마련한 '경제개발 5개년 계획'의 제1차 사업이 시행되던 때였다. 1963년부터는 생활필수품 자급을 목적으로 만들어진 이전의 공단과 달리 외국의 개발 원조로 수출 주도형 제조업에 대한 본격적인 투자가 시작되었다. 값싼 노동력을 확보하기 위한 저곡가 정책으로 농촌 인구가 도시로 유입되는 한편, 산업자본이 노동자를 억압·착취하여 이익을 취하는 것을 국가와 공권력이 뒷받침해주는 산업사회의 역학 구도가 형성된 것도 이 무렵이다.

군사정권은 집권하자마자 발표한 포고령 제5호에서 "노임은 5월 15일을 기준으로 동결하고 노동쟁의는 일체 금한다"라며 반노동자적인 입장을 분명히 드러냈다. 이와 함께 포고령 제6호로 모든 정당과 사회단체를 해산하면서 노동조합을 모두 해체하고 노조 간부들은 모두 잡아들여 구속해버렸다. 그리하여 쿠데타 직전인 1960년까지만 해도 노동조합에 가입된 전체 노동자 수는 32만 명에 달했으나 1961년에 10만 명 수준으로 줄어든 이후, 노동인구의 급격한 증가에도 노동조합원 수는 1966년에 이르러야 겨우 34만 명 선을 회복할 수 있었다.

군사정부는 모든 노동조합을 해산한 후 노동조합법을 뜯어고쳐 직장별 노조에서 산별 체제로 전환하고, 노조 간부들을 교육해 기업에 타협하는 유명무실한 어용노조로 만들어버렸다. 이러한 산업 사회의 불평등 구조 속에서도 제조업에 종사하는 노동자 수는 계속 늘어나서 1964년에 이르러 1만 6151개 업체에 33만여 명에 달하며, 전체 산업을 통틀어 임금 노동자 수는 702만여 명으로 추산되었다. 이렇게 산업화와 도시집중화가 진행되면서 기독교의 산업사회 및 노동자에 대한 전도열도 더불어 높아져 갔다.[5]

한국 교회에서는 대한예수교장로회(이하 예장통합 또는 예장) 총회가 가장 먼저 산업전도를 시작했다. 1957년 3월 미국 장로교의 후원을 받아 아시아기독교협의회 도시농어촌선교부 총무로 파견되어 일하던 헨리 존스(Henry D. Jones) 목사가 한국에 방문하여 각 교단 지도자들을 모아놓고 산업전도의 필요성을 역설했는데, 참석 교단들의 호응이 없는 가운데 유일하게 예장통합이 헨리 존스 목사의 권유를 받아들여 그해 4월 12일 총회 전도부 내에 '산업전도위원회'(위원장 황금천 목사)를 만들었다.[6]

그보다 한 해 전인 1956년 5월부터 오철호 전도사가 미국 장로교 선교사 어라복(Robert C. Urquart)의 지도로, 경북 문경 시멘트 공장에 취직해 있으면서 공장 노동자들을 위한 교회를 설립해 산업전도 목회를 실험적으로 하고 있었다. 1957년 7~8월에 예장 총회 산업전도위원회는 여름방학을 이용하여 대학생 열네 명을 선발해 문경에서 '제1회 기독학생노동문제연구회'를 개최했다. 이들은 어라복 선교사와 오철호 전도사의 지도로 낮에는 문경 시멘트 공장에서 노동 체험을 하고, 밤에는 산업전도에 대한 기초교육을 받았다.

이듬해에 총회 차원에서 조직적인 산업전도 활동이 시작되어 1958년 3월에 세 명의 여성 산업전도자를 뽑아 영등포에 두 명, 안양에 한 명을 보내 일하도록 했다. 영등포에서는 1958년 4월 19일 경기노회와 한남노회가 참여하는 '영등포지구 산업전도위원회'가 창립되었는데, 이 조직이 후에 조지송이 일했던 '영등포산업선교회'로 발전하게 된다.

예장통합 총회 산업전도위원회는 1958년 3월 헨리 존스 목사의 지도로 전국 각지에서 '산업전도연구회'를 갖고 목회자 산업전도 연구 모임을 시작했다. 6월에는 필리핀에서 열린 '제1회 아시아 산업전도 대회'에 네 명의 대표를 보냈다.[7] 이어서 9월에 열린 제43회 예장 총회는 '산업전도위원회 규칙'을 만들어 "공장, 광산, 항만, 교통, 통신 등 산업인에게 복음을 전하는 일을 목적으로 삼고, 두 개 이상 기업체가 있는 지구마다 지구위원회를 둔다"라고 규정하기에 이르렀고, 11월에는 오철호 전도사를 산업전도위원회 간사로 임명했다.[8]

1960년 9월 제45회 예장통합 총회는 산업전도 발전을 위해 세 가지 중요한 결의를 했다. 첫째는 산업전도위원회를 '산업전도국'으로 격상하고, 둘째는 3월 10일(근로자의 날) 직전 주일을 '노동주일'로 지키고 그 후 한 주간을 산업전도 주간으로 삼아 교회의 노동사회에 대한 관심을 확대하며, 셋째는 신학교에서 산업전도에 관한 과목과 과정을 개설해 신학생들에게 산업전도에 대한 관심을 불러일으키도록 한 것이다. 이어서 1961년에는 산업전도국에 3개월 과정의 '산업전도연구원'을 개설해, 신학교 졸업생과 목회자 중에서 산업전도 적임자를 뽑아 1개월은 공장 노동 체험을, 1개월은 산업사회에 대한 공부를, 마지막 1개월은 산업전도 실습을 시킨 후 현장에 배치하는 일을 시작했다. 산업전도를 위한 전문 인력 양성을 시작한 것이다. 감리교 선교사인 조지 오글 목사도 인천에서 산업전도를 시작하기 전 예장 산업전도국과 교류하며 '산업전도연구회'와 '이동산업전도대' 일원으로 참여하는 등 사전 준비를 했다.

오철호 목사와 헨리 존스 목사는 1961년 7월 '제1회 산업전도연구원' 훈련 과정에 참여할 학생 모집을 위해 장로회신학대학(원)을 찾아갔다. 조지송은 마지막 학기 여름방학을 앞둔 종강 채플에서 강사로 온 헨리 존스 목사로부터, 한국이 공업사회로 발전할 것이며 농업도 기계화되어 산업화될 것이므로 앞으로 산업사회에 복음을 전할 열정적인 일꾼이 필요하다는 설교를 듣고 강력한 도전을 받았다.

"그 무슨 산업선교를 하려고 (신학교에) 들어간 게 아니라 농촌 목회 하려고 갔거든. (…) 존스 목사가 농촌도 산업화된다고 하니 산업이라는 게 어떻게 생긴 거냐, 거기에 한번 참여해보자…."⁹

덴마크 농촌 계몽 운동가였던 그룬트비 목사처럼 농촌을 부흥시킬 농촌 목회를 희망하고 있었던 조지송은 농업까지도 기계화되고 산업화될 것이라는데 산업전도라는 게 도대체 뭔지 한번 알아보자고 산업전도연구원 훈련을 자원했다.¹⁰

막장에서
만난 예수

그때 조지송은 신학생으로서 신촌 대현교회 중고등부를 지도하고 있었는데, 여름방학 동안 '제1회 산업전도연구원' 훈련 과정에 참가했다. 훈련은 연구생 두 명이 한 조를 이루어 부산, 대구, 대전, 인천, 강원도 등의 공업 지역이나 탄광 지역의 각각 다른 업종에 배치되어 한 달간 노동하면서 산업 현장의 실상을 체험하는 것으로 시작됐다.

조지송은 감리교 신학생이던 최성봉과 같이 삼척의 장성 탄광에 들어갔다. 이 산업전도연구원 훈련 과정의 공장 취업이 1970~1980년대 대학생들의 위장 취업과 다른 점은, 사용자나 상급 관리자는 체험자가 교회 쪽에서 훈련을 목적으로 보낸 사람이라는 것을 알지만, 현장 동료 노동자들은 그 사실을 모른다는 것이다. 어쨌든 똑같은 조건하에서 일을 하는 것은 같았다. 힘든 노동 과정에서 노동의 의미와 산업 현장의 문제, 노동자에 대한 전도 등을 고민하고 연구하게 하려는 것이 목적이었다.

1960년대의 탄광은 그야말로 막장이었다. 발전과 난방, 취사

연료로 가장 많이 썼던 국민 에너지인 석탄을 캐내는 광부들의 노동 조건과 삶은 말로 표현하기 힘들 정도로 열악한 상태였다. 살인적인 노동 강도와 유서까지 써놓고 일해야 했던 위험도에 비해 받는 임금은 턱없이 적었다. 조지송 일행을 맞은 현장 책임자가 말하기를 "20년 광부 생활 중 교회에서 막장까지 찾아온 것은 처음 본다"라며 놀라워했다. 그만큼 비참한 곳이라는 뜻이다. 지름이 한 뼘 반이나 되고 길이가 어른 키를 훌쩍 넘는 커다란 갱목을 하나씩 짊어지고 궤도 탄차를 탄 다음 수백 미터 되는 수평갱 속으로 들어가 엘리베이터로 갈아타고 다시 수직으로 수 킬로미터를 더 내려갔다. 다 내려가면 갱도가 좁아 서서 못 가고 갱목을 눕혀놓고 밧줄로 묶어 끌면서 기어가야 했다. 갱도 끝까지 기어가 갱목을 양옆으로 세워서 위를 떠받쳐놓고 곡괭이로 탄을 찍어내어 운반용 궤도차에 가득 퍼 넣어주면 모터가 끌어당겨서 올려 보내는 식이었다.

갱도 속은 산소가 희박해 숨이 차고 습한데다 뜨거운 지열에 가만히 있어도 작업복이 땀으로 흠뻑 젖어 몸에 달라붙었다. 젖은 작업복이 거치적거리니 아예 벗어던지고 팬티 바람으로 일하는 경우가 더 많았다.

"탄가루와 땀이 범벅이 돼서 얼굴은 진흙 팩을 한 꼴이야… 흰 눈동자만 보이지…. 침을 뱉으면 탄가루가 섞인 시커먼 침이 나왔어. (…) 점심때가 되어 도시락을 찾아 먹어야 하는데 탄가루가 내려앉아 어디가 도시락인지 구분돼야지. (…) 손으로 휙휙 쓸어서 찾아 먹었어."[11]

조지송은 눈물과 땀과 탄가루로 범벅이 된 식은 밥을 반찬도 없이 소금을 뿌려 입속에 떠 넣으면서, 교회가 이 비참한 삶을 모른다면 결코 한 사람의 광부도 구원할 수 없을 것이라고 생각했다. 곡괭이로 헬멧의 불빛에 반사되어 번쩍이는 검은색 탄맥을 내리찍을 때마다 예수님이 당한 매질과 피 흘리셨던 그 처절한 고통이 느껴졌다.

"산업선교 하려는 목사들은 어디 가서 노동을 충분하게 해야 한다. (…) 노동자들이 허리 아픈가, 얼마만큼 졸린가, 인격적으로 얼마만큼 수모를 당하는가 그런 것을 다 겪어보고, 그러고서 노동자가 쳐다보여야 한다. 야, 이런 것을 견뎌가며 살아가는 그런 엄숙한 모습. 정말 저것이 예수님의, 사람의 엄숙한 종교행위로까지 보이는 그런 경지에 들어가도록 애써야 된다 이거지. 그냥 노동자를 도와야겠다, 복음을 전해야겠다, 뭔가 노동자에게 봉사할 수 있지 않을까 하는 것이 얼마나 맹랑한 허구라는 것을 발견할 때까지 노동을 해야 한다."[12]

조지송은 노동을 거듭할수록 노동의 거룩함에 체화되고 노동이 곧 예수님의 십자가와 동일시되는 영적 경험을 가질 수 있었다. 하지만 땅 위 교회에서 담임목사는 주일날 깨끗이 씻고 멀쑥한 차림으로 예배에 참석한 광부에게서 그 비참한 삶을 읽어내지 못한 채 그냥 한 사람의 교인으로만 보고 지나치고 말 것이라고 생각하니 산업전도의 소중함이 새록새록 다가왔다.

조지송은 탄광 노동 훈련을 한 후 학기를 마저 끝내고 신학교를 졸업한 다음에도 산업전도를 더 깊이 배우고 싶어, 1962년 1월 초 총회 산업전도국이 신학생과 기독 대학생들에게 산업전도 훈련을 실시하는 기독학생노동문제연구회에 또 참가했다. 이 과정은 앞의 산업전도연구원보다 강도가 약한 편이었는데, 12~15명의 학생을 선발해 한 달 동안 낮에는 노동 체험을 하고 밤에는 합숙하며 저명한 학자들의 강의를 듣고 토의·연구하고 마지막으로 평가를 하는 내용이었다.

조지송은 산업전도연구원 과정을 마치면서 제출한 보고서에, 노동자가 신앙생활을 영위하기 어려운 구조적 원인과 더불어 그들의 불만과 함께 현실에 안주하려는 경향, 기업주의 신앙 독려 활동과 비신자 노동자의 곤혹스러운 위치, 고통받는 노동자를 교회가 어떻게 대하고 도울 것인가, 초교파적인 산업전도 활동의 모색 등의 과제를 써 내었다.

조지송이 산업전도연구원 과정을 끝내고도 계속해서 기독학생 노동문제연구회 과정을 되풀이하니까 총회 산업전도국은 조지송이 산업전도를 할 만한 사람으로 보였던지 1962년 3월부터 월급 2000원을 주면서 학생들을 인솔해 훈련 업무를 담당하는 일을 시켰다. 총회전도부 산업전도국 연구원 겸 간사로 채용된 것이다. 조지송은 훈련생들을 인솔하면서 시멘트 공장, 방직공장, 성냥공장 등 제조업과 철 공장, 탄광 등 다양한 노동 현장을 체험하며 산업전도 전문가로 단련되어갔다. 조지송은 되도록 힘든 노동 현장으로 학생들을 배치했다. 그리고 연구 모임이 없는 동안은 산업전도의 기초 자료로서 필요한 한국 산업 상황의 실태 조사 작업을 했다.

"(총회 산업전도국 책임자였던) 오철호 목사의 지도를 받아가며 각종 조사 활동을 거의 2년 동안 했어요. 그 내용은 한국의 기업체 현황, 산업별 남녀 노동자 수 이런 것이었고, 전국 각 기업의 자본 규모와 생산품의 종류와 양 이런 내용들, 그다음엔 한국의 인구 분포와 경제활동 통계 자료들, 산업재해 현황, 노동조합의 현황, 정부의 경제 노동 관련 부처 현황, 공업 지역의 교회 현황, 목회자 의식 구조… 이런 여러 가지 문제들을 광범위하게 조사하여 차트와 그래프, 통계를 내는 작업을 했어요."[3]

이렇게 1960년대 초반 예장 총회 전도부에서 나온 통계 자료는 거의 모두 조지송의 손을 거쳐 만들어진 것이라고 할 수 있다. 그렇게 만든 자료는 전도부가 전국노회 전도부장 세미나를 할 때와 산업전도 연구 모임 등에서 중요한 근거 자료로 쓰였다.

총회 내 다른 부서들과 달리 산업전도국은 미국에서 보내오는 연 3000달러의 선교비로 운영되어 자금이 비교적 넉넉한 편이었다. 그 돈으로 기초 자료를 구하기 위해 과학적이고 실증적인 연구 조사를 할 수 있었고, 타자기와 카메라, 녹음기 등 최신 기자재를 쓰고 인쇄물도 고급 컬러로 인쇄할 수 있어서 효과적으로 교육과 행정, 홍보를 할 수 있었다. 예를 들어 3월 10일 노동주일을 앞두고는 탄광 노동자 그림으로 노동주일 포스터를 고급 컬러로 인쇄하고, 총회 기관지인 〈기독공보〉에 전면 노동주일 안내 광고를 실어 증판본을 발간해 전국 교회에 발송하기도 했다. 그렇게 해서 한 사람의 목회자나 교인이라도 산업전도에 관심을 갖게 되고 한 교회라도 헌금을 보내오도록 하려고 최선의 노력을 했다. 산업전도위원회 위원들도 예장 총회에서 지도력 있고 영향력 있는 목사들로 구성되었으며, 기독교방송에 매달 노동자 드라마를 내보냈다가 재방송하는 일도 있었으

니 초기의 산업전도 열기는 매우 뜨겁고 적극적이었다.[14]

이렇게 산업전도국 간사로 일하면서 조지송은 다양한 노동 현장을 체험하며 노동자의 삶을 직접 체득할 수 있었고, 산업체와 기업의 객관적인 조건을 파악하는 능력을 키웠다. 또 교회의 참여와 자원을 이끌어내고 지지를 확보하는 데 홍보와 교육의 중요성을 깨달을 수 있었다.

최초의 산업전도
목사가 되다

2년 동안의 예장 총회 산업전도국 연구원 생활을 끝내고 조지송 전도사는 1963년 11월 21일 동신교회에서 총회와 경기노회가 파송하는 산업전도 목사로 안수를 받았다. 한국 교회 역사상 최초의 산업전도 목사가 된 것이다. 이날 총회 산업전도중앙위원회 간사 오철호 목사는 최고급 가죽 성경의 속표지에다 자신의 두 아들 모세와 요한 이름을 써서 조지송의 목사 안수 기념으로 주면서 격려했다. 총회 전도부와 경기노회(노회장: 방지일 목사)는 조지송 목사를 영등포지구로 보내기로 하고 생활비를 영락교회(당회장: 한경직 목사)에서 지원토록 결정했다.

그리하여 이듬해인 1964년 2월 14일 영등포교회에서 '영등포지구 산업전도위원회(이하 영등포산업전도위원회)' 주관으로 취임 예배를 드리고 업무를 시작했다. 이 취임 예배에 참석한 주요 교회 지도자들의 면면을 보면 예장 총회 전도부장 이권찬 총무, 경기노회장 방지일 목사, 영등포산업전도위원회 위원장 계효언 목사, 도림교회 유병관 목사, 영락교회 한경직 목사, 총회 산업전도국 간사 오철호 목사 등이었다. 이들 지도자들은 예장통합 총회와 경기노회의 상층부에서 선교 정책을 결정하는 데 영향력을 가진 이들로서, 초기 산업전도는 교단의 많은 기대와 관심을 받는 가운데서 시작되었다.

당시 영등포 지역은 1964년 552개 사업체와 4만 501명에 달하는 공장 노동자가 있는 수도권 최대의 경공업 단지였다. 당시 산업전도를 활발하게 했던 도림장로교회 산업전도회는 영등포 지역의 실태 조사 보고서에서 다음과 같이 전근대적인 기업 경영과 노동 착취가 만연해 노동자가 열악한 처지에서 살아가는 것을 묘사했다.

"기업체의 노동조건은 극히 불량하다. 대개 기업주는 노동자에게 로마 시대에나 행하던 복종과 맹종만을 강조하고 창의적인 노동력을 발굴하는 데 주저하는 현상이다. (⋯) 근로자 역시 급료만 바라는 날품팔이 모양으로 시간이 경과하기만 기다리고 기업주로부터 자신들의 대우가 나아지기를 기대하지 않고 있다. 여가 선용이나 노동력의 효과적인 사용 방안은 모색지 않고 무조건 작업 시간 연장과 어떤 전체적 권위로써 기업을 경영하려 하고 있다."⁵

영등포산업전도위원회에는 1958년부터 여전도회전국대회의 재정 후원을 받는 강경구 전도사가 배치되어, 주로 공장 내 여성 노동자의 기숙사와 식당을 방문하여 함께 예배드리고 심방, 상담하며 성경공부를 하는 공장 목회를 활발하게 하고 있었다. 여전도회전국연합회 자료를 보면 강경구 전도사는 "여성 노동자들의 상황이 열악하여 쓰러진 여성 노동자들을 위해 죽을 쑤어 주전자에 담아 들고 다니며 먹였고, 거리를 방황하는 청소년들에게 속죄와 위로와 용기의

말씀을 전해주어 그들 사이에 참 어머니로 기억되었다"라고 기록돼
있다.

이때의 산업전도는 공장에 다니는 사람들을 교회로 끌어들이
기 위한 전도 활동으로서 산업사회의 특성이라든가 노동자의 현실
을 반영하는 내용은 거의 없었다.[16] 초기의 산업전도는 '사장 한 사람
만 예수를 믿게 성공하면 그 공장 노동자들은 저절로 교회에 나오게
된다'고 믿고 노동자보다 기업주와의 관계를 더 중요시했다.[17]

조지송 목사도 영등포 지역에 부임한 후 처음에는 지역 상황을
파악하며 강경구 전도사를 도와 그때까지 해오던 전통적인 공장 목
회를 그대로 답습했다. 초기의 산업전도는 말 그대로 공장 전도로서
교회의 활동을 고스란히 공장에다 옮겨놓는 형태였다고 한다.

"현장에 왔는데, 처음에는 하는 일이 일반 교회에서 목회하는
것과 똑같은 방법으로밖에 안 되더라고…. 예배를 본다든지, 심방을
한다든지, 성경공부를 한다든지, 전도해서 새 신자를 얻는다든지, 그
쪽 방향으로밖에 할 수가 없어."[18]

조지송 목사가 부임한 다음 해인 1965년도 사업보고서를 보면
주요 활동이 공장 예배, 공장 전도, 교양 강좌, 평신도 산업전도 교육,
교회별 산업전도(위원회) 활동, 산업전도지 배포 등이었다.[19]

가장 역점을 두었던 공장 예배는 기업주가 기독교인인 공장에
서 사장 이하 모든 직원을 식당이나 강당에 모아놓고 예배드리는 것
이 가장 일반적인 형태였다. 사장과 초청된 강사 목사가 단상에 앉아
예배를 드리는데, 설교자는 으레 사장이 듣기 좋은 내용으로 설교하
기 마련이었다.

"요셉은 정직하게 일하여 하나님께 복 받고 출세했는데, 여러분들도 회사 일에 충성을 하면 반드시 보응이 있을 것이다"라는 식으로 설교하고, 기도도 노동자의 처지를 고려한 기도보다 회사의 안위와 경영자를 위한 기도 일색이었다. 산업전도 초기의 기업주는 노동자를 크리스천으로 만드는 일은 기업을 위해서도 좋고 기독교인 경영주로서 하나님께 충성하는 일이라고 여겨 산업전도를 적극 환영했다.[20]

예배드리는 것 외에 성경공부를 하기도 했다. 그중 열심 있고 믿음이 강한 기업주는 아예 공장 안에다 교회를 세우기도 했다. 한영방직 내에 설립된 한영교회도 그와 같은 경우였다. 성결교인인 사장이 보기에 '1000명이나 되는 종업원이 모여 예배드리는데 초라하게 냄새 나는 식당에서…. 하나님께 영광이 되겠냐? 아예 교회를 하나 짓자' 이렇게 해서 시작된 교회였다. 이런 사업장 내 교회들이 전국적으로 많았는데, 대부분의 경우 직원을 강제로 예배에 참석시켰다. 대구에서는 공장 내 예배에 참석하지 않는다고 불이익을 주는 경우까지 생겨났다.

영등포에서도 동아염직, 대한모직, 대동모방 세 공장이 한 달에 한 번 꼴로 전체 노동자가 모여 예배를 드렸다. 맞교대여서 열두 시간 근무를 마친 10대 소녀들이 퇴근을 미루고 피곤한 몸으로 억지로 예배를 드리자니 졸리지 않을 수 없었다. 조는 여공이 보이면 전도사인 기숙사 사감이 다가가서 툭툭 쳐서 깨웠다. 어느 날 초청 설교자인 목사가 마태복음 11장의 "수고하고 무거운 짐 진 자들아, 다 내게로 오라. 내가 너희를 쉬게 하리라"라는 성경 구절로 설교하는데, 남자 노동자 한 사람이 "미친 놈… 자기는 밤새도록 침대에서 잠자고 와서는 밤새워 일한 사람한테 지랄 떠네" 하고 욕을 냅다 하는 거였다.⁷ 물론 중얼대는 소리여서 강단에서 설교하는 목사 귀에 들릴 리는 없었지만, 조지송 목사는 노동자 속에 들어가 예배드리기를 즐겨 했기 때문에 그런 불만을 고스란히 보고 들을 수 있었다. 노동자를 위해 전도를 하려는 목사와 사장 장로들이 주도하는 예배가 실상 피곤에 찌든 노동자의 입장에서는 피하고 싶은 억지춘향이나 다름없었던 것이다.

나중에는 이 세 공장 직원들을 한곳에 모아놓고 예배드리려고 사외 교회가 세워졌다. 어느 날 노동자 한 사람이 그 교회를 담임하던 정 모 목사에게 은근슬쩍 노동자들이 예배를 어떻게 생각하는지 말해주었다.

"목사님, 우리 공장에 오지 마셔요. 영등포에 목사님들 많은데 왜 오셔서 설교해주시고 욕을 먹어요? 찬송을 떠나가게 불러대지만 그게 진짜인 줄 아시나요? 다들 예배 안 보면 쫓겨날 판이라 억지로 앉아서 목사님 욕만 해댑니다."

이 말을 들은 정 모 목사가 산업전도 실무자인 조지송 목사에게 하소연했다.

"조 목사, 이걸 어쩌면 좋소?"

조지송 목사는 단도직입적으로 말해주었다.

"당신 딸이 그 공장에서 일한다고 칩시다. 밤새워 열두 시간 일하고 나온 딸에게 예배보자고 그러겠소? 피곤하니 잠이나 자라고 하겠소? 도대체 어느 것이 하나님의 사랑이요?"

얼마 후 정 모 목사는 공장장과 충돌하는 바람에 그 교회를 사임하고 떠났다. 조지송 목사도 명색이 산업전도 실무 목사여서 자주 사업체들의 초청을 받아 공장 예배에서 설교했는데, 공장 예배를 거듭할수록 '이게 아닌데…. 노동자들을 위한 산업전도가 돼야 하는 거 아닌가? 이래서는 노동자에게 전도하기는커녕 귀찮다고 따돌림 받기 십상이겠다' 하는 생각이 들었다. 그때쯤 조지송 목사도 3년이나 친하게 지내던 노동자에게서 충격적인 말을 들었다.

"목사님, 목사님이 사장들하고 어울리고 기업주를 도와주는 설교나 하시는 것을 못마땅하게 생각하는 사람들이 많아요."

이 말을 들었을 때를 조지송 목사는 "나도 어렴풋이 뭔가 잘못됐어, 하는 느낌은 있었는데, 노동자 한 사람한테 구체적으로 그런 얘길 한마디 딱 들으니까 아, 내가 확실히 잘못하고 있구나, 그런 생각이 들었어…. 그래서 노동자를 만나면서 저쪽에 가 있던 관심이 서서히 이쪽으로 돌아온 거지"라고 회고했다.[22]

이런 일이 있은 뒤로부터 조지송 목사는 공장 예배보다는 직접 노동자를 만나 접촉하면서 대화를 하는 데 주력하기 시작했다. 성경책을 옆에 끼고 사장이나 중역의 안내로 단상에 올라가는 근엄한 설교자 목사가 아닌 노동자의 친구로서 다가가기로 했다. 작업복 차림을 하고 야근하는 노동자를 만나기 위해 밤 12시나 새벽에도 공장으로 찾아갔다. 노동자를 못 만나면 수위실이나 감시 초소라도 찾아가서 한두 시간씩 얘기를 나누었다. 그 당시 영등포의 공장에서 일하면서 조지송 목사의 활동을 지켜보았던 사람의 글을 보면 그때의 모습을 엿볼 수 있다.

"조지송 목사님은 자전거를 타고 이 공장 저 공장을 담임목사님이 교인 심방하시듯 다니며 살피셨고, 공장 책임자들과 종업원들의 대우, 공장의 형편 등을 물으시고 가시곤 했습니다. (…) 후에 군사정부 시절 도시산업선교 일로 많은 고초를 치르신 것을 신문지상을 통하여 알게 되었습니다. (…) 그냥 광야 같은 공장의 숲속에서 젊음을 불태우시던 조지송 목사님의 모습을 잊을 수가 없습니다. (…) 옛날이나 지금이나 나는 도시산업선교회 멤버가 아니지만 십자가를 지신 예수 그리스도를 생각할 때나 성탄절이나 새해가 되어 조지송 목사님이 생각날 때마다 그분이 혹 우리와 함께하시던 주님의 모습이 아니었을까…."[23]

노동자가 공순이·공돌이로 불리며 무시당하고 천대받던 시절에 조지송 목사는 자전거를 타고 공단 지역을 순회하면서 노동자의 아픔과 애환을 함께하며, 그들이야말로 성경에서 말하는 "하늘 잔치에 초대받은 사람들"(누가복음 14:21)임을 믿으며 친구가 되어 노동자의 삶 속으로 녹아들어가려 했다.

2

노동자의
복음
'산업선교'

공장 밖에서
만나기 시작한 노동자

이제까지 해왔던 전통적인 공장 목회 차원의 예배와 성경공부가 노동자 전도에 별 효과가 없다는 것을 깨달은 조지송 목사는 방향을 서서히 바꾸어갔다. 공장 예배에서 설교를 할 때도 기업주만 편들지 않고 노동자 입장도 생각해서 균형 잡힌 메시지가 되게 하려고 노력했다. 여태까지 영등포 지역의 공장 예배에서는 의례적인 교회의 설교를 그대로 되풀이하기만 했는데, 이제 노동자를 편들고 보듬어 안는 설교가 시도된 것이다.

어느 날부터 조지송 목사는 데살로니가후서 3장 12절의 "조용히 일하여 자기 양식을 먹으라"라는 구절을 본문으로 삼아 설교하게 되었다. 대개 '한눈팔지 말고 열심히 일하되 더도 덜도 바라지 말고 주는 대로 받아먹고 사는 것이 복된 일이다'라는 내용으로 설교하는 것이 전통적인 교회의 관례였는데, 조지송 목사는 거기서 한걸음 나아가 '자기 양식을 먹으라는 것은 열심히 일해서 먹으라는 의미도 있지만 남의 양식을 빼앗아 먹으면 안 된다는 의미도 있다'라고 설교

하게 된 것이다. 그렇게 되니 사장들이 조지송 목사를 껄끄러워하게
된 것은 당연지사였다. 이런 일이 되풀이되니까 어느 날 산업전도위
원장인 유병관 목사가 조지송 목사를 불러서 "조 목사, 아무개 사장
이 조 목사가 요즘 하는 설교에 대해 못마땅해하더라"[2] 하고 귀띔해
주기도 했다. 꾸짖는 것은 아니지만 산업전도를 하는 데 지장이 생길
것 같으니 조심하라는 뜻이었다. 유병관 목사는 공장 사장들의 협조
없는 산업전도란 상상도 할 수 없으니 염려가 돼서 하는 말이었다.
이렇게 되니 조지송 목사는 이제 기업주와 노동자 양측의 압력을 받
는 처지가 되었다. 밥 먹기 싫은데 상을 엎어준다고, 그러잖아도 공
장에 들어가 설교하는 게 괴롭고 피하고 싶었는데 사장들이 싫어한
다니 아예 그만하자는 생각이 들어, 조 목사도 자연스럽게 공장 예배
를 멀리하고 새로운 길을 찾을 수밖에 없었다.

　　"나는 이미 회사에서 끊어져서 설교 요청이 안 와…. 조 목사가
좀 변질됐다, 이렇게 기업주들에게 소문이 난 거야. 나중에는 위원회
에까지 들어간 거지…. 위원회에서 나는 공장에 들어가 설교하는 것
은 안 했으면 좋겠다, 오히려 전도하는 데 방해가 된다고 했지."[3]

　　조지송 목사는 산업전도를 한답시고 나섰지만 노동문제에 대
한 인식이 전혀 없이 덤벼들었음을 새삼스럽게 깨닫고, 산업전도가
뭔지 정리해서 알리는 일을 해야겠다는 생각에 〈산업전도지〉를 만
들었다. 4면으로 된 갱지에 노동관이란 뭔지, 근로기준법 해설, 노동
과 휴식, 청지기 정신, 기독교 경제윤리 등을 알기 쉽게 풀어 쓰고 노
동자가 좋아하는 만화도 넣어, 공장 앞에서 출퇴근하는 사람들에게
나눠주었다. 한 번 발행할 때마다 3000부씩 30호에 걸쳐 인쇄하여

뿌렸으니, 당시 영등포 지역의 4만여 명 노동자들은 모두 두 번씩은 받아본 셈이다. 이 〈산업전도지〉를 매개체로 하여 조지송 목사는 사장이나 공장 간부 대신 평사원 노동자와 접촉하는 데 주력하기 시작했다.

그때 마침 연세대학교 신학대학의 유동식 교수가 평신도 신학을 한국에 최초로 소개하기 시작했는데, 조지송 목사는 평신도 신학에서 말하는 '모든 그리스도인은 예수의 사도요, 평신도도 성직자와 동등하게 사도로 부름 받아 청지기 직을 수행할 수 있다'라는 내용을 접하고는 "이거 굉장히 혁명적인 얘기구나…. 나를 대신하여 산업전도를 평신도들이 하도록 하면 되겠구나!"™ 하고 무릎을 쳤다. 조 목사는 평신도 노동자들이 스스로 산업전도 활동을 하도록 함으로써 산업전도가 확대될 수 있다고 생각하여 산업 신도 조직 사업에 전력했다. 1964년 6월 12일 강경구 전도사가 조직한 산업인들의 느슨한 친목 모임인 '신봉회'를 해체하여 14개 공장 대표 16명으로 구성된 '영등포지구 평신도산업전도연합회(이하 평신도산업전도연합회)'로 개편하고, 이 단체를 중심으로 하여 공장별 신도 조직 사업을 시작했다.

그 결과 1964년 한 해 동안 평신도산업전도연합회를 창립했거나 모임을 시작하는 등 영등포산업전도위원회와 관계를 갖는 사업체는 한영방직, 조선피혁, 대동모방, 동아염직, 미풍, 판본방적, 대한모직, 한국모방, 동아미싱 등 34곳에 달했다. 이듬해인 1965년에는 공장별 산업인 집회가 21회에 걸쳐 연인원 1000여 명이 넘게 모였다.

평신도산업전도연합회는 산업인들의 상호 친교와 신앙 향상,

봉사활동을 목적으로 하고 구체적으로는 예배, 기도회, 좌담회, 교양 강좌, 친목회, 음악 감상 강습회, 회의 등의 활동을 펼쳤다. 그리고 도림동교회, 양평동교회, 영등포교회, 영남교회에는 교회 내에도 평신도산업전도회가 조직되어 활발한 활동을 하게 되었다.[5]

조지송 목사의 산업전도 활동은 기업주와 사장, 공장장을 설득해 예배드리고 성경공부 하던 방식을 버리고, 평신도 노동자를 조직하여 교육하고 훈련해 그들이 스스로 모여 예배하고 교류하며 교육과 친교를 진행하는 방향으로 옮겨졌다. 이는 기존 전도 방식이 기업주와 경영자의 배려에 의해 피동적으로 주어진 기회(예배, 성경공부)를 활용하는 차원이었다면, 이제 노동자 자신이 전도의 주체가 되어 활동하도록 하는 것이었다. 노동자 주체성을 중시한 이 방식은 1970년대 영등포산업선교회가 소그룹 운동을 전개할 때도 활용되었다.

노동자를 공장 밖에서 만나거나 훈련하려면 공간이 있어야 했다. 당시 당산동 6가 육교 맞은편 한강 방향 골목 안에 조지송 목사의 사택이 있었는데, 사택 건너편의 빨간 벽돌 건물 2층을 전세로 얻었다. 그곳이 첫 번째 영등포산업선교회관이다. 조지송 목사는 기독교장로회 이국선 목사가 산업전도실을 운영하던 인천 대성목재에서 합보드판(MDF 합판)을 사와서 큼직한 탁자 두 개를 만들어, 강의와 식사도 하고 노동자들이 탁구대로 이용할 수 있도록 했다. 사무실 벽에는 영등포 지역이 그려진 대형 지도를 붙여놓고 그동안 만난 평신도 노동자가 있는 공장 위치를 핀으로 표시하고 회관과의 사이를 붉은 선으로 줄을 쳤다. 그러고는 각 공장을 표시한 핀 옆에는 업종, 종업원 수, 거기에 다니는 평신도산업전도연합회 회원 이름을 기록하여 영등포 지역의 산업전도 실상을 한눈에 파악할 수 있도록 현황판을 만들었다.

"우리 사무실에 가면 이 벽 절반만 한 영등포 지도가 있었어….
거기다 회사 위치를 다 표시해놓고 종업원이 몇 명, 그중에 내가 알고 있는 노동자는 누구누구, 이렇게 차트를 그려가는데 250여 개 회사와 관계가 있었어."[76]

이미 조직된 평신도산업전도연합회가 양평동, 대림동, 구로동 등 지역별로 가까운 교회나 성당을 빌려서 공장 노동자 그룹을 모아놓으면 조지송 목사가 가서 성경공부를 인도했는데, 공장에서 사장 주관으로 예배드릴 때와 다르게 노동자의 현실과 의식을 반영한 성경 토론이 활발하게 벌어졌다.

당시에는 일요일 휴무가 제대로 지켜지지 않아 기독교인 노동자가 직면하는 문제 중에는 주일에도 일을 해야 하는 것에 대한 갈등이 많았다. 성경에서는 안식일에는 예배만 드리고 일은 하지 말라고 쓰여 있어서다.

"안식일에 일하면 천국 못 간다는 거 사실인가?"

"우리 공장 사장은 장로랍시고 주일날 자기는 멀쑥하게 차려입고 교회에 가면서 우리에게는 점심시간에 잠깐 예배보고 계속 일하게 하는데….'

"그럼 누가 천국에 못 가냐… 시키는 대로 일하는 노동자냐, 주일에도 일을 시키는 사장 장로냐?"

이때쯤 지켜보고 있던 조지송 목사가 말했다.

"미국에서 있었던 일인데… 고속도로 휴게소에다 주유소를 차린 장로가 주일이지만 주유소 문을 닫지 않았다고 해. 문을 닫으면 기름이 떨어진 차들이 어떻게 될까 걱정이 된 것이지. (…) 그중엔 교회에 가던 차도 있을 것 아닌가…. 그러니 주일에 기름을 팔아도 하나님이 이해하실 거다, 하고 생각한 거지. 하지만 주일 하루쯤 쉬어도 별일 없고 먹고살 만한데 돈 조금 더 벌겠다고 일하면 과연 하나님께서 좋아하실까?"

이런 식으로 노동자의 생활과 밀접한 신앙 토론과 성경공부가 자연스럽게 이루어졌다. 이런 토론을 노동자끼리 할 땐 아무 문제가 안 되었는데, 돌고 돌아 다른 목사의 귀에 들어가면서 난리가 났다. 그때까지만 해도 한국 교회의 성서 해석은 축자영감설(逐字靈感說, 기독교 근본주의적 성서 해석으로, 글자 하나하나가 하나님의 영감으로 기록되어 오류가 있을 수 없다는 것으로 종교개혁의 전통과 맞지 않는 주장이다)에 따른 문자주의적 해석이 대부분이어서 안식일을 지키는 문제에 상황 윤리를 적용하는 것이 무척 낯설었다. 자기네 교회서는 듣지 못하던 생경한 이야기들이 산업전도 교육에서 쏟아져 나오니까 한 회원 집사가 자기 교회 담임목사에게 그 이야기를 전했다.

"목사님, 산업전도 조지송 목사님 말씀으로는 안식일에 뭐 일할 수도 있다던데요?"

"아니, 조 목사가 어떻게 가르치는 거야…. 이거 이단 아냐?"

그뿐만 아니라 평신도산업전도연합회의 교육 내용에 노동이니 경제니 사회윤리니 하는 신앙 외적 내용이 들어 있는 것을 알고는 "목사가 복음만 얘기해야지 노동 얘기는 왜 자꾸 하냐…. 그런 건 공산주의가 하는 거지, 목사가 할 일이 못 돼…. 김 집사, 산업전도회에 나가지 마"라고도 했다.

그 집사가 조지송 목사를 찾아와 "목사님, 신학교 나온 거 맞나
요?" 하고 묻는 웃지 못할 일까지 생겨나고, 사장들은 "거, 조 목사님
이 변했어…. 이전과 다르게 설교하시는 것 같아" 하고 수군거렸다.
사장들은 이때부터 조지송 목사를 공장 예배에 강사로 불러 설교시
키는 것이 사업을 하는 데 도움이 되지 않을 수도 있다는 것을 깨닫
기 시작했다.

하지만 그런 반응을 예견하고 있던 조지송 목사는 개의치 않고
평신도산업전도 교육을 갈수록 업그레이드 해나갔다. 제1회 평신도
산업전도 교육과정은 청지기관과 경제학, 노동조합론 정도였지만,
회를 거듭하면서 산업사회와 경제윤리, 노동운동, 과학과 인간 등 사
회과학과 인문학적 내용을 더해갔다. 4~6회에 이르러서는 외국의
산업전도와 노사관계론, 노동운동사, 근로기준법 등 전문적인 노동
문제가 중심을 이루었다. 강의는 신학대학 교수, 선교사, 명문대학 교
수, 노동문제 전문가로 이루어진 1급 강사진이 맡아 매우 수준 높은
교육이 행해졌다. 1966년까지 이 교육과정을 수료한 평신도산업전
도연합회원 수는 연인원 300여 명에 달했다.[8]

조지송 목사는 이렇게 관계를 맺은 모든 노동자를 직장 단위로
혹은 부서나 생산 라인별로, 그룹으로 묶어 만났다. 이전부터 영등포
공단 지역의 큰 공장들의 상황과 문제점을 조사하여 속속들이 파악
해놓고 있었기 때문에 노동자들은 자기네 사업장 문제를 토론할 때
자기들보다 공장 상황을 잘 알고 있던 조지송 목사의 판단을 신뢰하
지 않을 수 없었다. 조지송 목사는 이렇게 평신도산업전도연합회 조

직을 키워가면서 산업전도의 질적 도약을 위한 기초를 다지는 데 주력했다. 이때 조지송 목사가 만들어 관리했던 노동자 그룹이 250여 개였고, 헌신적으로 활동했던 평신도 지도자들은 김갑준, 김동혁, 김용백, 김려성, 나주식, 박영혜, 이만진, 이승만, 조승래, 조용찬, 정해룡, 한상출 등이다. 이 초기 평신도산업전도연합회 조직 경험은 1970년대 여성 노동자 소그룹 조직과 훈련에서 그 진가를 유감없이 드러내게 된다.

노동자들의 교회,
노동조합

평신도산업전도연합회를 조직하여 기독교인 노동자들을 통해 산업전도를 하려는 시도는 얼마 못 가서 한계에 부딪혔다. 우선, 초기에 평사원이나 현장 노동자였던 평신도들이 수준 높은 교육을 받고 나이를 먹어감에 따라 나중엔 과장, 계장급 중간 관리자가 되는 경우가 많아진 것이다. 회사 간부나 중간 관리자급 직원이 되면 회사로부터 현장 노동자와 별개의 대우를 받게 되고, 따라서 회사의 눈치를 보기 시작했다. 그래서 이렇게 간부가 된 사람들과 산업전도를 계속하다간 안 되겠다는 판단이 들었다.

게다가 평신도산업전도 교육 프로그램에도 불만을 표현하는 일이 일어났다. 강의를 다변화하고 수준 높은 노동 관련 교육을 하려고 조동필 박사, 공무원교육원 관계자, 경제학자, 노동운동가 등 외부 전문 강사를 초빙했는데, 비기독교인이 와서 강의하는 것을 못마땅하게 생각하는 평신도 회원들이 문제를 삼았다.

"교회에서 산업전도 교육을 하는데, 왜 기독교도가 아닌 강사들이 와서 담배까지 피워대는 겁니까?"

조지송 목사를 영등포로 데려오는 데 주도적 역할을 한 방지일 목사에게 그 말이 흘러들어갔다. 방지일 목사는 조 목사를 불러서 고생한다고 추어탕을 사주면서 말했다.

"조 목사! 말들이 많아, 자꾸 그러지 말라구. 그러면 안 돼…. 목사는 목회를 해야지."

방지일 목사는 아들같이 여기는 조지송 목사가 안타까웠는지 연신 그러지 말라면서도 조 목사가 신념을 굽히지 않자 어쩔 수 없이 내버려둘 수밖에 없었다. 개인에게 전도하여 교인으로 만드는 것을 유일한 전도 방법으로 알고 있던 기성 교회의 목사들에게는 산업사회를 정의롭게 변화시킴으로써 노동자들이 정의로우신 하나님을 경험하도록 하는 산업전도의 원리가 무척 낯설었던 것이다. 방지일 목사는 방법론에서 충분히 공감할 수 없었음에도 조지송 목사의 노동자에 대한 헌신이 믿음의 진정성에 기초하고 있음을 알고서 끝까지 신뢰를 거두지 않은 것이었다.[9]

공장 예배를 할 때는 노동자 편에서 설교를 한다며 사장들이 문제를 삼더니, 이제 노동자 교육을 제대로 해보자니까 교회 쪽으로부터 압력이 들어온 것이다. 조지송 목사는 그제야 노동문제를 얘기하면 기업과 정부만 싫어하는 게 아니라 교회도 싫어한다는 것을 깨달았다. 교회의 이해와 협력을 이끌어내려면 목회자들에게 산업전도를 알게 하는 것이 필요하다고 생각한 조지송 목사는 '목회자 산업전도 세미나'를 열고 이를 지속했다.[10]

1965년부터 1966년 말까지 매년 2회씩 평신도산업전도연합회 회원들을 대상으로 교육을 거듭하면서 조지송 목사는 흥미로운 현상을 보게 되었다. 1965년 봄 첫 번째 교육의 제목은 '청지기란 무엇인가'로, 거의 대부분 기독교적 내용으로 구성되었다. 그 후 횟수를 거듭하면서 유명 신학 교수들의 수준 높은 강의가 이루어졌다. 하지만 정작 교육에 참석한 노동자들은 일부 기독교인만 집중할 뿐 대부분 강의 내내 졸거나 토의 시간에도 시큰둥한 반응을 보였다. 예컨대 강의가 끝나고 자유토론 시간에 '기독교 윤리'를 주제로 이야기한다고 해보자. 먼저 오랫동안 교회 생활을 해온 기독교인 노동자들이 "예수님 잘 믿고 교회에 잘 다니는 거 말고 또 뭐가 필요한가요?"하며 기독교 윤리를 교회 생활과 동일시하는 주장을 내놓는다. 그러면 비신자인 노동자들은 자기네 회사 사장인 장로의 심각한 노동 착취와 비인격적인 대우를 말해봤자 쇠귀에 경 읽기라는 생각이 들어 침묵으로 일관하는 것이다. 신앙이나 교회 이야기를 아무리 해봤자 노동 현장과 동떨어진 내용이라면 기독교인만의 말잔치로 끝나는 공허한 외침이 되어버리는 것이었다.

하지만 공식 모임이 끝나고 보리차를 마시면서 자유롭게 잡담하는 자리에서는 분위기가 돌변하면서 생생한 노동 현장의 이야기가 쏟아져 나와 활발하고 진지한 토론을 형성했다.

"근무 시간 끝났는데도 나머지 물량은 다 채워야 한다고 해서 남아서 두 시간 더 일했는데 특근 수당도 안 줘."

"그건 약과야…. 우리 공장은 8시부터 근무인데 7시 전에 미리 나와 준비했다가 딱 그 시간에 작업 개시야. 7시를 10분만 넘겨도 일당 깐다고."

"야, 우리 공장 노무부장 그 새끼… 완전 색골이더라고. 얼굴 반반한 여자애들치고 안 건드린 애가 없다고 소문이 파다해."

비공식적인 자리에서 오히려 공장에서 벌어지는 다양한 애환과 불만이 가감 없이 원색적으로 이야기되는 것을 보고 조지송 목사는 노동자들의 아픔과 고통스러운 상황을 해결하는 데 아무런 도움이 못 되는 평신도산업전도 교육과 활동에 대해 자괴감을 느꼈다. 노동자에게 시급한 교육은 뜬구름 잡는 교회와 신앙 이야기가 아닌 삶과 직결된 임금을 제대로 받아내기, 단결하여 노동자 권리를 되찾기 등에 필요한 이야기임을 알고 나서부터는 단계적으로 노동문제, 사회문제, 경제문제로 교육 내용의 비중을 점차 옮겨갔다. 그리하여 6회 교육에 이르러서는 신앙적 주제는 극히 일부에 지나지 않고 대부분 산업사회 문제에 집중되었다.

조지송 목사가 오랜 노동 체험과 영등포 공단 노동자들과의 만남 끝에 발견한 예수의 복음은 힘겨운 노동에 시달리는 노동자와 고통을 함께하며 노동문제에 개입하여 노동조건과 임금을 향상시키고, 그리하여 즐겁고 신나는 직장으로 만드는 것이었다. 그것이야말로 노동자의 구원일 것이었다. 하지만 평신도산업전도 교육은 노동자인 교인의 관심을 공장과 노동문제로 확장하는 것이 아니라, 어떻게 노동자를 전도해야 교회에 더 잘 나가게 하느냐 마느냐의 수준으로 축소되어가고 있었다. 교회의 편안한 의자에 익숙해진 평신도 산업전도인들은 그저 노동자를 교회당에 데리고 와서 예배하고 기독교적 언어로 대화하는 것으로 만족하려 들었던 것이다. 노동자를 공장이나 노동 현장에서 데리고 나와 교회에 앉히기만 하면 전도가 이루어지는 것이라고 여기는 기존 방식의 산업전도가 한계에 봉착한 것이다.

"평신도산업전도연합회 조직원들이 나하고 만날 때는 평사원이었는데, 몇 년 지나고 나니 계장이 되고 과장이 되었단 말이야. 그러니까 생각이 달라지는 거야. 그래서 이 조직을 이대로 계속 이끌고 나가면 안 되겠다… 그런 생각을 하게 된 거지. 어쨌든 그 조직은 얼마 후에 없어졌어요. (…) 나는 없어진 것이 잘된 거다, 이렇게 생각했어."

이렇게 해서 평신도산업전도연합회는 1964년 여름에 시작되어 1966년을 마지막으로 없어지게 되었다.[11]

영등포산업전도위원회가 노동조합 지도자들을 처음 접촉한 것은 1965년 4월 9일 영등포 지역 노동조합 지부장 아홉 명과 평신도산업전도연합회 대표 16명이 산업선교회관에 모여 가진 간담회 자리에서였다. 이 자리에서 영등포 지역의 산업전도 현황과 사업체별 노동조합의 실태에 관해 의견을 나누었다. 또한 영등포산업전도위원회는 노동조합의 애로점과 교회에 하고 싶은 말을 들었다.[12]

이 간담회를 시작으로 영등포 지역 기독교인 노동조합 간부들의 모임이 만들어져 두 달에 한 번씩 각자의 공장에서 겪고 있는 문제와 경험을 교환하며 기독 신앙에 입각한 노동운동을 연구, 모색하기로 했는데, 이는 산업전도가 노동 현장 문제에 직접적으로 관심을 갖고 발을 들여놓는 계기가 되었다.

조지송 목사는 평신도산업전도연합회 교육 수료자 300여 명 중 노동조합 간부거나 조합원인 사람 10여 명을 따로 모아 모임을 만들고 노동조합에 관한 훈련을 시작했다. '평신도 산업전도 지도자 훈런' 과정인 이 모임의 이름을 누군가가 '체인(chain)'이라고 지었는데, 자전거 체인처럼 서로 맞물려 돌아가 힘을 전달한다는 뜻이라고 했다. 체인 멤버들을 중심으로 수준 높은 노동 관련 교육을 시작했다. 노동법, 단체교섭법, 노사관계법, 생산과 임금, 노동운동사 등 당시로서는 노동조합 간부들도 접해보기 어려웠던 6개월 코스의 전문 강의였다. 산업심리를 전공한 사람을 찾기도 힘들었던 1960년대 중반에 미국에서 박사학위를 받고 돌아온 전문가가 강의하는 곳은 영등포 산업선교회밖에 없었다.[13]

그뿐만 아니라 조지송 목사는 산업전도를 더욱 체계적으로 충실하게 전개하기 위해 그해(1966) 3월 13일부터 4월 4일까지 일본과 대만으로 산업전도 시찰을 다녀왔다. 이어서 같은 해 10월 7일부터 12월 22일까지 ILO(국제노동기구)와 한국노동조합총연맹(이하 한국노총)의 추천을 받아 필리핀 마닐라 대학에 설치된 '아시아 노동조합 지도자 훈련센터'가 실시한 '노동조합 지도자 훈련 과정'에 10주 동안 참가했다. 아시아 13개국 노동조합 간부들이 왔는데, 성직자로는 조 목사가 처음으로 수료했다.

한국노총 간부 세 명과 함께 훈련 과정을 마쳤는데, 이를 계기로 노총과의 관계가 더욱 깊이 형성되었다. 한국노총에서 노동자 교육을 하면 조 목사가 강사로 가고 반대로 영등포산업전도위원회에서 교육을 실시할 때는 노총 간부를 강사로 초빙하면서 상호 교류를 자주 가지기 시작한 것이다. 1966년 7월 23일 영도문화센터에서 열린 '영등포 지역 노동조합 간부교육'에 조지송 목사가 초빙되어 강의한 것이 노동조합에서 교회 목사를 강사로 초청한 첫 사례였다.[14]

노동 관련 교육 프로그램을 짤 때도 양측 실무진이 머리를 맞대고 의논을 하여 최선의 결과를 내놓으려 애썼으며, 단위 노동조합 지부장 간담회 등 대화 모임도 자주 가졌다. 그런데 알고 보니 영등포산업전도위원회의 노동교육이 노총의 것보다 월등하게 좋았다. 이에 노총에서는 노동조합 간부 교육을 영등포산업전도위원회에 부탁하게 되었다. '우리 예산으로는 그런 수준의 교육을 할 수 없으니 영등포산업전도위원회가 교육을 해달라'는 것이었다.

　　이렇게 해서 노총이 노동조합 간부 교육생을 추천하면 영등포산업전도위원회는 주 1회씩 6개월 동안 교육을 했다. 그렇게 시작된 노조간부 교육이 16기까지 진행되었다. 영등포산업전도위원회가 한국노동조합 간부 교육의 메카가 된 것이다.

　　"회사에 들어가도 처음에는 사장이나 총무과장을 만나러 갔고, 그다음에는 계장이나 사원을 만나러 갔던 거거든… 이제 노동조합 사무실로 가는 거야… 성직자가 노동조합에 관심을 가져주니 얼마나 고마워하는지… 그러니까 이제 노동조합 간부 교육 프로그램을 한단 말이야. (…) 그래서 노총이나 노동조합 본조들과 함께 손을 잡고 단위 노조 지부를 우리가 꽤 많이 조직했어요."[15]

　　이 무렵 조지송 목사가 영등포산업전도위원회에 제출한 보고서에는 산업전도의 어려움으로 첫째는 노동자의 저임금으로 인한 고통, 둘째는 산업전도 실무자 부족, 셋째는 공장 사회에서 신앙 유지의 어려움, 넷째는 공장 내의 문제 해결을 위해 무엇을 할 것인가를 꼽았는데,[16] 이는 산업전도의 관심이 산업 신도의 확대(전도)에서 산업 현장의 환경과 공장 내의 문제 해결로 확장되고 있음을 보여준다.

산업전도가 노동자 개인의 신앙뿐만 아니라 노동자가 처한 환경과 산업사회의 구조적인 문제까지 바라볼 수 있게 된 것은 노동조합과의 만남 속에서 얻어낸 소중한 성과다. 조지송 목사와 영등포산업전도위원회는 '산업전도가 무엇이고, 어떻게 노동자를 구원할 수 있으며, 그 일을 해낼 수 있는 주체는 누구인가'를 놓고 오랜 방황과 시행착오를 거듭한 끝에 마침내 한 길을 찾아낸 것이다. 조지송 목사가 찾아낸 그 길은 바로 노동조합이었다. 조지송 목사는 이때를 회고하며 이렇게 말한다.

"나는 노동조합운동이 노동자의 권익을 지키는 유일한 방법은 아닐지 모르지만, 그래도 가장 좋은 방법임에는 틀림없다고 믿는다. 그런 의미에서 나는 노동조합을 노동자들의 교회라고 생각했다. (…) 여기(노동조합)에서 인간의 권리가 무엇인지를 배우고, 민주주의를 배우고, 이웃 사랑과 희생과 봉사를 배우고, 의를 위하여 고난을 받는 것이 무엇인지도 배우며, 사회정의와 노동자의 권익을 위해서 싸우는 것도 실천적으로 배우고, 참된 평화가 무엇인지도 배울 수 있기 때문이다. 그러므로 노동조합은 산업선교 실무자들의 목회 현장이고 노동자 구원의 도구라고 생각하지 않을 수 없었다."[7]

산업전도가 초기의 전통적인 공장 목회(예배, 성경공부)와 평신도산업전도연합회 활동을 거치면서 그 한계를 깨닫고 노동조합운동과 결합하면서 새로운 돌파구를 열어가게 된 것이다. 산업 현장에서 약자인 노동자의 아픔을 깨닫고 노동자의 품인 노동조합을 노동자의 참 교회로 여기기 시작한 것은 산업전도가 마침내 노동자의 벗이 되어 함께 고난받을 가시밭길로 발걸음을 내디딘 순간이었다.

'산업전도'에서
'산업선교'로

조지송 목사는 영등포 지역의 250여 개 공장을 발이 닳도록 드나들며 그곳에서 일하는 사람들과 대화하면서 노동조건을 속속들이 알고 있었기에 법으로 보장된 최소한의 권리를 알지 못하거나 알아도 노조가 없어 보호받을 길이 없는 노동자를 보면 가슴이 아픈 것을 넘어 분노가 치밀었다.

"그런데 이 아가씨는 자기가 당하는 게 얼마나 혹독한지 아무렇지도 않은 듯, 당연한 듯 이야기를 하는데, 오히려 듣는 내가 속이 부글부글 끓더라고…. 저녁 7시에 출근해서 아침 7시가 되도록 부품 몇천 개를 만드는데, 밤 12시에 식사 시간 딱 30분만 쉬어. 어떨 땐 30분도 안 줘서 밥 먹고 후딱 뛰어와서 일하다 새벽 3~4시에 그 자리서 잠깐 두어 시간 자고, 깨우면 아침까지 다시 일을 하거든…. 7시 되면 불량 난 것만큼 다 채워놓고 퇴근해야 하는 규칙 때문에 퇴근도 미루고 또 일해. (…) 이러니 배겨나겠어? 아이들 얼굴이 누렇게 뜨고 말조차 조리 있게 못하게 되지 않겠냐? (…) 이런 걸 보고도 아무렇지 않다면 그게 어디 사람이야? 산업전도 한다면서 그걸 그냥 두고 지나칠 수 있겠냐고?"[18]

1960년대 후반 노동자의 권리나 노동조건을 찾는 것 자체가 사치스럽게 여겨질 때 억압받고 착취당하던 노동자의 실상을 접한 조지송 목사는 노동자가 인간다운 대접을 받아야만 하나님의 정의가 설 수 있다는 강력한 확신을 가지게 되었다.

당시 영등포 공단에서는 시골 초등학교를 나온 후 부모를 도와 농사일을 거들다가 서울로 올라온 소녀들이 많았다. 나이가 너무 어린 소녀들은 언니의 이름으로 공장에 들어가기도 했는데, 회사 측도 월급을 적게 줄 수 있는데다 나중에 퇴직금을 정산할 때 남의 주민등록으로 취업한 것을 빌미로 떼어먹으려고 모른 척하는 경우가 많았다. 또한 최소한의 생계비에도 못 미치는 임금에 하루 열여덟 시간씩 중노동을 시키면서도 초과근무 수당을 주지 않거나, 적립된 퇴직금마저 지급하지 않고 가로채는 일도 비일비재했다.

여공 3000여 명이 일하는 해태제과에서는 한여름에 작업장 온도가 40도 가까이 치솟는데, 아무도 더우니 선풍기 좀 달아달라는 말을 하지 못할 정도였다. 회사에 무슨 제안을 했다가 그대로 해고되어도 호소할 곳이 없었기 때문이다. 최소한의 양심이나 신앙심이라도 있다면 이런 환경에서 만든 과자라는 것을 알면 도저히 입에 대지도 못할 것만 같았다.

조지송 목사는 당시 열여섯 살이던 순옥이와 만날 약속을 하고 회관에서 기다렸는데, 순옥이가 헐레벌떡 뛰어 들어왔다. 그녀가 다니는 양남동 공장에서 당산동의 회관까지 10리(약 4킬로미터)가 넘는

데 버스를 한 번 갈아타야 하기 때문에 버스비를 절약하려고 아예 걸어서 왔다는 것이었다. 밤샘 근무를 끝내고 약속을 지키려고 그 시간에 힘들게 회관까지 걸어온 순옥이를 위해 조지송 목사는 라면을 끓여주면서 어린 소녀에게 버스도 편히 못 탈 만큼 쥐꼬리만 한 월급을 주면서 곱빼기 노동으로 혹사시키는 회사에 대해 분노가 치밀어 올랐다. 그 회사에서 일하고 있을 300여 명의 또 다른 순옥이를 생각하면서 "이런 잔인한 짓을 계속하도록 내버려둬선 안 된다"[19]라고 조지송 목사는 다짐하곤 했다.

조지송 목사는 한 사람 한 사람의 노동자는 나약하고 힘없는 존재지만 노동조합의 이름으로 단결된 노동자는 얼마든지 당당하게 주장하여 부당한 대우와 노동조건을 바꿀 수 있는 존재임을, 즉 노동조합의 역동성에 주목했다. 교회가 입으로만 노동자 사랑을 외칠 것이 아니라 빼앗긴 권리를 되찾아 인간다운 삶이 가능하도록 도우면 노동자들이 저절로 하나님 사랑을 깨닫게 될 것임을, 그것을 효과적으로 달성할 수 있는 수단의 하나가 노동조합임을 깨달은 것이었다.

이런 깨달음 끝에 1969년을 전후해서 조 목사는 영등포산업선교회의 프로그램으로 '노동운동 지도자훈련' 과정을 개설하여 3년간 21회에 걸쳐 수많은 노동운동 조직가들을 훈련했다. 그즈음 서울과 인천 지역의 산업선교 기관들이 지원하여 조직된 노동조합 수는 100여 개에 달했으며, 소속 노동자 수는 4만 명이나 되었다. 영등포 지역에서는 거의 모든 노동조합이 영등포산업선교회를 통해서 조직되었거나, 아니면 노조 지도자들이 훈련을 받은 셈이었다.[20]

한국에 산업전도가 시작된 지 10년을 넘긴 1968년 1월 아시아

기독교협의회(CCA) 주최로 아시아 지역의 산업선교 실무자들이 그동안의 산업전도 활동을 평가하고 정리하는 모임을 태국 방콕에서 가졌다. 이 자리에서 아시아 산업선교 실무자들은 몇 가지 합의에 도달했는데, 그것은 산업선교의 질적 발전에 매우 중요한 것이었다. 그 하나는 이 노동자 선교 활동의 명칭을 '산업전도'에서 '도시산업선교'로 새롭게 개념 규정을 한 것이었다. 선교의 영역을 노동자 개인의 신앙 문제에 국한하지 않고 산업화와 도시화에 따른 사회문제와 인간 삶의 전 영역을 선교 대상으로 확대해야 한다는 취지였다. 그리하여 실무자들은 자본에 억눌린 노동자를 비인간적 삶에서 구원하기 위해 보다 구체적으로 노사문제에 개입하고, 노동조합 조직을 지원·확산하는 것을 산업선교의 중심 과제로 삼아야 한다고 확인했던 것이다.

이와 함께 산업전도의 주제 성구도 "하나님께서 일하시니 나도 일한다"(요한복음 5장 17절)에서 "주의 성령이 내게 내리셨으니, 이는 가난한 자에게 복음을 전하게 하시려고 내게 기름을 부으시고 나를 보내사 포로 된 자에게 자유를, 눈먼 자에게 다시 보게 함을 전파하며, 눌린 자를 자유케 하고, 주의 은혜의 해를 전파하게 하려 하심이라"라는 누가복음 4장 18~19절 말씀으로 대체되었다. 이러한 변화를 두고 조지송 목사는 이렇게 회고한다.

"하나님께서 일하시니 나도 일한다는 것이 노동자의 의무와 성실성을 의미했다면, 누가복음 4장 18절에서 19절은 억눌린 노동자를 편들고 해방하기 위한 노동 현장에 적극적으로 개입하고 실천하는 노동운동을 뜻했다."[21]

이러한 변화는 조지송 목사를 비롯한 산업전도 실무자들이 노동자가 받는 비인간적 대우와 열악한 노동조건을 보면서 개인의 신앙적 결단만으로는 결코 문제를 해결할 수 없음을 깨달았기에 가능했다. 즉 산업사회의 구조적 모순에 도전해야만 정의가 실현될 수 있고, 그러한 토양 위에서 비로소 복음이 뿌리내릴 수 있다는 것을 확신한 결과인 것이다.

"노동자 선교는 개인의 구원이나 종교의식에 치중하는 것보다 오히려 기업 이윤의 공정한 분배를 통한 산업사회 정의에 역점을 두어야 한다. 노동임금의 향상, 근로기준법을 비롯한 노동 관련 법의 준수 여부를 자세히 조사하고, 누가 법질서를 파괴하고 있는지 사회에 고발하여 노동자들이 법적으로 소외되는 일이 없도록 힘써야 한다."[22]

이렇듯 그 무렵 조지송 목사의 글에서는 전도에서 선교로 넘어가는 전환기의 고민이 잘 드러난다.

이렇게 산업선교의 내용과 방법이 질적인 변화를 가져온 배경에는 '하나님의 선교신학(Missio Dei)'이 있었다. 곧 산업전도 초기에 실무자들이 가졌던 '개인 구원', 즉 '복음화'만이 유일한 선교의 길이라는 전통적 선교신학에 대하여 '사회 구원'을 통한 '인간화'를 선교 영역으로 보는 시각이 도입된 것이다.

이에 따라 예장 총회는 1971년 제56회 총회부터 공식적으로 '산업전도(Industrial Evangelism)' 대신 '산업선교(Urban Industrial Mission, UIM)'라는 명칭을 쓰기 시작했다.

1960년대 중반을 전후하여 영등포산업전도위원회뿐만 아니라 가톨릭과 감리교에서도 노동조합의 중요성을 인식하고 활동 중심이 노동자 신앙에서 노동자 권익 보호와 단결로 옮겨지고 있었다. 감리교의 경우 일찍이 미국에서 산업선교 경험을 축적한 미국인 선교사 오글 목사의 도움으로 인천에서 활동했고,[23] 가톨릭에서는 노동청년회(JOC)라는 조직이 활발하게 움직이고 있었다. 예장통합, 한국기독교장로회, 감리교, 성공회 등 개신교와 가톨릭은 1965년부터 '산업전도실무자협의회'를 통해 실무자 차원의 논의와 교육을 해왔으며,[24] 1969년 1월 각 교단 산업선교 조직이 참여한 '한국도시산업선교연합회'를 발족했다.

그 후속 작업으로 영등포 지역에서는 장로교, 감리교가 참여하는 '영등포도시산업선교연합회'가 조직되었다. 1969년 5월 19일부터 감리교의 김경락 목사와 안광수 목사가 영등포산업선교회에 합류해 조지송 목사와 함께 일하기 시작했다. 이후 영등포도시산업선교연합회는 1975년 4월까지 6년 동안 장로교/감리교 연합체제로 운영되었다.

초교파 연합 활동은 연세대학교 도시문제연구소와 영등포산업선교회가 공동으로 주최한 '도시산업지구 목회자연구회'를 여는 계기가 되었는데, 한 지역 내에서 활동하는 각 교단이 공동으로 산업선교를 추진하기로 합의함에 따른 것이다. 여러 지역과 타 교단의 산업전도 실무자들이 활발하게 교류하며 산업선교의 경험이 공유되고 노동문제에 대한 공동 대처가 이루어질 수 있는 조건이 만들어진 것이다. 영등포산업선교회와 조지송 목사는 도시산업선교연합회 활동을 중요하게 여겨 적극 참여하고, 예장 측 총무를 역임했다.

노동자를 신자화함으로써 교회의 외형 확장에 주력하던 산업전도의 낡은 틀을 벗어버리고 비인간적 상황에 처한 노동자와 연대하여 억압을 끊어버리는 것을 목표로 설정하면서 산업선교를 수행하는 방식에도 변화가 불가피해졌다.

조지송 목사는 1970년 9월 미국 장로교회의 초청을 받아 6개월간 시카고 지역 중심의 노동운동과 사회운동 및 사회선교 현장 훈련을 받았다. 그는 시카고 루스벨트 대학의 노조 간부 교육(3개월), 농민훈련센터(1개월), 시민 조직 활동인 '더 나은 오스틴을 위한 조직(Organization for Better Austin)'(4개월), 기타 농민단체와 흑인인권운동, 시카고 사회선교 활동 등 다양한 교육과 사회운동 현장 활동을 경험했다. 또한 귀국하는 길에 서독에 들러 에베르트 재단(Friedich Ebert Stiftung)의 사회 발전 프로그램을 둘러보고, 독일 개신교해외개발처(EZE) 관계자와 만나 영등포산업선교회 회관 건립을 위한 재정지원을 약속받았다. 프랑스 파리에서는 빈민가의 주민조직운동 현장을 둘러보기도 했다.[25]

조지송 목사는 시카고에서는 사울 D. 알린스키의 사회조직론에 기반한 사회운동과 노동운동의 기본 원리와 그 적용 현장을 살펴보고 많은 영감을 얻었다.[26] 시카고에서의 이 경험은 후에 여성 노동자 소모임 조직 운동에 적절하게 활용하여 영등포 산업선교 역사에서 가장 역동적인 활동이 이루어질 수 있게 했다. 또한 미국과 독일의 산업선교 지원 단체들과의 만남을 통해 상호 협력 관계를 구축한 것은 이후 군사정권의 탄압을 견디는 데 매우 큰 힘이 되어주었다.

악덕 기업주를 천국으로 보내는
노동운동

노동조합 교육과 노조 지도자 훈련의 성과로 1968년 마침내 문래동에 있던 삼성 창업자 이병철의 회사인 '제일물산'(조미료 미풍 제조)에서 첫 번째로 노동조합을 결성할 수 있게 되었다. 당시 이병철은 현재의 삼성그룹과 마찬가지로 노동조합을 일절 허용하지 않는다는 경영철학을 가졌는데, 이런 상황에서 평신도산업전도연합회 총무를 지냈던 이만진이 주도하여 노동조합을 결성했다가 주동자 몇 사람과 함께 곧바로 해고되고 말았다. 영등포산업선교회는 해고자들의 복직을 요구하며 지방노동사무소에 진정서를 넣었고, 동시에 그 진정서를 살포하며 노동자들의 출근 투쟁을 지원했다. 끝내 해고자 복직을 이루어냈고, 또한 노동조합도 인정을 받았다. 끈질긴 투쟁 끝에 해고자 복직과 단체교섭권, 노조 사무실을 확보한 이 사건은 영등포산업선교회가 노사문제에 개입하여 처음으로 승리를 일구어낸 의미 있는 일이었다.

제일물산 노동조합 결성이라는 첫 싸움을 성공적으로 해낸 조지송 목사와 영등포산업선교회는 노사문제를 해결하는 것이야말로 산업선교의 핵심임을 확신하고 노동조합 지원 활동에 더욱 매진했다. 1968년 당시 영등포 지역에 소재한 기업체 수는 1000여 개였는데, 노동조합이 있는 기업체는 76곳에 불과하여 23만 3000여 명의 노동자 중 근로기준법 적용을 받을 수 있는 노동자는 5만 5000명에 지나지 않았다. 노동조합이 없으니 노동자는 권리 주장을 하기는커녕 대부분 고용주의 일방적 횡포 아래 전근대적 노예노동에 시달리고 있었다.

대림동에 위치했던 '한국모방'도 그런 회사 중 하나였다. 한국모방에 다니는 평신도산업전도연합회 회원 중 김갑준이라는 여성이 있었는데, 그녀는 방지일 목사가 목회하던 영등포교회의 교인이었다. 김갑준은 영등포산업선교회의 '평신도 산업전도 교육' 제1회를 수료했다. 그녀는 조 목사가 설교 문제로 공장 출입을 이전처럼 자유롭게 하지 못하게 되었을 때 한국모방 앞의 작은 개척교회를 빌려 조 목사가 성경공부를 인도할 수 있도록 주선했다.

아주 추운 겨울 저녁에 성경공부 약속을 하고 가면 김갑준은 미리 나와서 난로에 장작불을 따뜻하게 피워놓고 기다렸다. 김갑준이 영향력이 있어 그 모임에 오는 이들이 20~30명으로 늘어나고 나중엔 50여 명까지 불어났을 때였다. 한국모방에는 노동조합이 있었지만 하는 일도 없이 사무실과 조직만 유지하고 단체교섭이라든가 조합원 교육이나 조합원 권익 보호 등의 활동은 전무한 상태였다. 부녀부장으로 선임된 김갑준의 활동이 조합장보다 월등하여 조합원들은 부서 이동이라든지, 휴가일을 조정하는 문제 등 소소한 문제들을 김갑준을 통해서 해결하고 있었다.

김갑준을 통해 산업선교회 모임에 나오기 시작한 박영혜라는 노동자를 눈여겨본 조지송 목사는 그녀를 1969년부터 시작한 신용협동조합 실무자로 채용하기로 하고 회사를 퇴직하게 했는데, 그녀가 퇴직금을 받으려고 하던 중 놀라운 사실을 알게 되었다. 한국모방에서 그동안 한 번도 종업원들의 퇴직금을 정상적으로 지급한 적이 없었던 것이다.

"목사님, 그저께 사표 내고 퇴직금 타러 갔더니 한국모방이 그동안 퇴직금을 전혀 안 주고 있었는가 봐요. 어쩌죠?"

"어쩌긴, 당연히 받아야지…. 퇴직금도 임금인데."

"…."

"최근에 퇴직한 다른 사람들도 못 받았는지 알아봐."

이렇게 박영혜와 영등포산업선교회 회원들을 통해 파악한 40명을 일단 모아놓고 퇴직금 체불액을 계산해보았더니 합해서 600만 원이 훌쩍 넘었다. 당시에는 평생 만져보기도 힘든 큰돈이었다. 영등포산업선교회는 회사가 노동자에게 당연히 지급해야 할 퇴직금을 횡령한 것이니 반드시 받아내야 한다고 결론을 내리고, 퇴직자들의 이름으로 퇴직금 지급 청구서를 회사에 내고 서울지방노동청에 근로기준법 위반으로 회사에 대한 고발장을 접수했다.

박영혜가 퇴직자 열 몇 명을 데리고 회사 정문으로 몰려갔다.

"우리는 퇴직금을 받으러 왔다. 피땀으로 만든 퇴직금을 달라."

그랬더니 회사 측은 "미친년, 별 소릴 다 하네. 지금까지도 퇴직금 안 주고 회사 잘해왔다. 니들이 무서워 돈 줄 줄 알았냐?" 하고는 정문을 봉쇄해버리는 것이었다. 그러나 퇴직자들은 이에 물러서지 않고 출퇴근 시간마다 정문 앞에 서서 퇴직금을 내놓으라고 시위를 했다. 어떤 때는 정문을 밀고 들어갔다가 남자 직원들에게 팔다리를 잡혀서 짐짝처럼 밖으로 내던져지기도 했다. 흥분한 퇴직자들 중에는 회사 차 밑에 드러눕기까지 했다. 이러기를 몇 번씩 되풀이하자 한국모방의 노동자 2000여 명이 모두 회사가 퇴직금을 떼어먹는다는 사실을 알게 되고 말았다. 1971년 5월 17일 영등포산업선교회의 초청으로 가톨릭의 JOC와 기독교계, 학계, 노동계, 사회연구단체가 한자리에 모여 한국모방 퇴직금 받기 투쟁을 지원하기로 결의했다. 그러자 한국모방의 퇴직금 편취가 사회문제가 되어버렸다. 결국 서울지방노동청은 5월 22일 한국모방을 퇴직금 체불 혐의로 검찰에 고발하기에 이르렀다.

연일 성명서를 내면서 정문에서 퇴직자들의 농성이 한창일 때 갑자기 노량진경찰서가 박영혜를 비롯한 '퇴직금 받기 투쟁위원회'의 박용온 위원장과 유명순 총무 등 농성자 전원을 연행해 구류 처분을 내렸다. 불법 집단행동이라는 이유였다. 연행된 사람들은 경찰서 보호실에서 식사를 거부한 채 단식으로 맞서며 일주일의 구류 기간을 채우고 나왔다. 사람들은 바짝 말라서 귀신 같은 몰골이 되어 있었다.

그들은 곧바로 '퇴직금 받기 투쟁위원회'를 재출범해 영등포산업선교회원이 아닌 사람으로 위원장과 총무를 세우고는 회사로 쳐들어갔다. 피골이 상접한 얼굴이지만 기세등등하게 몰려오는 이들을 본 회사 측은 이러다가 무슨 일이 생길지 모른다는 생각이 들었는지 타협하자고 나왔다. 사태가 이러한데도 정부가 아무런 조치를 취하지 않고 있다는 여론이 확산되자 부담을 느낀 노동청이 마지못해 회사를 경찰에 고발해 노동법 위반으로 입건이 되자, 그제야 해결하자고 나오는 것이었다. 투쟁위원회를 만난 회사 측은 말했다.

"이렇게까지 된 마당이니 퇴직금을 준다…. 주긴 주는데 당장은 돈이 없다."

"이게 무슨 소리냐? 며칠까지 내놓아라."

그러면 회사 측은 마지못해 몇 월 며칠까지 주겠다고 약속해놓고 그날이 되면 또 돈이 없다는 것이었다. 그러는 사이 퇴직한 사람들이 소문을 듣고 자꾸 나타나 퇴직한 지 3년이 지난 사람들까지 지급을 요구하니, 시간이 지날수록 곤란해지게 된 회사가 이제는 정말 돈을 주겠다고 확약하기에 이르렀다. 퇴직자들이 사장실을 차지하고 앉아 당장 퇴직금을 내놓지 않으면 한 발자국도 못 나간다고 버티자 사장으로부터 조지송 목사를 만나자는 전화가 왔다.

"저를 왜 찾으시나요?"

"조 목사님, 애들이 돈을 주겠다는데도 못 믿고 줄 때까지 여기서 단식 농성을 하겠다고 합니다."

'믿긴 어떻게 믿어? 몇 번씩이나 속여먹었으면서, 뻔뻔스럽기는!'

퇴직금을 못 받은 노동자들이 앙칼지게 대들자 회사 다닐 땐 양같이 고분고분했던 노동자들의 돌변한 모습에 배석한 회사 간부들이 움찔하고 놀라는 기색이었다. 사장이 하소연했다.

"목사님, 내일 아침에 준대도 안 나가려 하니, 이걸 어떻게 하나고요. 계산도 복잡하고 한데….”

“내일 아침에 준다니 농성할 필요까지는 없겠구먼…. 당신 정말 돈이 있으면 좀 봅시다.”

조지송 목사가 물어보니 사장실 한쪽에 있는 대형 냉장고 문을 열어 보여주는데, 돈을 싼 커다란 보자기 두 개가 있었다.

“이거 줄 테니까 조 목사가 가져가서 나눠주든지 갖든지 맘대로 하소.”

돈 보따리를 확인한 조지송 목사가 퇴직자들을 설득했다.

“내일 틀림없이 돈을 지급한다고 하니 이제 해산합시다. 내가 책임지겠소. 내일 영등포산업선교회 사무실로 오시오….”

돈을 손에 쥐기 전에는 사장실에서 한 발자국도 못 나가겠다던 사람들이 조지송 목사의 말 한마디에 양같이 변해서 해산하는 것을 본 사장이 자조적으로 말했다.

“제 회사 사장 말을 이렇게 안 믿는 사원들 처음 보네…. 우리 회사, 조 목사가 운영하시오…. 나 회사 안 할라요.”

이렇게 해서 이튿날 회사는 두 포대에 든 돈과 함께 노무과장과 경리실 직원 넷을 영등포산업선교회로 보내 조지송 목사의 입회하에 그동안 주지 않았던 한국모방 퇴직자들의 퇴직금을 보름에 걸려 정산해 지급했다.

한국모방 퇴직금 투쟁은 영등포산업선교회 회원들의 퇴직금 찾기에서 발단이 되었지만, 투쟁이 진행되는 동안 종교계를 비롯한 지식인, JOC, 사회단체가 연대하여 노동법을 상습적으로 위반해온 악덕 기업에 경종을 울리는 사건이 되었다. 엄연히 법으로 규정된 퇴

직금을 종업원 2000명이 넘는 큰 회사가 지급하지 않고 있다가 결국
돈은 돈대로 들면서 곤욕을 치른 탓에 이후로는 그처럼 심각한 퇴직
금 체불 사태가 생겨나지 않게 하는 학습효과를 가져왔다.

한국모방 퇴직금 지급 투쟁에 대해 조지송 목사는 이렇게 말하
며 강한 자부심을 드러냈다.

"산업선교가 기업주를 구원한 거야…. 산업선교 덕분에 기업이
천당 간다고. (…) 법 잘 지키게 되지, 노동자한테 잘해주지…. 노동자
와 기업이 사이좋게 천국 가자고 노동운동을 하는 거야."[27]

법으로 규정된 노동자의 권리를 지키도록 하면 노동자뿐 아니
라 기업주와 해당 사업에도 궁극적으로는 도움이 된다는 논리다. 기
업의 '윤리경영'이라는 개념조차 없던 시기에 영등포산업선교회는
준법 경영이야말로 기업이 나아가야 할 방향임을 제시하며 선도적
으로 기업 문화를 이끌고 있었던 셈이다.

그 와중에 한국모방 어용 노동조합은 아무런 구실도 하지 못하
는 존재라는 것이 만천하에 드러나 노조 지부장 정영오가 불신임을
받게 되었다. 마침 섬유노조 상회비를 정영오가 도중에 빼돌려 개인
적으로 사용한 것이 드러나 정영오는 섬유노조 본조로부터 불신임
을 당하는 처지가 되었다. 조지송 목사는 한국모방 노조를 민주화시
킬 기회로 보고 김갑준에게 말했다.

"안 되겠다…. 지부장을 갈아야 해. 갑준 씨가 한번 해보면 어떻
겠어?"

"아유, 못해요. 저는 앞에 나서는 거 싫어요."

김갑준은 극구 사양하고 대신 지동진을 추천해 그를 지부장으

로 밀기로 했다.[28] 그런데 1972년 7월 6일 회사가 낌새를 알아채고 지동진을 현장에서 격리해 마당에서 풀 뽑고 쓰레기 처리하는 일을 시켰다. 7월 9일 김갑준 외 60여 명이 노조정상화투쟁위원회를 만들어 영등포산업선교회에 모여 4개항의 결의문을 작성했다. 8월 9일 조합원 1000여 명이 작업을 거부한 채 운동장에 모여 농성에 들어갔다. 요구 조건은 지동진을 원상 복귀시킬 것, 행동 통일 결의 서명자 1085명에 대한 인권 유린을 하지 말 것, 기숙사생 외출 금지 철회, 노조 활동 보장 네 가지였다. 이튿날 8월 10일 김갑준이 준비한 시나리오대로 대의원대회를 개최해 지부장에 지동진, 부지부장에 방용석·정상범, 그리고 노조 집행부가 당초 계획대로 취임할 수 있었다.

어용 조합장 정영오를 재선시키려는 회사의 시도가 무산되어버리자 회사 측은 노조를 와해시키기 위해 핵심 조합원들을 대상으로 부서 이동, 회유, 해고, 강제 야근, 폭력 등 수단과 방법을 가리지 않았다. 9월 3일 전 종업원이 특근을 거부하고 작업장을 나오자 회사는 경비와 간부 직원들을 동원하여 조합원들에게 폭력을 행사했다. 그리고 이튿날 휴업과 함께 기숙사 식당을 폐쇄하고 기숙사생들에게 아침과 점심 두 끼 식사를 제공하지 않자 격분한 600여 명이 명동성당으로 몰려가 농성을 했다.

9월 4일 조합 간부들은 전원 연행되었다가 풀려났지만 부지부장 방용석과 정상범은 구속되어 영등포구치소에 수감되고 말았다. 9월 8일 한국모방 노조 고문으로 위촉되어 있던 민주당 김수한 의원이 국회 본회의에서 국무총리와 법무부 장관에게 한국모방 노사분규와 노조 간부 구속에 대한 질의를 하여 회사의 부당 노동행위에 적법한 조치를 하겠다는 답변을 받아냈고, 9월 15일 방용석과 정상범 두 사람은 석방될 수 있었다.

한국모방과 같이 규모가 큰 회사들과의 싸움은 경영주들이 더이상 근로기준법에 규정된 정당한 노동자의 권리를 침해하면서 기업을 운영해 나갈 수 없게 되었다는 사실을 보여주는 반면교사의 역할을 톡톡히 했다. 1960년대 말부터 1970년대 초까지 영등포산업선교회가 노동문제에 개입하는 방식은 노동조합을 통한 '준법투쟁'이라고 정리할 수 있다. 조지송 목사는 기업주에게는 노동법과 근로기준법이 규정하는 것을 잘 지키도록 강제하고, 노동자에게는 그러한 법과 규정에 의해 보호받을 권리가 있음을 깨우쳐 스스로 권리를 찾도록 돕는 데 주력했다. 그와 함께 기업주, 정부 당국(노동청, 경찰), 노동자(노조), 산업선교회 4자가 협의하여 문제를 해결하는 방식도 사용했는데, 노동자의 힘이 약할 때 이 방법은 매우 유효했다. 혹자는 이 시기의 노동운동을 '타협 노선'이라고 비판하기도 하는데, 노조 조직률이 매우 낮아 노동자의 힘이 미약했던 당시의 상황에서는 불가피한 선택일 수밖에 없었다.

이러한 원칙에 따라 1968년부터 1972년 10월 유신 이전까지 영등포산업선교회가 개입한 노동문제 가운데 몇 가지 예를 들면 다음과 같다. 1969년 10월 17일 국민투표일에 휴일 근로수당을 지급하지 않은 시그마텍스 코리아에서 조합원들이 조합원 총회를 요구하자 회사와 조합 측이 부지부장과 조합원 여섯 명을 해고했는데, 이에 개입하여 총회가 소집될 수 있도록 조정한 일, 1970년 동광통상의 부당해고와 퇴직금 미지급 사건을 계기로 노동조합을 설립할 수 있도록 지원한 일, 1972년 2월 크라운전자 노동조합 탄압에 개입하여 노조 활동을 정상화시킨 일, 1972년 6월 민도마네킹 임금 체불 사건에 대해 지원한 일(산선 주선으로 경찰, 노동청, 회사가 합의하여 전액 지불), 1972년 9월 방림방적 임시공들의 근로기준법 적용 문제를 해결한 일 등이 대표적이다.

김진수 사건이
터지다

1970년 11월 13일 청계천 평화상가의 조그만 봉제공장에서 일하던 재단사 전태일이 살인적인 노동조건에 항의하며 분신함으로써 노동자의 비참한 노동 현실을 만천하에 고발하는 사건이 발생했다. 전태일 분신 사건으로 충격을 받은 학생과 양심적 지식인이 노동운동에 관심을 갖기 시작한 것은 이때부터였다. 대학마다 노동문제 연구 서클이 생겨나고 공장에 이른바 위장취업을 하여 노동운동과 결합하려는 시도도 생겨났다.

전태일 분신 사건의 영향으로 인해 1970년 한 해 동안 새로 결성된 노동조합 수가 2500여 개에 달할 정도로 노동조합 결성이 활발해졌다.[29] 이런 가운데 영등포산업선교회는 12월 6일 '편직업계 노사문제 세미나'를 개최했다. 이는 전태일의 분신 여파로 당국이 삼엄한 감시를 펼치는 가운데 겉으로는 '노사협력'을 표방했지만, 실제 목표는 섬유노조 편직 부문의 조직을 건설하기 위한 것이었다. 이날로부터 정확히 2주 후인 12월 20일 전국섬유노동조합 서울의류지부가

결성되었고, 사무실을 영등포산업선교회 회관 내에 두었다.[30]

김경락 목사의 지원 아래 서울의류지부 한영섬유분회의 노조 결성을 주도한 인물은 '편직업계 노사문제 세미나'에서 노동자 대표로 발제했던 김용욱이었고, 김진수는 안양 지역에 생활권을 둔 노동자들을 대표하여 조합 설립을 위한 모임에 참여하고 있었다. 12월 28일 400여 명의 노동자가 식당에 모여 '전국섬유노동조합 서울의류지부 한영섬유분회 결성식'을 성공적으로 치렀다. 당황한 회사 측은 조합을 무력화하기 위해 분회장 김용욱 등 임원 네 명을 해고하고 조합원 200명을 12월 31일 자로 강제 퇴사시키는 한편, 공장 가동을 일시 중단하고 직장 폐쇄를 선언했다.

그러면서 과거에 폭력 사건으로 해고했던 최홍인, 홍진기, 정진헌 세 명을 재입사시켜 조합원들의 노조 탈퇴서를 받게 했다. 그들 중 특히 정진헌은 난폭한 언행으로 악명이 높았다. 공장장은 세 사람이 노조 파괴에 앞장서는 대가로 후한 일당을 주기로 하고 신분보호 각서까지 써주는 이례적인 대우를 약속했다. 이들은 하루 종일 하는 일도 없이 대낮부터 술에 취해 수위실에서 잠을 자거나 손바닥에 드라이버를 두드리며 돌아다니면서 노동자들에게 공포심을 조장했고, 마음 약한 노동자들을 협박해 노조 탈퇴서를 받아냈다.

12월 31일 자로 퇴사당한 노동자들은 1월 10일 재입사 처리됐으나, 지도부는 여전히 해고 상태였다. 이에 노동자들은 회사 측의 부당 노동행위에 대한 구제 신청을 냈다. 2월 12일 자로 지방노동위원회는 김용욱 외 3인의 노조 간부를 복직시키라는 판정을 내렸다. 하지만 회사는 불복하여 재심을 청구했고, 노조는 쟁의 발생 신고로 맞섰다. 김진수는 함성길, 김윤기와 함께 강요에 못 이겨 노조를 탈퇴한 사람들을 설득해서 재가입 원서를 받아내는 등 노조 재건 작업을 하고 있었다.

3월 18일 한영섬유 노동조합은 서울지방노동위원회에 쟁의 발생 신고를 했다. 이 때문에 공장장 유해풍으로부터 심한 질책과 면박을 받은 최홍인 등 3인은 오후 5시 30분경 공장 근처 구멍가게에서 술을 사 마시고 취한 채 공장에 들어가 편직기 앞에서 일하던 김진수에게 시비를 걸었다. 정진헌이 드라이버 손잡이로 김진수의 뒤통수를 쳤고, 이에 김진수가 불쾌한 표정을 짓자 갑자기 드라이버를 휘둘러 김진수의 머리를 찌르고 말았다.

다친 김진수는 가까운 영등포 성모병원으로 옮겨졌으나, 넘어져서 다쳤다는 회사 직원 왕성수의 말에 의사는 지혈제를 바르고 붕대를 감싸는 간단한 응급처치만으로 치료를 끝냈다. 그러나 계속 피를 흘리던 김진수는 의식을 잃어갔고, 결국 밤 11시가 되어 연세대학교 세브란스병원으로 옮겨졌다. 그런데도 회사는 진상을 숨기려고, 공원끼리 다투다가 넘어졌다고 왕성수로 하여금 거짓말을 하게 하여 담당 의사가 상처를 심각하게 여기지 못하게 만들었다.

사고 소식을 들은 지부장 박건영이 달려오고 김진수의 어머니와 누나도 왔다. 김진수는 왼쪽 머리와 귀 주변, 눈 주위가 알아볼 수 없을 정도로 퉁퉁 부었고 왼쪽 눈은 아예 감긴 상태였다.

"진수야, 진수야, 너 이게 웬일이냐?"

"엄마, 나 좀 살려줘. 머리가 깨질 것 같아. 살려 줘….."

곧이어 김진수는 혼수상태에 빠졌고, 사건의 전말을 전해들은 박건영은 영등포산업선교회와 전국섬유노조 서울의류지부에 이 사실을 알렸다. 다음 날 영등포산선에서 김경락, 안광수 목사와 서울의류지부장 박은양 등이 방문해 담당 의사에게 전말을 밝히고 합당한 치료를 요청했다. 김진수는 곧바로 수술을 받았는데, 드라이버 날이 머리 속 2.5센티미터까지 뚫고 들어가 이미 뇌가 치명적 손상을 입은 뒤였다. 수술 집도 의사는 뇌 전체에 염증이 퍼져 거의 희망이 없으며 살아난다 해도 정상적인 생활은 힘들 것이라고 진단했다.[31]

김진수의 생명이 왔다 갔다 하는 와중에도 한영섬유 한익하 사장은 "저희들끼리 싸우다가 일어난 일에 회사가 책임을 져야 하느냐, 회사가 자선사업 단체냐"라며 뻔뻔스러운 발뺌으로 일관했고, 이런 회사 측 반응을 전해들은 김진수의 어머니는 눈이 뒤집혀 한영섬유 사장실로 쳐들어갔다.

"사장 놈 어딨어? (…) 이놈아, 내 아들 살려내라, 천금을 주고도 못 살 내 아들한테 무슨 짓을 했어?"

김진수의 어머니는 입에 거품을 물고 닥치는 대로 사장실 집기를 집어던졌다. 한익하 사장은 눈살을 찌푸리며 말했다.

"저 노인네 당장 끌어내지 못해? 감히 여기가 어디라고…. 재수없게."

"이놈아, 하늘이 무섭지 않으냐…. 이 천벌을 받을 놈아!"

어머니는 직원들의 손에 끌려 나가면서도 고래고래 소리를 질렀다. 한영섬유 노조는 다음 날 조합원 총회를 열어 회사 측의 테러를 규탄하고 사건 진상 해명을 요구하는 결의문을 내고 농성을 벌였다. 하지만 상급 단체인 전국섬유노동조합이 냉담한 반응을 보이는

데다 비슷한 시기에 출범한 서울의류지부의 각 분회들마저 비슷한 탄압을 받고 있어 공동 대응을 하지 못해 좀처럼 해결의 실마리가 풀리지 않았다.

2차 수술 후에도 김진수는 혼수상태에서 깨어나지 못하고 상태가 악화되었다. 4월 초에 영등포산선과 종교단체가 중심이 되어 한영섬유를 노동청에 고발하고 대통령과 각 부 장관, 한국노총, 관할 경찰서, 각 일간신문과 방송 등 언론사에 진정서를 접수했다.[32] 하지만 4월과 5월에 대통령선거와 국회의원선거가 있어 정부 당국은 이 일이 전태일 사건처럼 사회문제로 비화될까 봐 진상 조사에 착수할 것처럼 제스처만 보이면서 시간을 끌었다. 25일째 되는 4월 10일 처음으로 〈한국일보〉가 이 사건을 보도하자 한국노총과 경찰은 마지못해 건성으로 진상 조사를 마치고, 사건의 성격을 '가해자와 피해자 간의 개인적이고 우발적인 사건'으로 발표했다.

검찰도 정진헌의 행동이 우발적인 것이며 공장장 유해풍의 지시와는 무관하다며 역시 개인적인 폭행으로 결론을 내리고, 회사 측의 노조 방해 공작과의 연관성을 일체 인정하지 않으려 했다. 전태일의 어머니 이소선과 청계피복노조의 최종인, 이승철이 병원으로 찾아와 한국노총 항의 방문을 제안했다. 15일 박건영을 비롯한 10여 명의 조합원이 김진수의 가족과 함께 한국노총을 찾아갔다. 그러나 노총위원장 최용수는 자리를 비웠고, 직원들은 사건 자체를 모르고 있었다. 이에 격분한 조합원 몇 명이 위원장실 집기를 부수며 항의하다가 경찰에 연행되고 박건영은 구속되고 말았다. 그리고 사고가 난 지 두 달째 되던 5월 16일 김진수는 끝내 혼수상태에서 깨어나지 못한 채 숨을 거두고 말았다.

조지송 목사는 1970년 9월 6개월 일정으로 미국 연수를 갔다가 다음 해 3월 20일에 귀국하자마자 김진수 테러 사망 사건과 맞닥뜨렸다. 영등포산업선교회와 유가족, 한영섬유 노조는 회사 측에 조합 활동 보장과 단체협약 체결, 유가족 보상금 300만 원을 요구했다. 회사 측은 50만 원 이상 줄 수 없다고 버텼고, 진정을 받은 행정 당국은 서로 사건 처리를 미루었으며, 노동청은 이 문제에서 아예 손을 떼어버렸다. 이에 분노한 유가족은 시신을 냉동실에 안치한 채 문제가 해결될 때까지 장례식을 무기한 연기하기로 했다.

영등포산업선교회는 김진수의 죽음이 노동조합 문제와 무관하다는 회사와 행정 관청의 주장을 뒤집는 결정적 문서 두 개를 공개했는데, 그것은 정진헌과 함께 노조 파괴에 앞장선 최홍인과 홍진기의 진술서와 공장장 유해풍이 세 사람에게 써준 각서였다. 영등포산업선교회는 1970년 11월에 있었던 전태일 분신 사건 때 노동운동 진영이 제대로 대처를 해보지도 못한 채 시신을 빼앗기는 등 일방적으로 당한 것을 반면교사로 삼아, 김진수 사건에는 조직적인 대응이 필요하다고 판단하고 있었다. 한영섬유 사장 한익하는 조지송 목사가 다녔던 장로회신학대학의 교수 한철하의 사촌 형이었는데, 사건이 심상치 않게 흐르자 한익하의 부탁을 받은 한철하가 조지송 목사를 찾았다.[33] 조지송 목사가 장신대 재학 시절 한철하에게 직접 배운 것은 아니지만, 자신이 조지송 목사가 졸업한 장신대 교수이니 이 문제를 무마할 수 있으리라고 여긴 모양이었다. 한철하는 노동문제에 개입하는 산업선교를 비판했다.

"한영섬유 사장이 사실 내 사촌 형인데…. 산업선교가 노사문제에 개입하는 무슨 신학적 근거라도 있소?"

"무슨 말씀이세요? 교회가 억울하게 죽임당한 노동자를 모른 척한다면 하나님의 정의라는 게 대체 뭡니까?"

"노사가 합의하여 타협점을 찾으면 그게 정의가 아닌가, 그러니 산업선교가 관여할 바 아니지 않소?"

"아니, 사람을 죽여놓고 관여하지 말라는 겁니까?"

조지송 목사에게는 한철하가 사촌 형의 사업체를 감싸주느라 신학교수의 학문적 균형을 잃어버린 것처럼 보였다. 조지송 목사는 한영섬유 사장 한익하가 산정현교회의 장로임을 알고는 이 사건을 교회 싸움으로 풀어야 한다는 것을 깨달았다. 마침 크리스챤아카데미가 사건에 관심을 보였고, 학생 그룹 중에는 장신대 학생들도 포함되어 있었다. 후에 조지송 목사로부터 훈련을 받고 영등포산업선교회의 실무자가 된 장로회신학대학원생 인명진이 기독학생들과 함께 밤 11시에 한철하의 자택까지 찾아가 거칠게 논쟁을 벌였다. 하지만 한철하는 끝내 회사 측을 변호하며 노동자끼리 싸우다가 일어난 일에 끼어들지 말아야 한다는 입장을 굽히지 않았고, 사촌 형을 대신해 회사 측 협상 창구 역할을 했다.

한 달 넘게 줄다리기를 계속하던 양측은 6월 19일 기존 입장에서 한 발씩 물러나 합의문을 작성했다. 사건의 책임을 전적으로 회사가 지고 위자료 75만 원을 유가족에게 지불하며, 치료비 106만 7910원도 회사가 부담하고, 장례비용은 회사가 15만 원, 산업선교와 기독교단체가 12만 원을 분담하여 장례를 치른다는 내용이었다.[34]

6월 25일 오후 3시 세브란스병원 영안실 앞뜰에서 영등포산업선교회 실무자 김경락 목사의 사회로 김진수의 영결식이 거행되었다. 대학생들이 밤새워 쓴 만장이 곳곳에 내걸려 있었다.[35]

"김진수의 사인을 밝혀라."

"김진수의 죽음은 제2의 전태일 사건."

"내 생명 다시 살리."

"차라리 철폐하라, 허울 좋은 근로기준법."

장례는 한국교회도시산업문제협의회와 크리스챤아카데미, 기독학생회총연맹이 공동 주관했는데, 장례위원장은 한국교회도시산업문제협의회 회장이던 한종훈 신부가, 총무는 조승혁 목사가, 호상은 조지송 목사가 맡았다. 신구교를 막론한 한국교회도시산업문제협의회 관계자들이 장례위원을, 장신대생 인명진이 집행위원장을, 노동운동에 관심 있는 11개 대학 학생들이 집행위원을 맡았다.[36]

이들은 조사에서 전태일의 죽음으로 끝나야 할 비극이 되풀이되는 현실을 개탄하면서 교회, 행정 당국, 경영자, 언론인, 학생, 노동자에게 보내는 여섯 개의 메시지를 각각 발표했다. 그 내용은 300만 노동자의 생존권이 위협받는 상황에서 억울한 노동자를 보호하지 못하는 행정 당국을 규탄하고, 경영자들은 이기주의를 버리고 노동자와 공동 운명체임을 자각할 것, 언론은 제 기능을 회복하여 목탁의 사명을 다할 것, 학생들은 노동문제에 관심을 갖고 참여할 것, 노동자들의 일치단결을 호소하는 것이었다. 특히 한국 교회가 예언자적 사명을 다하지 못해 노동자의 인권이 무참히 짓밟히고 있음을 지적하고, 하루빨리 미몽에서 깨어나 강도 만난 자들의 울부짖음에 응답

할 것을 강력하게 촉구했다.³⁷ 김진수의 운구 행렬은 그가 일했던 한영섬유 공장 앞에서 노제를 지낸 후 마석으로 이동했고, 그는 전태일이 묻혀 있는 모란공원에 안장되었다.

이 사건은 기독교인 기업주가 경영하는 회사가 노조 와해를 노리고 테러를 사주하여 노조원을 살해한 사건이라고 정리할 수 있다. 가해자 정진원, 최홍인, 홍진기 세 사람은 유죄 판결을 받았지만, 회사 측은 끝내 형사 처벌을 피해갔다. 합법적으로 설립된 노조임에도 수단과 방법을 가리지 않고 살인까지 불사하면서 노동자를 찍어 누르기만 하면 된다는 전근대적 노사관이 빚어낸 비극이었다.

이 와중에 한국노총과 같은 노조 상층부 지도자들이 사용자 측의 어용화 공작에 넘어가 기업주 편이 되거나 정부기관의 압력에 쉽게 굴복함으로써 노동자를 배신하는 경우를 겪으면서 노조 지도부에 대한 실망이 쌓여갔다. 그러다가 마침내 1971년 11월 한국노총의 반(反)노동자성을 지적하면서 산업선교는 노총과의 결별을 선언했다.³⁸ 영등포산업선교회는 회관 내에 사무실을 두고 있던 섬유노조 서울의류지부가 노총 소속이라 내보내려고 '영등포 노동운동 진상 폭로 대회'를 갖기까지 했다.

김진수 사건을 계기로 산업선교는 기존의 노동조합에 대한 희망을 거두고 밑바닥 노동자 중심의 새로운 노동운동의 필요성을 절감하게 되었다. 한국노총은 1971년 12월 박정희 정권의 '국가비상사태 선언과 국가보위법 발동'을 비롯해 1972년 '10월 유신'에 대한 지지 성명을 발표함으로써 반노동자성과 어용성을 만천하에 드러냈다. 그뿐만 아니라 1974년 1월 19일과 12월 9일, 1975년 1월 22일 수 차례에 걸쳐 〈한국일보〉 등에 산업선교와 노동문제에 개입한 종교인을 극언을 사용하여 비난하는 성명을 냈다. 이에 신구교를 망라한 기독교 사회운동단체 16곳이 공동으로 〈한국노총에 보내는 권고문〉을 발표했다. 이때부터 산업선교는 한국노총의 정체를 분명하게 깨닫고, 어용 노동조합의 민주화에 더욱 관심을 기울이게 된다.[39]

조지송 목사는 김진수 사건이 노동자에 대한 자본가의 테러로서 전태일 사건을 능가하는 폭발력을 지닌 것이었으며, 전태일 사건과는 대조적으로 산업선교와 학생 및 기독운동권이 일치단결해 대응함으로써 보상과 함께 노동조합을 인정받고 장례를 무사히 치를 수 있었다고 회고했다. 하지만 추모와 기념사업 등 후속 작업을 끝까지 지원하지 못한 채 몇 번의 추모제를 끝으로 흐지부지된 것을 못내 아쉬워했다. 한영섬유노조 설립을 도왔고 김진수 사건을 최초로 접수하고 담당했던 김경락 목사가 미국 유학을 이유로 영등포산업선교회를 떠난 것에 따른 결과이긴 하지만, 이처럼 중요한 의미를 지닌 죽음을 지속적으로 추모하면서 노동운동의 소중한 밑거름으로 만들지 못한 것은 당시 영등포산업선교회를 비롯한 한국 교회 산업선교 단체들의 역량이 부족했기 때문이다. 또한 뒤이은 정부의 탄압에 대처하느라 여유를 갖지 못했기 때문이기도 하다. 김진수 사건을 기점으로 영등포산업선교회는 1970년대 산업선교를 통한 노동운동의 격랑 한가운데로 걸어 들어가게 되었다.

3

바보들의
행진

유신체제의 압박을 뚫은
소그룹 운동

김진수 사건이 한창 진행되던 1971년 5월 25일 실시된 제8대 국회
의원선거에서 야당인 신민당이 서울 지역을 석권하며 개헌 저지선
인 69석을 크게 상회하는 89석을 얻어 약진했다. 한 달 전 실시된 7
대 대통령선거에서도 박정희는 김대중과의 치열한 접전 끝에 이기
기는 했으나 표 차가 95만 표에 불과한데다 무효표와 기권표가 309
만 표에 달해 내용상으로는 패배한 것으로 평가되고 있었다.

정권 유지에 위기의식을 느낀 박정희는 그해 12월 6일 국가비
상사태를 선포하고 학생운동 지도자들을 강제 징집해 군대에 보냈
다. 그리고 27일에는 '국가보위에 관한 특별조치법'을 제정하여 노동
조합이 단체교섭권과 단체행동권을 행사하려면 노동부에 미리 조정
신청을 내고 그 결과에 따라야만 한다고 규정함으로써 노동조합 활
동을 크게 제약해버렸다. 이듬해인 1972년 10월 17일에는 '대통령
특별선언'을 선포하여 국회 해산, 정당 활동 중지 등의 조치를 취했
다. 뒤이어 12월 27일, 대통령에게 비상대권을 부여하는 '유신헌법'

을 공포했다.[1]

사회 전반에 걸쳐 집회, 결사의 자유가 일체 허용되지 않는 상황 속에서 노동삼권 역시 압살될 수밖에 없었다. 독재정권의 탄압과 감시망이 산업선교를 압박해왔다. 영등포산업선교회 회관 앞에는 중앙정보부 요원들과 관할 경찰서 형사들, 국군 보안사 요원들이 진을 치고 출입자의 사진을 찍으며 일일이 신분을 파악했다. 그들은 조지송 목사를 비롯한 산선 실무자를 따라다니면서 밀착 감시하는 것은 물론이고 전화까지 도청했다. 이렇게 감시와 탄압이 계속되자 산업선교와 함께 노동조합운동에 힘을 모으던 노조 간부들이 하나둘 모습을 감추기 시작했다.

유신 이전에 비교적 자유롭던 산별노조 활동과 노동조합 지도자 접촉 등 노동운동 전반이 1972년 '국가보위에 관한 특별조치법' 발동으로 단체 활동과 집회 자체가 일체 불허되면서 급격하게 위축되어갔다. 영등포산업선교회뿐만 아니라 가톨릭 JOC나 감리교 도시산업선교회에서도 10년이나 걸려 길러낸 노조 지도부가 싸움도 못해보고 하루아침에 중앙정보부의 공작에 등을 돌려 어용 노조원이 되어버리는 경우가 비일비재했다. 조지송 목사는 이렇게 당시의 상황을 이야기한다.

"섬유노조를 비롯해 새로운 노동조합을 결성해내고 '노우회'라는 노조 간부들의 모임도 만들어 막 뜀박질을 하려는데, '국가보위에 관한 특별조치법'이 나왔고, 숨 쉴 새도 없이 '유신'이란 귀신과 '긴급조치'란 괴물이 날뛰기 시작했지. (…) 노조 간부들은 모두 숨어버리고 교회 생활을 열심히 하던 사람이 먼저 도망가기도 하고…."

하지만 조지송 목사와 영등포산업선교회는 주저앉지 않았다.

"공장에도 못 들어가지, 교회도 안 되지, 노조도 안 되는 거야…. 그래서 궁여지책으로 시작한 게 소그룹 활동이야…. 우리에게는 1960년대 후반부터 모임을 시작한 소그룹들이 있어서 산업선교의 모든 역량을 소그룹 조직과 운영에 쏟아 부었어. 조직 수를 늘리고 훈련을 강화했지."[2]

조지송 목사는 1970년 가을(9월)에서 1971년 봄(4월)에 걸쳐 시카고에서 훈련받으며 미국의 사회운동이 과학적 사회조직 이론과 검증된 투쟁 방법에 의해 치밀하게 계산되고 예측 가능한 방법으로 수행되는 것을 보면서 크게 배운 바가 있었다. 당시 미국은 자동차산업 등 대기업을 중심으로 한 노동운동 경험이 많은데다 사회운동의 이론적 뒷받침을 해주는 학자들의 연구가 상당히 활발했다. 미국의 사회운동과 노동운동에 특히 큰 영향을 끼친 학문에는 프레이리의 '의식화 교육론'과 알린스키의 '지역사회조직론(Community Organization)'이 있었다. 조지송 목사는 이들의 이론 속에서 그가 이전에 만든 평신도산업전도연합회 모임과 유사한 면 및 상이한 면을 각각 발견하고, 영등포 지역에서 이를 현장에 맞게 적용하면 매우 유익하겠다는 생각이 들었다.

평신도산업전도연합회가 한 신앙인의 온정에 의존한 사회심리적 방편을 사용한 것에 비해, 시카고에서는 개인의 의식을 일깨워 노동자로서의 정체성을 깨닫게 한 후 철저하게 조직의 논리에 의해 단결된 노동자의 힘으로 과학적인 노동운동을 수행하고 있었던 것이다. 조지송 목사는 '신앙으로는 안 되겠다'고 느낀 데 이어 '노동조합 간부들만으로도 안 되겠다'는 데 이르러 비로소 밑바닥 노동자의 각성과 단결을 통한 노동자 조직 활동이 유일한 대안임을 깨달은 것이다.

노동조합 간부와 지도자 훈련 및 교육을 통해 민주적인 노동조합을 만들면 노동자의 권익이 향상되리라고 여겼는데, 기업과 당국의 집요한 공작과 탄압 앞에서 노조 지도자들이 먼저 넘어가버리는 것을 보고 상층부가 아닌 밑바닥의 이름 없는 노동자부터 조직해야 한다고 결론을 내린 것이다. 10월 유신 선포라는 급변한 정치적 상황으로 인해 공개 집회와 교육 모임이 불가능하게 된 것도 새로운 방식으로 노동자 조직을 할 수밖에 없도록 만들었다.

조지송 목사는 가톨릭 JOC의 그룹 활동인 '섹션(section)'에서 소그룹 운동의 영감을 얻었다. 훈련받은 JOC 회원(투사)들은 한 개의 실천 단위인 섹션을 조직해서 의식화 훈련과 교육을 통한 노동운동과 선교 수행 활동을 했다. 조지송 목사는 독일에 갔을 때 이 섹션을 활용해 노동운동을 하던 프랑스인 카르디 신부의 사역 현장을 인상 깊게 살펴본 적이 있는데, 귀국 후 영등포 지역에서 이를 적용해보고자 하는 생각을 품고 있었다. 영등포산업선교회는 이미 1960년대부터 평신도산업전도연합회를 중심으로 결합도가 느슨한 조직을 수백 개 만들었고, 그때 발굴하고 교육한 평신도 활동가들이 아직도 건재한 상태였다. 평신도산업전도연합회 외에 여성 노동자의 취미(뜨개질, 요리, 완구, 조화 등) 활동 그룹도 신용협동조합을 매개로 하여 만들어졌는데, 조지송 목사는 이 두 축의 조직을 기본으로 하여 소그룹 조직 활동에 들어갔다.

조지송 목사는 영등포산업선교회의 상황을 면밀하게 분석하고, 집회와 결사가 원천 봉쇄된 상황을 돌파할 수 있는 영등포만의 독특한 소그룹 조직과 운영 형태를 설계했다. 조직의 구성은 영등포 지역 내의 노동조건이 열악한 공장의 현장 노동자를 대상으로 하되, 한 공장의 같은 부서에서 일하는 동성 노동자를 7~8명씩 조직하는 것을 원칙으로 했다. 조직원 수가 불어나서 열 명을 넘기면 둘로 나누고, 다섯 명 이하로 줄어들면 해산하여 각자가 원하는 그룹으로 다시 들어가게 했다. 같은 부서의 동성 노동자로 조직하도록 한 것은 공동 관심사를 갖고 필요할 때 행동 통일을 할 수 있게 하기 위해서였다. 이 부분에 대해 조지송 목사와 함께 10여 년간 실무자로 일했던 인명진 목사는 이렇게 말했다.

"어떤 그룹이 같은 부서의 문제에 대해 '의식화'되면 이는 곧 행동으로 옮겨져 변화를 가져올 수 있게 된다. 같은 일자리(작업 현장)의 노동자끼리 그룹을 형성하므로 소그룹 활동은 그들의 삶 자체와 깊은 관련을 갖게 마련이었다."

이렇게 조직된 그룹의 운영은 전적으로 구성원들의 자유의사에 맡겨졌다. 영등포산업선교회는 이런 기본 원칙과 일주일에 한 번씩 두 시간 정도 모여야 한다는 조건만 제시할 뿐 그룹 운영에는 전혀 관여하지 않고 노동자 스스로 해 나가도록 했다. 그룹이 만들어지면 일단 본인들의 의지를 확인하기 위해서 숙고의 기간을 주었다.

"이 활동을 하면 위험해져서 해고될 수도 있고 집에서 알면 난리가 날 수도 있는데, 그래도 하겠는지 일주일 동안 생각해보고 다시 오시오."

그런 후에야 그룹이 시작되었다. 많은 사람들이 이 단계에서 떨어져 나갔다. 먼저 할 일은 그룹 이름을 정하고 회장과 서기를 뽑은 후 자체 회비(100~300원)와 모이는 시간 등 운영 규칙을 정하는 것이었다.

　"언제 노동자들이 스스로 결정을 내려봤어야지. (…) 매사를 하라는 대로만 해와서 스스로 이름을 짓고 규칙을 정하는 것 자체가 혁명적인 거지…. 자기들과 관련된 일을 스스로 결정하는 거야. (…) 민주주의 훈련이 거기서부터 시작되는 거지."[4]

　그룹 활동이 시작되면 영등포산업선교회는 담당 실무자를 배치하여 해당 그룹의 모임에 대한 편의(모임 장소, 시간, 활동에 필요한 물품 준비 등)를 제공하고 도와주었다. 조지송 목사는 실무자들이 철저하게 그룹 활동을 지원하도록 했다. 예를 들면 한 그룹이 카스텔라 만들기를 하기로 결정하고 공지란에 모임 장소와 시간을 써두면 요리 담당 실무자인 명노선은 그날 그 시간에는 무슨 일이 있어도 카스텔라용 재료와 오븐 등 도구를 준비해놓고 그 장소에서 기다려야 했다. 소그룹 활동이 절정에 달했을 무렵 인명진 목사는 아버지의 회갑연에 갔다가 그룹 활동에 늦지 않으려고 잔치 도중에 나와 상경한 일도 있었다. 새벽 근무를 끝내고 아침 6시에 모이든 야근 후 저녁 10시에 모이든 실무자는 노동자의 그룹 모임 시간에 맞춰 자리를 지켜야 했던 것이다.

　"모든 권한은 노동자에게 있는 거야. (…) 이거 무섭지…. 그렇게 하다 보면 모임의 의식 수준이 자꾸 향상돼…. 향상되면 그냥 하자는 대로 하는 거지…."

이렇게 하다가 그룹 구성원들이 스스로 필요성을 느껴 "목사님, 우리 근로기준법 얘기해요"라고 말하게 되는데, 이때 처음에는 튕긴다.

"공순이 주제에 근로기준법 알아서 뭘 하려고? (…) 그저 회사가 시키는 대로 일이나 해!"

특히 인명진 목사가 그렇게 면박 주는 것을 잘했다. 성격이 괄괄하고 직선적인 그의 말을 처음 듣는 사람들은 오해할 수도 있었지만, 이미 실무자와 노동자 사이에는 감정과 진정성이 통하고 있던 터라 그것이 곧 애정 어린 험담이라는 걸 알았다. 조지송 목사를 비롯한 실무자들은 권위적인 성직자의 모습을 벗어버리고 여성 노동자에게 아버지나 오빠처럼 친근하게 다가가기 위해 때로는 거친 농담도 마다하지 않으면서 진실하게 대하려고 애썼다.

조지송 목사는 1970년대 기준으로는 비교적 고학력(고졸)자였던 콘트롤데이터 소모임 그룹을 빗대어 은근히 자존심을 건드리는 말도 슬쩍 던지곤 했다.[5]

"너희는 고등 바보들이야."

일방적인 주입식 교육으로 얻는 지식의 폐해를 극복하려고 역설적으로 말한 것이다. '부정의 긍정'이 가져오는 효과를 얻기 위해서였다. 이렇게 1970년대의 산업선교 실무자들은 정열적인 조직가이면서 동시에 탁월한 민중교육가였다.[6]

대개의 그룹은 초기에는 취미 활동, 요리, 결혼문제, 이성교제, 시간 관리, 돈 관리, 에티켓 등 교양에 관한 내용으로 활동했으나, 그룹 활동이 시작되고 3~4개월이 지나면 노동문제, 노동법, 정치, 경제 등의 주제로 옮겨갔다. 뜨개질과 같은 취미 활동에서 출발해 근로기준법을 공부하게 되고, 나중에는 공장에서 부당한 대우를 받고 있음을 깨닫고 분노하여 근로조건을 뜯어고치려는 혁명적인 시도를 하게 되는 것이었다. 그 당시 그룹 활동에 참여한 김연자는 자신의 변화를 이렇게 말한다.

"그때 나는 존재감 자체가 없었어요. 그저 기계 부품의 하나일 뿐이라는 생각…. 그런데 소그룹 활동을 하고 교육을 받으면서 '나도 인간이다… 인간답게 살 권리가 있다… 노동자도 사람이다'라는 것을 알게 되고, 우리에게 보장받을 법이 있고 법의 보호를 받을 권리가 있다는 걸 알게 되었죠."[7]

1972년 초에 소그룹 활동이 시작된 이후 10년 동안 평균 100~120개의 그룹이 유지되었다. 보통 중요한 노사분규가 있기 전에는 일시적으로 150여 개까지 그룹이 증가했다가 투쟁 과정에서 일부가 와해되고, 노사분규가 마무리되면 70~80여 개로 줄어들었다. 이후 조직 활동이 활발해지면서 이내 100여 개로 회복되곤 했다. 가장 많은 그룹이 활동했던 시기는 1979년인데, 이때는 상황이 긴박하게 돌아가 매월 3~4회 모이는 그룹이 100여 개가량 활동했다(참가자 수는 연인원 6만 2400명이었다).[8] 당시 영등포산업선교회관으로 21평짜리 당산동 시범아파트 두 채를 쓰고 있었는데, 그룹 모임 장소가 부족해 복도 계단 밑, 사무실 책상 아래, 옥상, 심지어 화장실까지 사용하곤 했다.

조지송 목사는 소그룹의 조직과 운영뿐만 아니라 질적 성장을 담보할 리더 훈련에도 정성을 들였다. 이를 위해서 그룹 대표들의 조직인 '파이오니어(Pioneer, 개척자)' 모임을 매월 한 번씩 따로 가졌다. 파이오니어는 1970년에 40여 개의 공장 평신도 지도자들이 매월 모여 활동을 보고하고 정책을 논의하는 훈련 과정으로 시작되었는데, 이것을 소그룹 리더 교육을 위한 내용으로 바꾼 것이다. 여기에 모인 그룹 리더들은 각 그룹의 경험을 교환하고, 그룹을 강화할 방안을 토의하고 지도력을 개발하기 위한 훈련을 했다. 여기서 공동으로 해야 할 사업들과 각 현장과의 연대투쟁도 논의되었다.[9]

영등포산업선교회의 역사에서 1970년대의 소그룹 활동은 이를 빼놓고는 이야기할 수 없을 만큼 중요한 일이 되었다. 조지송 목사는 소그룹 활동이야말로 영등포산선 활동의 핵심이었다고 회고한다.

"그때 산선의 그룹 조직화를 막지 못한 것이 아마도 박정희 정권의 최대 실수였을 거야…. 우리에겐 놀라운 기회가 되었고…. 이제 소그룹이 노동조합을 대신해 노동자들의 교회가 되었어."[10]

소그룹 활동을 통해 노동자가 스스로 노동문제를 해결해 나갈 뿐만 아니라, 인간됨을 자각하며 보다 공동체에 헌신하는 성숙한 인격체로 성장할 수 있었고, 나아가 산업선교의 궁극적인 목표인 하나님의 형상을 회복하는 데 도달할 수 있었던 것이다.

수만 명의 여성 노동자가 그룹 활동을 통해 노동자의 권리를 자각하고 자신의 삶에 대한 주인의식을 갖게 되었다. 그리하여 주체적으로 노동조건을 해결하고자 두 팔을 걷고 나서서 분연히 투쟁을 시작한 것이었다. 이 소그룹 조직 활동으로 인해 영등포산업선교회는 1970년대를 통틀어 가장 빛나는 노동운동사를 기록할 수 있었다.

강제 예배도
예배인가요

추위로 얼어붙은 12월 말, 하얗게 질린 얼굴로 회관을 찾아온 여성 노동자 두 명을 조지송 목사가 만났다. 연탄난로 옆으로 의자를 끌어당겨 앉혀놓고 물었다.

"무슨 일로 왔나요?"

그녀들은 몸도 가누기 어려운 듯 힘들어 보였는데, 쭈뼛거리며 겨우 입을 열었다.

"회사에 다니는데요, 그만두려고 해요."

일도 힘들고 임금도 적어서 다른 곳으로 옮기려고 하지만, 회사 측이 기숙사에서 쓰던 짐 보따리를 정문 밖으로 내보내지 말라고 경비실에 지시해놓아서 나올 수가 없고, 정 나오려면 한 달 치 봉급을 못 받게 된다는 사연이었다. 이야기 끝에 실무자와 함께 회사를 찾아가 내보내달라고 요구하고, 응하지 않으면 회사를 고발하기로 했다. 그리고 만약을 대비해서 노동청장 앞으로 보내는 진정서를 작성해주었다.

소그룹 모임에서 조지송 목사가 그 이야기를 하면서 물었다.

"다른 회사들도 임시공 기간에 대한 퇴직금을 안 주나요?"

"당연히 정직원에게만 퇴직금이 있는 줄로 아는데요."

"아니야, 근로기준법에 임시공도 1년 넘게 일하면 퇴직금을 지급해야 한다고 돼 있어."

"어머, 우리 회사도 안 주는데…."

알고 보니 대부분의 회사가 여공을 처음 채용할 때 임시공으로 뽑아서 몇 년 후 정직원(원공)으로 승진시키는데, 퇴직할 때는 임시공 기간만큼의 퇴직금을 안 주고 내보낸다는 것이다. 악덕 기업들 중에는 원공에게도 아예 퇴직금을 주지 않는 곳이 있었다. 이는 원공과 임시공을 막론하고 1년마다 1개월 치 월급에 해당하는 퇴직금을 지급해야 한다는 근로기준법을 위반한 것이었다. 1970년대 초 〈동아일보〉 보도에 따르면 기업주의 96퍼센트가 근로기준법을 지키지 않았다. 그만큼 한국에서 1960~1970년대 노동자의 처우는 열악하기 짝이 없었다.

그럼에도 산업선교회가 그런 악덕 기업주를 노동청에 고발하거나 진정서를 제출하려고 하면 피해를 입은 노동자들이 되려 걱정을 하기도 했다.

"그렇게 되면 우리 사장님이 혼나거나 회사가 망하는 것 아닌가요?"

조지송 목사가 보기엔 기가 막힌 일이었다.

"누가 이 선량한 애들을 바보로 만들었는가? 공부 많이 한 사람, 돈 많이 가진 기업주, 권력을 가진 사람들의 책임이 없단 말인가?

이 아이들이 못살고 바보스럽게 된 것이 저들의 죄 때문 아닌가?"

조지송 목사는 스스로 묻고 대답하면서 도저히 참을 수가 없었다.

"교회가 좀 더 노동자들의 현실을 안다면 이런 비극은 없을 것 아닌가? (…) 더 이상 바보스럽게 살 수 없다고 항의한 것이 죄가 된단 말인가? 좀 더 바르게 살려고 하면 직장을 빼앗고 옥에 가두고 천대하는 현실…. 분하고 억울한 마음을 가눌 수 없다."

"내일 모레가 크리스마스다…. 주님의 마음을 가장 아프게 하는 크리스마스… 타락한 성탄절… 눌린 자의 자유를 외면하고 눈먼 자에게 돌을 던지는 크리스마스가 쑥스럽다…. 제철을 만난 어느 스웨터 공장에서는 연일 주야간 연장 작업을 강행하기 때문에 애들이 타이밍(각성제)을 먹어가면서 일한다는 이야기가 들려온다…. 주여, 이 바보들에게도 크리스마스와 희망의 새해를 주옵소서."[11]

조 목사만 그랬던 것이 아니었다.

"이 수없는 일들과 사건 속에서 우리는 이 사회의 불의를 똑똑히 보고 확인할 수 있었다. 우리에게 가해지는 탄압과 고난의 세월이 가중되었다. 그러나 우리는 이 모든 우리들의 삶 가운데서 활동하시는 하나님의 역사하심을 체험했다. 우리의 몸과 마음은 지칠 대로 지쳐 있었지만 우리의 현장과 세상은 서서히 바뀌고 있었다…. 꽃꽂이를 하고 강아지(인형)를 만들던 '바보' 여자들의 행진이 역사를 바꾸어놓고 있었던 것이다."[12]

여성 실무자인 명노선 목사의 증언이다.

그 당시 영등포산업선교회의 소그룹 활동에 참여한 실무자와 여성 노동자는 그들의 활동이 자신들의 일터를 변화시킬 뿐만 아니라, 노동자가 천대받고 멸시당하는 사회를 보다 평등하고 정의로운 곳으로 만들기 위한 작은 첫걸음임을 분명히 인식하고 있었다. 그리하여 사명감과 열정을 가지고 주체적으로 소그룹 운동을 해나갔다.[13] 소그룹 운동은 어느덧 영등포산업선교회의 핵심 활동이 되어 유신 체제의 억압 아래서 산업선교에 생명을 불어넣어주는 역할을 해내고 있었다. 조지송 목사는 소그룹 활동에 모든 것을 걸고 조직 운영과 훈련에 매진했다.

영등포산업선교회가 소그룹 활동을 통해 첫 번째로 투쟁한 것은 공교롭게도 대한모방의 강제 예배 반대 투쟁이었다. 양평동에 소재한 대한모방은 기업주와 회사 간부의 대부분이 동신교회 교인이었는데, 월 1회 전체 직원 1000여 명을 모두 회사 식당에 모이게 하여 예배를 드리게 했다. 그뿐만 아니라 기숙사에 입사한 400여 명의 여성 노동자는 매주 목요일 작업 시간 후에도 의무적으로 예배를 드려야 했다. 이 강제로 드리는 예배가 싫어 화장실이나 옷장 속에 숨었다가 걸리면 1개월 동안 외출 정지, 화장실 청소, 풀 뽑기 등의 처벌이 내려졌다.

대한모방 노동자들은 1972년 초부터 소그룹 모임을 시작했는데, 첫 그룹 회원 중 임경자가 예배 불참을 이유로 외출 정지를 당해 그룹 모임에 나올 수 없게 되었다. 이 문제로 그룹 토의를 했는데, 아버지가 장로이고 오빠 등 식구들이 모두 기독교인인데 자기만 교회에 나가지 않던 고성심이 이렇게 의문을 제기했다.

"회사가 강제로 예배를 드리게 하는데, 이게 예수님이 진짜 원하시는 걸까?"

소그룹 모임에서 내린 결론은, 강제 예배는 예수의 정신과는 아무런 관계가 없고 오히려 예수를 깡패로 만드는 처사라는 것이었다. 사실 대한모방의 강제 예배는 노동자를 통제하고 심리적으로 지배하기 위한 수단에 불과했다. 기업주가 바라는 전도는 고사하고 교회에 대한 반감만 조장하고 있었던 것이다.

아무리 선한 동기로 드리는 예배라도 강제 예배는 명백한 노동법 위반이며 비인도적 행위였다. 영등포산업선교회는 예배 자체를 반대하는 것이 아니라, 단지 자유의사에 따라 원하는 사람만 참여하도록 해야 한다고 결론을 내렸다. 또한 근로기준법에 기숙사 관련 규정이 있으며, 예배 불참자에 대한 처벌은 불법이므로 기숙사 규정을 고쳐야 한다고 결의하기에 이르렀다. 그와 함께 일요일 곱빼기 작업(열여덟 시간)도 고치기로 하고, 그룹 활동을 통해 이러한 과제를 공유하고 의식화해 나갔다.

1972년 말경 대한모방의 소그룹 수가 20여 개를 넘기면서 이듬해 초에 행동을 개시했다 그룹 회원들이 가장 시급하다고 생각한 것을 선택해 근로조건 개선을 요구하는 진정서를 작성했다. 그 내용은 다음과 같았다.[14]

- 토요일 밤과 일요일에 강요되는 열여덟 시간 중노동을 즉각 철폐하라.
- 1일 여덟 시간 노동제와 1주 1회 휴일을 준수하라.
- 연장 근무의 자율성을 보장하라.
- 법적 점심시간(1시간)을 실시하라.

• 강제 예배를 중지하라.

이상 다섯 가지를 내용으로 한 진정서에 400여 명의 기숙사 거주 노동자 전원의 날인(사인)을 받아 사장에게 제출했다. 이를 접수한 회사 측은 제1항의 열여덟 시간 노동만 시정했을 뿐 오히려 사감을 통해 기숙사생을 탄압하고 나섰다. 분노한 노동자들은 다시 사감교체를 요구하는 진정서에 341명이 서명하여 제출했다. 그러나 회사 측의 반응은 없었다. 이에 노동자들은 2월 7일 기숙사 내에서 사감교체를 요구하는 시위를 했다. 회사 측의 고발로 주동자 고성신, 임경자, 백민정, 장천옥이 경찰에 연행, 구속되었다. 이어서 회사 측은 2월 13일 사칙 위반으로 네 명을 해직해 경비원들이 노동자들을 강제로 끌어냈다. 그러나 결국 끈질긴 복직 투쟁을 못 이긴 회사 측은 노동자들의 요구 조건을 거의 다 들어주었다. 하지만 이번에는 산업선교회 회원들에 대한 탄압이 이어졌다.

영등포산업선교회 회원들도 가만있지 않고 행동에 나서서 부당 노동행위 구제 신청서를 노동위원회에 제출하고 회사 측을 근로기준법 위반으로 고발했으며, 대대적인 기도회와 시위, 집회를 조직했다. 교계에도 여론을 환기해 강제 예배 중단과 해고자 복직 문제를 지지해주도록 요청했다. 해고자들을 중심으로 사장이 장로로 있는 동신교회를 찾아가서 호소하자는 말도 나왔다.

"사장이 동신교회 장로이니 교회로 찾아가면 어떨까?"

"그것 좋은 생각이네. 마침 부흥회를 한다고 하니 누구나 들어갈 수 있겠어."

조지송 목사는 공교롭게도 그가 목사 안수를 받은 곳인 동신교회에까지 가서 풍파를 일으키는 것이 내키지 않았지만, 절박한 대한모방 노동자들의 투쟁 의지를 꺾을 수 없어 허용할 수밖에 없었다.

"가서 험악하게는 하지 말고 조용히 침묵 기도로 신앙 양심에 호소하는 게 좋겠어."

네 명의 해고자는 동신교회 부흥회 기간 동안 강단 바로 앞에 앉아 '강제 예배도 예배냐?', '김성섭 장로는 강제 예배를 중단하라'는 손 팻말을 들고 철야를 불사하며 일주일간 단식 농성을 했다. 그리고 해고자 중 한 사람인 임경자의 이름으로 신앙의 양심과 이성에 호소하는 장문의 호소문을 만들어 동신교회와 전국 교회에 보냈다.

"대한모방은 매월 한 차례(공장 전체)와 매주 한 차례씩(기숙사생) 근로자들에게 강제 예배를 보게 했습니다. 열두 시간 철야 작업의 중노동에 시달리고 난 여성들이 기독교 신앙이 무엇인지도 모르고 맹목적으로 끌려 나가 피곤한 몸을 가누지 못한 채 앉아서 졸고 있는 것은 예배라기보다는 차라리 강제 노동과 같은 고통을 주는 일이었습니다. 강제 예배를 도피하는 근로자들에게는 무기한 외출 정지라는 가혹한 처벌이 가해집니다…. 저는 작년 5월과 6월 두 달 동안 외출 정지를 당했는데, 그 이유는 예배에 불참했다는 것 때문이었습니다. 기업주가 장로님이라는 이유로 기독교를 이해하지 못하는 타 종교인이나 비기독교인에게 예배를 강요하는 처사를 인간의 양심으로는 도저히 이해할 수 없습니다. (…) 예수님은 사랑이 많으신 분이라고 들었는데, 대한모방이 폭력으로 예배를 강요하는 이유는 무엇일까요? 현명하신 교회와 사회의 어른들께서 강제 예배도 예배인가에 대해 해명해주시기 바라며, 근로자들의 양심과 자유로 종교를 선택할 수 있도록 해주시기 바랍니다."[15]

이때 동신교회에서 강제 예배를 중단해달라고 요구하며 단식했던 노동자들 중 박덕희는 원래 기독교인이 아니었는데 나중에 퇴직하여 시골에 살면서 예수를 믿게 되었고, 고성신은 식구들은 독실한 기독교인인데 혼자만 안 믿다가 그 사건 후 열심히 신앙생활을 하게 되었다고 한다. 이를 두고 조지송 목사는 참되게 예배하려는 자 (자율 예배)를 하나님께서 거두신 것이라고 했다.

강제 예배를 폐지해달라는 노동자들의 요구에 회사가 해고로 대응하면서 이는 사회문제로 비화되어갔다. 장로인 사장은 주일날 교회에 나가 예배드리면서 노동자에게는 열여덟 시간 곱빼기 노동을 시키고, 그것도 모자라 노동 후 회사에서 강제로 예배드리도록 요구한 것 등 영등포산업선교회가 밝힌 대한모방의 행태는 가히 충격적이어서 신구교를 막론한 양심적 신앙인들의 분노를 불러일으켰다. 이들은 그리스도교 운동 단체들을 중심으로 '대한모방 부당해고 노동자 복직추진위'를 발족하고, 700여 명의 회원을 모아 성명서 발표, 진정서 제출, 서명운동, 모금 등을 진행했다. 전국 교회로 호소문을 발송하기도 했는데, 대한모방 사장이 다니는 동신교회 청년들도 우편물 포장과 주소 쓰기 봉사에 나섰다.

이 사건은 7월 26일 정부 측(보안사) 주선으로 부당 해고자 네 명을 원위치로 복직시키되, 1개월 내에 자진 사퇴키로 타협을 하고 마무리되었다. 그러나 일부 보수적인 교회 지도자들은 영등포산업선교회를 기독교 선교를 한다면서 예배를 못 드리게 시비 거는 이상한 집단으로 치부하기 시작했다. 한마디로 같은 기독교인인데 너무 심하다는 것이었다. 또 그러한 주장을 담은 장문의 마타도어성 편지를 전국 교회로 발송하여 산업선교가 반교회적 집단으로 비춰지도록 만들었다.

대한모방 사건은 여러 가지 중요한 의미를 지닌다. 첫째는 소그룹이 주도한 최초의 노동문제였고, 둘째는 강제 예배 철회를 요구하는 기독교적 싸움에 산업선교가 노동자의 편을 들었으며, 셋째는 일반 교회의 목회자가 최초로 산업선교 측에 가담해 예장 교단 내에 장로들로 이루어진 반대파가 생겨나게 했고(이후 지속적으로 활동하게 됨), 넷째는 이제 기업주들이 산업선교를 경계하기 시작했다는 것이다. 또 노사문제가 발생했을 때 옳고 그름을 따지는 대신 일방적으로 기업주 편만 드는 기독교계에 경종을 울린 사건이기도 했다.[16]

조지송 목사는 이 사건이 일어날 수밖에 없었던 사정에 대해 매우 안타까워했다. 여러 가지 노동문제도 있었지만, 기독교인 기업주와 예배 문제를 두고 충돌해 결과적으로 교회의 산업선교에 대한 지지 기반을 잠식하고 예장통합 교단 내에 반대 세력이 생겨나게 만들었기 때문이다. 특히 싸움 과정에서 지지해주었던 영등포산업선교위원회 위원인 이성의 목사가, 대한모방 사장의 친척이 자기 교회의 장로였던 바람에 본의 아니게 교회를 사임해야 했고, 다른 목사들도 어려움에 처했다. 어쨌든 대한모방의 강제 예배와 노동 착취에 대해 영등포산업선교회가 문제 삼지 않고 그냥 넘어갔더라면 기독교인 기업의 야만적 행위로 인해 그리스도의 복음이 더욱 우스워질 뻔했던 사건이었다.

멱살 잡힌
산업선교

문래동에 있던 남영나이론은 스타킹과 여성 속옷, 수영복 생산 업체로, 서울 공장에서 1200명, 천안 공장에서 800명이 일하는 중간 규모의 섬유회사였다. 남영나이론 노동자들은 1970년대 초 신용협동조합 회원으로 영등포산업선교회와 관계를 맺었다. 남영나이론은 여덟 시간 노동을 준수하고 주 1회 휴일을 갖는 등 근로기준법을 잘 지키는 편이었으나, 임금이 타 업종에 비해 매우 낮았다.

처음 교양 활동에 주력하던 노동자들은 의식화되면서 무기력하고 어용화되어 노동자에게 아무 도움도 안 되는 노동조합을 개혁하기로 하고, 남영나이론 내 소그룹 활동을 집중적으로 강화하여 1975년 말 제품부 300명 전원이 그룹에 소속되어 활동하게 되었다.

1976년 5월에 있을 지부장 선임 임시 대의원대회에 대비하여 대의원대회 한 달 전 서울 공장의 대의원 거의 전원을 소그룹 모임에 참여하던 산업선교회 회원으로 당선시켰다. 문제는 조직의 힘이 미치지 못하는 천안 공장이었다. 천안은 대의원의 대부분을 관리직이 차지하고 있었으며, 부지부장도 노동운동에 대한 개념이 전혀 없이 대의원 조직만 장악하고 있는 상태였다. 개혁 측(소그룹 회원들)은 대의원대회가 다가왔으나 지부장에 나설 만한 인물이 없어 옛 산업선교회 회원이었던 라주식을 지부장으로 밀기로 하고 대의원대회에 임했다. 그러자 자신의 당선이 불리해짐을 느낀 현 지부장 문창석은 무기한 정회를 선포하고 퇴장해버렸다. 산업선교 회원 노동자들은 회의 진행 경험이 없어 제대로 대응하지 못한 채 노조 기능이 마비 상태에 빠졌다.

그러나 산업선교 회원들이 주축이 된 개혁 측은 노동조합의 활성화와 민주화를 요구하며 대의원대회의 속회를 요구하는 진정서 제출, 리본 달기, 잔업 거부, 조합 사무실 철야 농성을 이어갔다. 하지만 문창석과 회사의 끈질긴 개혁 측 지부장 출마 방해 공작을 뚫지 못하고 라주식은 후보에서 사퇴하고 말았다. 대신 문창석을 지부장으로 선택하되, 그가 추천할 수 있는 상임집행위원을 5명으로 한정하고 나머지는 대의원이 요구하는 인물로 뽑기로 타협했다. 그리하여 무기 정회되었던 대의원대회를 7월 1일 소집해 지부장으로 문창석을 재선시켰으나, 지부장 문창석은 합의 내용과 달리 상집위원 20여 명 중 네다섯 명만 개혁 측 대의원으로 뽑았다. 결국 노동조합 개혁은 무산되고 말았다.

이듬해인 1977년 5월 7일 남영나이론 노동자 800여 명은 임금 인상과 임금 조정의 불합리함을 시정하라고 요구하며 농성에 들어갔다. 4월에 인상된 여성 노동자 임금액이 월 약 3000원으로 생계유지비에도 못 미칠 정도이니 평균 250원(33퍼센트) 정도는 인상할 것과, 연공서열을 무시하고 회사 측에 잘 보인 노동자에게 임금을 선별적으로 많이 주는 것을 고치라는 내용이었다.

3일 연속해서 부분 파업 농성을 한 끝에 회사 측이 일주일 정도의 시정 준비 기간을 달라 하여 여성 노동자들은 농성을 풀었다. 그러나 일주일이 지난 5월 17일까지도 아무런 결과가 없어 당일 출근한 200여 명의 여성 노동자들은 공장 마당에서 연좌농성에 들어갔다. 그런데 오후 5시 무렵 회사 측이 관리직과 남성 노동자들을 동원하여 "도산(도시산업선교)은 물러가라", "미친개는 몽둥이가 약이다" 등의 플래카드를 앞세우고 농성 중인 여성 노동자들을 밀어내기 시작했다. 여성 노동자들이 구타당하는 과정에서 들고 있던 재단 가위로 회사 측 남성 노동자에게 상해를 입히는 불상사도 발생했다. 출동한 영등포경찰서 형사들은 시종일관 지켜보기만 할 뿐 회사 측의 폭력 행사는 방관하다가 구타당하는 여성 노동자가 정당방위로 가위를 휘두른 것에 대해서만 선별 개입하여 노동자들의 원성을 샀다. 다음 날에도 회사가 동원한 남성 노동자들이 농성 중인 여성 노동자들을 구타하고 머리채를 잡고 끌고 다니며 발길질을 해도 경찰은 구경만 했다. 이 광경을 보고 지나가던 주민들이 분개하여 경찰에 신고를 하기까지 했다."

이 사건으로 농성 노동자 16명이 연행되어 그중 다섯 명은 훈방되고 열한 명은 15~20일 구류 처분을 받았다. 회사 측은 산업선교와 관련이 있는 노동자들을 협박하거나, 전 종업원을 모아놓고 산업선교를 비방하면서 "도산은 물러가라"라는 구호를 외치게 하고, 천안 공장에서는 산업선교를 비방하는 문건을 배포하기도 했다.

이런 일이 있은 후 약 한 달이 지난 6월 16일 밤 남영나이론의 남자 사원 30여 명이 집단으로 영등포산업선교회 회관에 난입하는 사건이 발생했다. 이들은 인명진 목사와 명노선 전도사의 멱살을 잡고 흔들며 집단 폭언, 폭행과 함께 의자로 내리치려는 위협을 가했다.

"조지송과 인명진은 나와라…. 다 죽여버리겠다. 남영나이론 노사분규에서 손을 떼라…. 너희가 김일성의 앞잡이들이냐…. 몽둥이찜질을 해야 한다…. 내일은 식칼을 가지고 오겠다."

호주 선교사 라벤다에게도 소리치며 위협했다.

"어디서 왔느냐, 나오라."

이들의 난동은 밤 10시가 넘어서야 끝났는데, 내일 또 오겠다고 하면서 물러갔다. 조지송 목사는 그날 저녁 WCC 총무 필립 포터가 내한하여 성공회대성당에서 모임을 갖고 있다가 인명진의 전화를 받고 부랴부랴 영등포로 달려갔으나, 이미 회관은 난장판이 된 상태였다.

노동문제에 개입하면서 항의와 협박은 더러 받아왔지만, 회관에 난입하여 폭력까지 휘두르는 경우는 처음이었다. 영등포산업선교회는 노동자를 탄압할 뿐만 아니라 교회의 선교 단체를 비방하고 난입하여 폭력을 행사한 남영나이론을 규탄하며 처벌해달라고 강력히 요구했다. 파문이 커지자 신민당 소속 국회의원 최형우가 본회의 대정부 질문을 통해 노동자의 권익 보장과 도시산업선교 및 가톨릭 JOC의 활동을 보장하라고 요구하고, 산업선교를 불법 단체로 규정하고 탄압한 관계관을 파면할 것을 주장했다.[18]

회사 측의 악의적 노동탄압과 산업선교 비방에 맞서 영등포산업선교회는 남영나이론 제품 불매운동을 제안했다. YWCA를 비롯한 60여 개 여성단체가 모여 남영나이론의 여성 노동자에 대한 폭력사태에 공동 대응키로 하고 연대 활동에 들어갔다. 그런데 YWCA 이사회에서 남영나이론의 노동자 구타 사건에 대해 논의하기로 했다는 소식을 전해들은 남영나이론 김재식 사장이 YWCA를 방문하여 사과하고, 해고자 열한 명의 복직을 약속하는 바람에 상황이 이상하게 종료되고 말았다.

조지송 목사는 노동투쟁의 가장 강력한 방법 중의 하나인 제품 불매운동을 시도해볼 기회가 없어져버린 점이 못내 아쉬웠다.

"불매운동을 하면 파급력을 무시 못해…. 웬만한 악질 기업주도 제지할 수 있어…. 노동자의 정당한 싸움에 사회가 한편이 되니 사회의식이 굉장히 커져요."[19]

불매운동을 논의하기도 전에 남영나이론이 항복해버리니 김이 빠진 것이다. 그럼에도 남영나이론의 노동조합은 쉽게 어용노조에서 벗어나지 못하고 그대로 지속되었다.

영등포산업선교회 소그룹 회원들에 의한 어용노동조합 개혁운동은 남영나이론 외에 한국모방, 대일화학, 롯데, 해태제과 등에서도 시도되었으나, 한국모방에서만 성공하고 모두 실패하고 말았다. 조지송 목사와 영등포산업선교회는 어용노조의 민주화와 개혁투쟁이 실패한 사례를 분석하여 준비 기간이 짧았던 점, 남성과의 주도권 다툼에서 밀린 점, 경험 있는 노동운동 지도자 부재, 기득권 유지에 급급한 기존 노조 지도자들의 지저분한 생리를 파악하지 못한 점, 산업선교에 대한 경계심과 배척 환경 등으로 그 원인을 정리할 수 있었다.

이 사건을 계기로 조지송 목사는 소그룹 리더들에게 회의 진행과 토의 방법, 연설법, 발표력, 담력 키우기 등 노동조합 운영에 필요한 기술을 적극적으로 교육하기 시작하고, 경험이 적은 단점을 메울수 있도록 다양한 기회를 만들어주곤 했다. 크리스챤아카데미나 한국도시산업선교연합회 등 외부의 회의와 발표에 노조 지도자가 될리더들을 데리고 가서 발언하게 하거나 견문을 넓혀주려고 애썼다.

조지송 목사와 영등포산업선교회는 궁극적으로 노동자의 투쟁이 곧바로 싸움의 당사자들에게 승리와 이익을 가져다줄 수 없을지라도 그 당시의 조건과 환경에 비추어 최선을 다한 결과를 가져왔다면 패배의식에 젖을 필요가 없다고 보았다. 이러한 전제하에 영등포산업선교회가 관여한 모든 노사문제는 '이길 수 없는 싸움은 없다'는 기조 아래 진행되었다. 법으로 보장된 노동자의 권리를 지키기 위한 싸움이기에 정정당당하면 끝내 이길 수밖에 없다는 굳은 신념으로 유리, 불리를 따지지 않고 임했던 것이다.

이러한 자세는 실무자뿐만 아니라 모든 소그룹 회원들도 가지고 있었다. 그리하여 영등포산업선교회 회원들은 노동운동 과정에서 오는 신분상의 위협과 불이익까지도 기꺼이 감수했다. 이는 소모임 활동을 통해 동지의식을 다지고 노동자 공동체로서의 사명을 스스로 깨닫고 결단했기에 가능한 일이었다.[20]

방적업계의 골리앗
방림방적과 싸우다

문래동에 있던 방림방적은 영등포산업선교회관 가까이 위치한 대규모 회사로서 조지송 목사는 1960년대부터 이 회사를 눈여겨봐왔다. 방림방적은 재일교포가 사주였는데, 5·16쿠데타 이후 권력층을 배경으로 6000여 명의 노동자가 일하는 국내 최대의 염색 가공 업체였다. 이 정도의 규모는 영등포에서도 아주 큰 편에 속했다. 오래전부터 노동조합이 있었지만 근로기준법의 기본 조건조차 요구하지 못하는 명목상의 노조에 불과하고, 노동자들도 노조에 관심이 없어서 지부장이 누구인지도 모를 정도였다.

조지송 목사는 1960년대 중반부터 방림방적의 노동조합을 개혁해야 문제가 풀린다고 판단해 방림방적에서 산업전도 조직을 구축하려고 여러 번 시도했다. 그러나 워낙 노동자들이 강제 노동에 치여 노예처럼 지내는지라 좀처럼 기회가 오지 않았다. 방림방적 노동자 입장에서는 먹고살기 바빠서 한가하게 외부 사람과 얘기할 틈이 없었던 것이다. 10여 년을 모색한 끝에 마침내 1975년 말 방림방적에 소그룹을 하나 조직할 수 있었다. 1976년 말에는 소그룹이 30개로 늘었는데, 1년 만에 이렇게 조직이 성장할 수 있었던 것은 방림방적이 그만큼 열악한 노동조건이었다는 방증이다.

영등포산업선교회가 파악한 방림방적의 문제점은 다음과 같았다.[21]

- 연 5~15일의 신정과 구정, 추석 명절 휴가만 있을 뿐 연차, 월차, 생리휴가, 주일 휴무가 일체 없다.
- 조기 출근과 연장 노동 형태로 하루 두 시간씩 무임 강제 노동을 실시했으며, 퇴근 시간 10시를 넘겨 새벽 1~2시까지 연장 노동이 강제되기도 한다.
- 식사와 용변 시간도 제대로 가질 수 없을 만큼 노동 강도가 세다.
- 졸음을 견디기 위해 노동자들이 각성제(타이밍)를 복용하면서까지 일해야 해서 중독 증세를 보이기도 한다.
- 1977년 초임 1120원으로 노동 강도에 비해 저임금이다.
- 여성 노동자에 대한 폭행 사건이 빈발하는 등 온갖 비인간적 모욕과 처우를 받고 있다.

그럼에도 정부와 회사와 노조는 방림방적이 면방업계에서 가장 모범적이며 대우도 가장 좋다고 거짓 선전을 하고 있었다. 1977년 2월 방림방적 노동자는 영등포산업선교회원 250여 명이 주축이되어 14개 항의 연명 진정서를 노동청장과 방림방적 사장 앞으로 보내 근로조건 개선을 요구했다. 그 내용은 다음과 같았다.

① 정시 출퇴근과 잔업수당 지급

② 주 1회 휴무 실시

③ 월차, 생리휴가

④ 연차 휴가

⑤ 욕설 등 인권유린 행위 근절

⑥ 작업반장들의 구타 행위 중지

⑦ 모든 종업원에게 식사 제공

⑧ 기숙사의 새마을 청소 강요 중단

⑨ 기숙사 식사 시간 보장

⑩ 기숙사에 방음 시설 설치

⑪ 기숙사에 빨래 삶는 기구 설치

⑫ 외부 종교 활동 보장

⑬ 미지급분 연장 근무 노임 지급

⑭ 큐시(QC) 활동의 연장 근무 시간 산입 등

상식 이하의 근로조건을 개선해달라는 요구에 대해 회사는 진정서에 날인한 노동자들을 부서 이동시키거나 회유하며, 그래도 듣지 않으면 해고하는 방식으로 처벌했다. 이에 대해 소그룹 회원 노동자들이 중심이 되어 두 차례에 걸쳐 모든 노동자에게 호소문을 배포하여 다음과 같이 요구했다.

- 정시 출퇴근 운동에 참여할 것
- 간부들의 탄압 중지

- 받지 못한 잔업수당 받아내자.
- 법정 휴가의 자율성을 확보하자.

영등포산업선교회 측은 2월 28일 이례적으로 방림방적 사장에게 공문을 보내 노동자의 요구를 수락하도록 촉구했으며, 3월 21일 이 문제를 언론에 알리는 기자회견을 갖기도 했다. 여러 방면의 노력 결과 4월 중순 회사는 다음과 같이 입장을 밝혔다.

- 법정휴일과 정시 출퇴근을 당장 실시하기는 어렵고, 6월 1일부터 시행하겠다.
- 영등포산업선교회 회원에 대한 탄압을 중지하겠다.

그 후 계속적인 압박을 통해 '잔업수당의 소급 지급 문제'를 제외하고는 대부분 타결되는 성과를 얻어냈다. 그러나 노동자들은 그동안 받지 못한 잔업수당을 꼭 받아내겠다며 잔업수당 소급 지급을 지속적으로 요구한 끝에 노동청 남부지방사무소에서 현장 실사를 나왔다. 그러자 회사는 중간 관리자를 대신 내보내 "잔업한 일이 없다"라거나, 기숙사생들에게는 "주 6일 근무한다"라고 거짓 증언하도록 지시하는 등 사실을 왜곡했다. 결국 조사보고서에는 강제 잔업은 1976년 5월에서 1977년 2월까지 일부 부서의 800명에게만 실시되었으며, 체불된 잔업수당은 1700만 원에 지나지 않는다는 내용이 기록되었다. 그러나 영등포산업선교회가 100여 명을 표본 조사한 결과 5000여 명의 3년간 잔업수당 미지급액이 15억 7500만 원이나 되었

다. 1인당 잔업수당 청구액이 20만~45만 원이라는 노동청의 조사와
는 너무 큰 차이를 보였다. 그럼에도 노동청 남부지방사무소 측은 잔
업수당 미지급금에 대한 지불 명령도 없이 사건을 검찰에 송치해버
리고, 체불 임금을 받으려면 민사소송을 하라는 태도로 일관했다.

노동청의 비호에 힘입은 회사 측이 계속 잔업수당 액수 문제
에 대해 입장을 바꾸지 않자 양측의 주장이 팽팽한 상태로 고착되었
다. 이렇게 조합원들이 열악한 노동조건을 개선하고 체불 임금을 받
아내려고 사투를 하고 있는데, 상급의 한국노총이나 섬유노련, 방림
방적 노동조합은 수수방관함으로써 스스로의 존재 이유를 부인하고
있었다. 안타깝게도 유신 시대의 대부분의 노동조합이 그런 모습이
었다.

"목사님, 이제 어떡하죠?"

"노동청도 회사 편만 들어주는데요."

"민사소송으로 가야 하나요?"

방림방적의 소그룹 회원 노동자들은 온갖 수단을 다 사용해도
도무지 길이 열리지 않아 답답해했다. 조 목사는 "노동청까지 회사
편을 드는데, 노동자가 연대할 곳이 어디인지 찾아보자"하며 지원
세력이 될 만한 사람과 단체를 물색했다.

조 목사는 영등포산업선교회가 그동안 지속적으로 관련을 맺
어온 기독교 사회운동단체와 신·구교 성직자, 민주 인사, 법조인, 학
자, 양심적 정치인, 교회 청년 조직 등과 연대하기로 결정했다. 우선
'한국교회사회선교협의회(이하 사선협)'와 함께 6월 26일, 7월 14일, 8
월 15일 3회에 걸쳐 기도회를 개최하여 방림방적 문제를 폭로하기

시작했다.

영등포산업선교회는 '방림방적 체불임금받기 서명운동본부'를 설치했고, 100여 개의 소그룹 회원들은 서울시내 곳곳과 공장, 교회 등을 발로 뛰어 1만여 명의 서명을 받았다. 원풍모방 소그룹 회원 세 명은 서울대학교 앞에서 서명을 받던 중 경찰에 연행되기도 했다. 9월 12일 사회운동단체들과 기독교단체, 법조인, 정치인, 학자, 기독청년회 등이 망라된 106명의 인사들로 '방림방적 체불임금대책위원회'가 조직되어 성명서를 발표하는 등 본격적인 지원이 시작되었다. 고문으로는 윤보선과 함석헌을, 위원장으로는 공덕귀를 선임해서 명망 있는 반정부 인사들이 중심이 되어 있어 정부 당국도 큰 관심을 보였다.[22]

회사 측은 대책위와의 면담에서도 강제 잔업 사실 자체를 부인하며 방림방적이 한국에서 가장 모범적이라고 강변하고, 체불 임금을 요구하는 노동자에 대한 탄압을 더욱 가중했다. 회유, 압박, 부서 이동, 부모와 입사 소개자를 동원한 압력, 금품 공세를 벌이는 가운데 김정자, 송정임은 해고되었다. 영등포산업선교회 회원인 김정자는 담당 대리가 불러 "잔업수당을 달라는 것이 옳다고 생각하느냐?"하고 물어서 "일을 했으니까 달라고 하는 것이 옳다고 생각한다"라고 대답했더니 며칠 후 부서 이동이 되었는데, 부당한 부서 이동을 받아들일 수 없다고 반발하자 해고해버린 것이었다.

1977년 2월부터 장기간에 걸쳐 계속된 싸움에 노동자들은 지쳐갔다. 의욕이 상실되고 지도력 빈곤과 조직 역량 미약 등으로 방림방적의 내부 투쟁은 약화되었으나 대신 외부 연대 세력의 지원이 강화되기 시작했다. 재일교포인 회사 사주가 모국 노동자의 임금 착취로 치부를 한다는 비판 여론이 힘을 발휘하고, 일본의 기독교 여성단체에 방림방적 제품의 불매운동을 요청하면서 지원에 탄력이 붙은 것이다.

정부는 방림방적의 체불 임금 지급이 선례가 되어 타 회사들에서 연쇄적인 체불 임금 투쟁이 벌어질 것을 우려했다. 영등포산업선교회와 회사는 막후 협상을 계속하여 연장 근로수당 미지급금 액수를 4억 5000만 원으로 합의하기로 했다. 노동자의 역량이 눈에 띄게 약화된 상태에서 16억여 원에 달하는 거액을 다 받아내는 것이 불가능할 바엔 차라리 노동자가 승리했다는 명분과 일부 실리라도 취하는 것이 좋겠다고 본 것이다. 그러나 회사 측은 끝까지 체불 임금 명목을 피하려고 4억 5000만 원에서 일부를 공장 내 산업체 학교 시설과 병원 설립금으로 사용하고, 나머지를 보너스 형태로 1인당 3만~4만 원씩 지급하는 선에서 사태를 마무리 지었다.

영등포산업선교회는 최대 규모의 방림방적과 싸워 노동조건을 개선하고 일부 체불 임금을 받아낸 것에 큰 의미를 부여했다. 이후 정부의 노동 정책에 자극을 주어 전체 방직업계가 방림방적과 비슷한 수준으로 노동조건을 자발적으로 바꾸게 되었고, 특히 이웃한 대한방직 노동자들의 정시 출퇴근, 체불 임금 받기 투쟁으로 번진 것은 매우 중요한 성과다.

그리고 이전에는 사용해보지 않았던 서명운동과 기도회, 타 회사와의 연대투쟁 등 다양한 투쟁 방법이 동원된 점도 특기할 만한 점이다. 노동문제를 한 회사만의 문제가 아니라 사회문제로 확대해 큰

틀에서 해결을 모색하게 된 점과 외국(일본 기독교 여성단체)과의 연대를 통해 불매운동을 시도한 것도 이때가 처음이었다.

그러나 영등포산업선교회도 방림방적과의 싸움에서 적지 않은 상처를 입었다. 가장 아픈 것은 이 과정을 통해 방림방적 내의 소그룹이 와해되어 산업선교 회원들이 회사 내에서 조직 활동을 거의 못하게 된 점이다. 목표를 지나치게 높게 잡아 노동자의 조직력을 키우지 못한 부정적인 면도 있었다. 이 무렵부터 영등포산업선교회는 도저히 그냥 두어서는 안 될 위험한 단체로 찍혀 시시콜콜한 것까지 정부기관의 감시를 받는 처지가 되었다.

여덟 시간 노동의
꿈을 이루다

1960~1970년대의 제조업체들은 한정된 공장 설비를 최대한 가동해 야간 연장 근무, 휴일 특근, 3교대 근무를 2교대로 하는 등 온갖 방법으로 노동자에게 살인적인 노동을 강요했다. 그래서 여덟 시간의 법정 노동시간을 제대로 지키는 곳은 눈을 비벼도 찾아보기 어려웠다. 노동자가 원하면 하고 원치 않으면 하지 않아도 된다지만, 문제는 여덟 시간만 일해서는 생활이 불가능할 정도로 저임금이라는 데 있었다.

최저임금 개념이 아예 없을 때였으니 기본급을 최대한 낮춰 책정해놓고 연장 근무와 휴일 특근을 하지 않고는 아예 살아갈 수 없게 만들어놓은 것이다. 게다가 일부 악덕 기업은 출근 시간은 앞당기고 퇴근 시간은 늦추면서 생긴 초과분 노동에 대한 추가 근로수당을 지급하지 않았다. 법정휴일을 제대로 지키는 곳도 드물었다. 거의 모든 공장이 여덟 시간 노동과 휴일을 제대로 지키지 않아 노사분규가 일어날 때마다 노동시간과 휴일은 단골 노사문제로 따라다녔다.

조지송 목사는 여덟 시간 노동제를 노동조건 중 가장 중요하게 여겼다. 장시간 노동에 치여 인간의 존엄성과 자유를 생각해볼 틈도 없이 노예와 같은 노동을 숙명처럼 받아들이게 되는 악순환의 고리를 끊어버려야 한다고 본 것이다. 여덟 시간은 일하고, 다른 여덟 시간은 자신을 위해 사용하며, 나머지 여덟 시간을 잠잘 수 있게 되면 노동자의 삶이 달라진다는 것이다. 여덟 시간만 일하면 임금(실질임금)도 올라가게 되고, 공부와 문화생활도 할 수 있게 되어 능력 계발이 이루어지고 삶의 질이 나아지며, 충분한 휴식과 여유로 인해 건강까지 누릴 수 있다는 논리였다.

조지송 목사는 1970년 가을에서 이듬해 봄에 걸쳐 시카고에서 연구 기간을 보내면서 미국의 노동자들이 당연한 듯 여덟 시간 근무 후 정시 퇴근하여 조합 활동과 취미 생활 또는 좀 더 나은 직업을 위한 훈련에 충분한 시간을 사용하는 것을 보면서 엄청 부러웠다. 그 여덟 시간 노동을 위해 가장 치열하게 싸우고 희생한 이들이 다름 아닌 그곳, 시카고 지역의 노동자였다. 1886년 5월 1일 미국노동연맹은 여덟 시간 노동을 쟁취하기 위해 전국적인 총파업을 선언했다. 사흘 뒤 시카고에서 어린 소녀를 포함한 여섯 명의 노동자가 경찰의 발포로 목숨을 잃었다. 다음 날 그에 항의하는 헤이마켓 광장 집회가 열렸다. 이 집회를 주도했다는 이유로 다섯 명의 노동운동 지도자가 체포되었다. 이들은 증거도 없이 폭동죄로 누명을 쓰고 사형에 처해졌다. 몇 년 후 헤이마켓 사건을 기리기 위해 노동절(May Day)이 제정되었다.

그런 역사를 간직한 헤이마켓 광장에서 조지송 목사는 졸린 눈을 비비면서 밤샘 근무에 시달리는 영등포 소녀공들의 모습을 떠올리지 않을 수 없었다. 조 목사는 여덟 시간 노동제가 실시되어야만 한국의 노동자도 인간다운 삶이 가능해질 것이라고 굳게 믿었다. 아무리 임금 인상을 하고 다른 노동조건을 개선한다 한들 여덟 시간 노동을 확보하지 않고는 그 의미가 반감될 수밖에 없기에 포기할 수 없는 과제였다. 그래서 여덟 시간 노동제 확립을 장기 과제로 삼고 소그룹 훈련과 각종 노동자 교육을 실시했다. 또한 집회가 있을 때마다 여덟 시간 노동의 의미와 중요성을 지속적으로 강조했다.

영등포산업선교회는 여덟 시간 노동을 먼저 실시함으로써 전국적인 파급 효과를 가져올 만한 공장을 찾기 시작했다. 여덟 시간 근무제가 실시됨으로써 노동자에게는 여덟 시간 노동의 좋은 점이 부각되고, 다른 회사도 따르지 않을 수 없도록 모델을 만들려는 것이었다. 그러나 1970년대 중반 대부분의 공장은 열두 시간 맞교대(2부제)를 실시하고 있었다. 생산량을 유지하면서 여덟 시간제(3부제)로 바꾸려면 기존 노동력의 3분의 1에 해당하는 인원을 추가로 채용해야 하기에 그렇게 간단한 문제가 아니었다. 고심을 거듭한 끝에 여덟 시간 노동제 투쟁 대상 업체로 해태제과를 선정했는데, 그 이유는 다음과 같다.[23]

- 해태가 영등포산업선교회 회원들의 소그룹 활동이 활발하여 조직 기반이 충분히 있다.
- 제과업은 기간산업이 아니어서 국가경제에 미치는 영향이 적다.
- 소비재이므로 여론에 민감하여 일반 소비자와 불매운동 등으로

연대할 수 있다.

- 롯데 등 경쟁사가 있는 점을 유리하게 이용할 수 있다.

해태제과의 노동시간은 열두 시간씩 주간반과 야간반이 일주일 단위로 바뀌는 방식이었다. 주간반이 아침 9시부터 밤 9시까지 근무하고 야간반은 밤 9시부터 이튿날 아침 9시까지 근무했다. 주야 교대는 일요일에 이루어지는데, 주간반이 야간반에 생산 라인을 인계하는 시간이 토요일은 밤 9시가 아닌 일요일 아침 9시가 된다는 데 문제가 있었다. 그러므로 주간반과 야간반 교대를 위해서 여섯 시간을 더한 열여덟 시간을 노동해야만 하는 것이었다. 이 일요일 교대를 위한 열여덟 시간 연속 근무를 없애는 것은 물론, 열두 시간 근무도 혁파하자는 것이 해태제과 노동운동의 목표였다.

그러나 해태제과 노동자의 의식 수준이 높지 않아 단번에 여덟 시간 노동제를 쟁취하는 것은 무리라고 판단, 우선 1단계로 열두 시간제를 인정하고 대신 곱빼기 작업과 일요일 작업 중지부터 요구하기로 했다. 2월 8일부터 소그룹 회원 300여 명은 일요일 작업을 거부하기로 하고 행동을 개시했다. 평소처럼 소그룹 모임에서 대응 방식에 대해 토론했다.

"이번 일요일부터 휴일 곱빼기 작업 거부에 들어갑니다."

"출근하는 대신 뭘 할지 이야기해요."

"우리 일요일에 제대로 놀아본 적 없으니 화끈하게 놀자고요."

"도봉산 백운대로 등산 갑시다."

그렇게 해서 2월 22일 아침부터 300명이나 되는 여성 노동자들이 백운대에 올라가기 위해 수유리에 집결했다. 회사는 300명이 빠지자 생산 라인을 가동할 수 없어 노동자들을 강제로 길거리와 집에서 차에 태워 공장으로 실어 나르는 식으로 대응했다. 그 과정에서 남자 관리직원들에 의해 강제로 몸이 들리고 머리채가 붙잡히는 등 여성 노동자에 대한 폭력이 빈발했다. 이러한 회사 측의 무리수는 영등포산업선교회 회원 노동자뿐만 아니라 대다수 노동자의 저항과 비판적인 사회 여론을 불러오게 되었다. 조지송 목사는 국제자유노련에 해태제과의 부당 노동행위를 알려서 국제자유노련이 한국노총에 진상 규명을 요청하도록 했다. 그 사실이 〈인터내셔널 헤럴드 트리뷴〉(1976년 2월 13일)에 실리기도 했다.[24]

〈인터내셔널 헤럴드 트리뷴〉은 해태제과의 실례를 들어 한국의 열악한 노동조건을 신랄하게 비판했다.

- 주 7일 근무에 하루 2교대로 열두 시간씩 연속으로 일하게 하고, 시간당 22센트를 임금으로 지급하면서, 매일 열네 시간까지 연장 근무와 일요일은 열여덟 시간 근무를 시킨다.
- 지난 15년간 한국의 경제발전은 근로자에 대한 노동 착취로 이루어진 것이지만, 근로자의 생활수준과 근로조건은 개선되지 않았다.
- 파업은 금지되고 있으며, 노조는 정부의 통제를 받고 있고, 단체교섭은 단지 명목상으로만 존재한다.
- 근로자권익보호법은 정부의 묵인하에 기업주들에 의해 조롱당하고 있다.
- '미스 김'은 월 82달러(4만 원)를 받기 위해 하루 열두 시간씩 일하

는데, 연간 휴일 수는 15일에 불과하다.

- 여공들은 힘을 얻기 위해 가끔 과자를 훔쳐 먹는다.
- 노사가 공동으로 노력해서 많은 수익을 올렸으나 수익은 근로자에게 분배되지 않는다.
- 다섯 가지나 있는 노동 관련 법은 휴지조각이나 마찬가지다. 두 시간 초과 시간을 포함해 열 시간 작업을 기본적으로 한다.

〈워싱턴 포스트〉도 해태제과의 노동쟁의를 다룬 기사를 실었는데, 미국에서 유학 중이던 사장의 아들이 그 신문 기사를 보고 놀랐다는 소문이 났다. 자기 아버지가 저렇게 번 돈으로 유학하고 있다는 것을 아들이 알아버린 것이다. 선진국의 기준으로 보면 가히 1세기 전에나 있었을 법한 노동 착취 행위가 독재정권하의 한국에서는 일상적으로 벌어지는 것을 외신들은 경쟁적으로 보도했다.

영등포산업선교회는 해태제과 사장에게 항의 공문을 발송했다.[25]

"본 위원회는 노동자들의 호소가 정당함을 인정하며, 이들의 요구가 관철될 때까지 모든 노력을 다해 이들을 지원한다."

또한 노동자들은 회사의 탄압과 부당 노동 실태를 호소하는 진정서를 각 사회단체에 보내 지원을 호소했다. 사태가 심각해질 것을 우려했는지 회사는 3월 1일부터 법정휴일(주 4회, 월차, 생리)을 실시하고 휴식 시간을 연장한다고 한발 물러섰다.

이로써 곱빼기 작업과 일요일 작업 중지를 목표로 한 첫 단계 투쟁은 노동자의 승리로 끝났으나, 회사는 주동자와 영등포산업선교회 회원을 집중 감시하다가 서정남을 사소한 핑계로 해고했다. 이에 해태 노동자들은 타 회사까지 연대하여 서정남 복직 투쟁을 전개했다. 여성 노동자에 대한 장시간 중노동을 강요하는데다 폭력까지 행사한다는 서정남의 호소문이 공개되자 여성단체(YWCA, 여전도회연합회 등)를 중심으로 비난 여론이 비등해졌고, 사장에게 전화 걸기, 편지 쓰기에 전체 영등포산업선교회 회원들이 나서서 2개월 만에 서정남을 복직시킬 수 있었다.

이때 조직적으로 전개한 전화 걸기 운동은 대성공을 거두어 해태제과 사장의 집 전화와 회사 업무 전화를 마비시켜 해태가 굴복하지 않을 수 없게 만들었다. 이 싸움으로 혼쭐이 난 해태제과는 그 뒤로는 영등포산업선교회를 매우 조심스럽게 대하게 되었다.

이후 2년간 소강 상태에 들어가 소그룹 확장에 주력하다가 1979년 4월 해태제과 노동자 수련회에서 여덟 시간 노동제 싸움이 주요 의제로 토론되었다. 여기서 해태제과 노동자들은 여덟 시간 노동제 투쟁에 들어갈 경우 회사와 남성 노동자들의 방해 그리고 정부 당국의 탄압이 예상되지만, 해태의 열두 시간 노동에 대한 불만이 이미 한계점에 달한데다 소그룹 조직이 튼튼하게 구축되어 있었고, 고용 창출과 경영 합리화라는 명분으로 회사를 설득할 수 있으며, 외부의 지원도 기대되므로 투쟁에 돌입해야 한다는 방향으로 의견이 모아졌다.

하지만 노동시간 축소로 인해 수입이 줄어드는 만큼 상대적으로 고수입이 필요한 남성 노동자들의 동참을 이끌어낼 수 있느냐를 놓고 의견이 분분했다. 가장 민감한 부분은 열두 시간 노동에서 여덟 시간 노동으로 줄어들 경우 과연 현재의 기본급이 그대로 유지될 것이냐 하는 것이었다.

"기본급이 여덟 시간 노동에 맞춰 인하되는 것 아닐까?"

"물가도 오르고 모든 월급이 오르는 추세인데 법정 근로시간 지켰다고 월급을 깎지는 못할 거야."

"맞아, 여덟 시간 일한다고 해서 기본급을 내리면 더 큰 문제가 야기되므로 절대 깎지는 못할 거야. 내려가면 내 봉급을 떼어서라도 줄게."[26]

조지송 목사는 임금 시장의 기본 원리라는 게 노동자의 생계비가 보장되어야 고용 관계가 성립되는 것인데, 현실은 열두 시간 노동으로도 생계비가 될까 말까 하는 지경이니 여덟 시간 근무제를 실시하더라도 회사 측이 임금을 일방적으로 삭감할 수는 없을 것이라고 확신하고 있었다.

1979년 7월이 되자 제과업계의 비수기여서 회사는 한 시간 일찍 출근케 하고 한 시간 늦게 퇴근시키는 방식으로 변칙적인 여덟 시간 근무를 실시했다. 정상적인 여덟 시간 근무제를 실시하면 노동자들이 여덟 시간 근무의 좋은 점에 익숙해질까 봐 두려웠던 것이다. 7월 17일 도급제 철폐가 지지부진한데다 변칙적인 여덟 시간 근무에 불만을 품은 노동자 100여 명이 영등포산업선교회 강당에 모여 여덟 시간 노동제 실시 투쟁을 결의하고 실행에 옮겼다. 근무를 시작한 지 정확히 여덟 시간이 지나자 비스켓부 노동자 200여 명이 일제히 작업을 중지하고 퇴근을 하기 시작했다. 회사는 당황해서 생산부장을 보내 설득했다.

"원하는 대로 여덟 시간 노동제를 실시하겠다…. 그러나 지금 당장은 준비가 안 됐으니 일단 불황은 넘기고 실시하자."

이에 대해 노동자들은 이렇게 요구했다.

"그렇다면 실시 날짜를 약속하라. 그때까지는 열두 시간을 노동할 테니 시일을 확실히 대답하라."

그러나 회사는 아무런 반응이 없었다. 결국 노동자들은 본격적으로 여덟 시간 노동을 실행에 옮겼다. 시간이 갈수록 껌부, 캔디부, 캬라멜부 등 600~700여 명으로 점점 가담하는 노동자 수가 늘어났다."

회사는 8월 3일부터 9월까지 남자 기사들과 안양 공장에서 지원받은 남자 직원 150여 명을 동원하여 물리력과 폭력으로 여성 노동자들의 정시 퇴근을 막기 시작했다. 그들은 작업을 마치고 퇴근하는 노동자들을 향해 욕설을 퍼부으면서 밀치거나 때리고 물건을 닥치는 대로 집어던져 공포 분위기를 조성했다.

"이 쌍년들아, 개 같은 년들아, 너희들이 우리 생활을 보장해줄 수 있느냐?"

"여덟 시간만 일하고 나가는 년들, 모가지를 비틀어놓겠다."

회사는 교활하게 자기들끼리 싸우는 것이라면서 남녀 노동자들 간의 싸움으로 몰아갔다. 회사의 사주를 받은 남자 직원들은 영등포산업선교회 회원 노동자들에게 집중적으로 폭력을 행사했다. 김금순은 머리를 다쳐 실신했고, 다른 회원들은 뺨을 맞거나 머리채를 잡혀 끌려 다녔다. 관리자들의 사주를 받은 남자 직원들의 폭력은 점점 더 심해졌다. 김추련은 짓밟혀서 10일 진단을 받는 상처를 입었고, 하명숙은 오른손 손가락이 골절되었으며, 그 밖에 많은 여성 노동자들이 부상을 당한 채 화장실과 발효실, 창고 등에 감금되었다. 대책 회의 중 기습적인 폭력에 실신한 김순례와 김고만은 창고에 내던져진 채 방치되었다가 의식불명에 빠져 9일간 입원하기도 했다. 남자 직원들로 이루어진 구사대의 폭력이 얼마나 무자비했는지 한 여성 노동자는 이렇게 기도했다.

"오, 하나님 아버지, 어찌하오리까! 너무도 억울해 눈물조차 나오지 않습니다. 지혜를 주십시오. 용기를 주십시오. 저들의 불의한 주먹 앞에서 우리가 무릎을 꿇지 않도록 꿋꿋한 믿음을 주십시오. 약한 자의 권리란 이렇게만 찾을 수 있는 것인지요. 그러나 우리 주 예수의 승리의 부활을 믿으며 어떠한 고난이 온다 하더라도 주님의 골고다 산상의 십자가를 생각하며 조금도 나약해지지 않으리니 하나님 아버지시여…. 우리를 밝은 길로 인도해주시옵소서. 우리 구주 예수 그리스도의 이름으로 기도드리옵니다. 아멘."[28]

회사와 구사대의 탄압을 받는 노동자들이 의지할 것이라곤 그룹원들과 굳게 단결하고 노동교회 예배에서 예수님께 도움을 간구하는 믿음뿐이었다. 힘없는 여성 노동자들은 예수 그리스도의 십자가 고난과 자신들이 걸어가야 할 길이 다르지 않다는 것에 위안을 얻으며 힘든 순간을 이겨내려 했다.

김순례 등의 입원으로 해태의 폭행 사건이 밖으로 알려지자 폭력이 주춤해지면서 이번에는 정신적인 박해를 가했다. 여덟 시간 노동에 동참하는 여성 노동자들의 부모, 친척 등 가족과 입사 소개자를 불러내 본인의 의사에 반해 강제 퇴사와 대리 사표를 쓰도록 유도

했다.

"당신 딸이 산업선교 불순분자들과 함께 회사에서 말썽을 일으키고 있으니 구속될지 모른다. (⋯) 퇴직금 줄 테니 당장 데려가라."

"당신이 소개해준 ○○○이가 회사에 엄청난 손해를 끼치니 책임지고 사표를 받아내라."

해태는 공채보다는 회사 직원, 판매 대리점, 납품업자 등의 소개로 직원을 많이 채용해서 소개자를 통한 퇴사 압력이 매우 유효한 상태였다. 이렇게 9월 중순까지 남자 구사대의 폭력에 다치는 사람이 속출하게 되고 퇴사 압력에 못 이겨 7~90여 명의 노동자가 회사를 떠났다.[29]

영등포산업선교회에 직접적인 협박도 들어왔다. 새벽에 술에 취한 해태 직원이 맨발에 윗옷을 벗고 러닝 바람으로 영등포산선회관에 난입해서 고래고래 소리치며 행패를 부리기도 했다.

"산업선교회 목사들, 다 죽여버리겠다⋯. 인 목사 나와라, 인명진이가 누구야?"

조지송 목사의 집으로도 협박 전화와 편지가 많이 왔다. 주로 이런 내용이었다.

"목사가 왜 그따위 짓을 하냐. (⋯) 재미없을 거다."

"내 동생 안 내놓으면 죽이겠다."

조지송 목사는 편지를 거들떠보지도 않았고 부인이 읽고는 찢어버리기를 거듭했다.

폭력적인 탄압이 난무하던 1979년 8월 9일 YH 노동자들의 신민당사 점거 농성이 시작되었고, 11일 해산 과정에서 여성 노동자 김경숙이 사망하는 사건이 터졌다. 그러자 그쪽으로 여론이 몰리는데다 영등포산선의 인명진 목사가 YH 사건의 배후 조종 혐의로 구속되는 바람에 해태제과 노동자들은 외롭고 힘겨운 싸움을 해야 했다. 그러나 해태제과 노동자들은 무자비한 폭력과 탄압에도 굴복하지 않고 준법투쟁을 계속해 나갔다. 영등포산업선교회는 각계에 보내는 진정서와 호소문을 통해 종교계, 특히 기독교계의 호응을 이끌어 내려고 노력했다.

"존경하는 사회인사 여러분께 삼가 아룁니다. (…) 회사가 근로기준법을 무시하고 하루 열두 시간(휴식 30분, 점심 30분 포함)의 노동을 시키기 위하여 온갖 협박과 위협 그리고 폭력배까지 동원하는 비인간적인 행위를 자행하고 있지만, 우리는 여기에 굴하지 않고 하루 여덟 시간 노동을 주장해왔습니다…. (폭력, 탄압 행위 묘사 생략) 다시 남자 기사들이 나타나 일을 못하게 하며 밖으로 쫓아냈습니다. 근로기준법에 있는 여덟 시간 노동을 한다는 것이 왜 나쁜 일입니까? 노동자의 권리와 인격을 완전히 무시하고 제멋대로 다루려는 비인간적인 처사를 고쳐주십시오. 우리는 노예가 아닙니다. 아무리 돈 때문에 고용된 사람이라 할지라도 인간의 기본적인 인격을 짓밟는 부당한 인사관리에 응할 수 없습니다."[30]

여성 노동자들은 폭행에 가담했던 남자 직원들과 회사 간부들의 명단을 공개하고 고발 조치도 병행했다. 하지만 경찰은 폭력을 행사한 남자 직원들에 대해 전원 무혐의 처분을 내렸다. 공화당과 신민당에까지 지원을 호소했으나 공화당은 자기들이 통과시킨 근로기준법이 국내 현실과 맞지 않는다며 시큰둥한 반응을 보였고, 신민당은

YH 사건 처리에 매달려 있어 별 성과가 없었다. 그러나 영등포산업
선교회는 8월 12일 해태제과 여성 노동자들을 위한 기도회를 2000
명이 참석한 가운데 열었고, 사선협은 8월 31일 성명을 내어 해태 제
품 불매운동을 선포했다. 9월 7일에는 지학순 주교를 대표로 하는
'해태제과 노동자 폭력사태대책협의회'가 발족되어 범종교계 차원
의 해결을 모색했다.

　　마침내 노동청 남부지방사무소가 8월 27일 자로 해태제과 신
정차 사장을 근로기준법 위반 행위로 불구속 입건, 조사하겠다는 통
보를 회사로 보냈다. 이 건으로 해태는 500만 원 벌금을 물었다. 정
부는 YH 사건에 이어 해태제과 사태가 사회문제로 커질 것을 우려
해 9월 11일 식품업계 대표자들과 중앙노사협의회를 갖고, 제과 업
계의 여덟 시간 노동제를 연내에 실시키로 전격 합의하기에 이른다.
그 사실을 보도하면서 〈동아일보〉는 해태가 이미 여덟 시간 노동을
실시하고 있는 것으로 왜곡 보도하여³¹ 공분을 사기도 했다.

　　해태 노동자들은 승리를 확신하면서도 투쟁의 고삐를 늦추지
않고 ① 중앙노사협의회의 결의대로 해태는 연내에 여덟 시간 근무
제를 실시할 것, ② 폭력을 행사한 남자 기사들과 지시한 자를 처벌
할 것, ③ 강제 사표를 내고 퇴사한 노동자들을 복직시킬 것을 요구
했다. 그러나 회사는 노동자들에게 밀려 요구를 들어주었다는 인상
을 주지 않으려고 10월 4일 자 〈한국일보〉에 '공장 새마을 분임발표
대회' 경과보고 광고를 내고, "임금을 현 수준으로 유지하면서 내년 3
월부터 여덟 시간 노동제를 실시하면 생산성을 높이면서 인력을 절
감하는 경영 합리화가 이루어질 것"이라며 분임조 연구 결과 형식을

빌려 발표하는 술책을 부렸다. 그동안의 법 위반과 폭력적 탄압은 언급조차 하지 않으면서 여덟 시간 노동제 실시가 마치 경영진의 현명한 판단인 것처럼 호도한 것이다.

이렇게 식품업계의 합의와 노동청의 해태 기업주에 대한 처벌로 여덟 시간 노동은 다시는 되돌릴 수 없는 흐름이 되어 이듬해 3월 1일부터 해태제과는 다른 식품업체와 마찬가지로 여덟 시간 노동제를 실시할 수밖에 없었다. 조지송 목사와 영등포산업선교회가 예상했던 대로 여덟 시간 노동제 싸움으로 임금은 열두 시간을 노동할 때와 똑같이 받으면서 노동시간은 네 시간 줄어 실질 임금이 61퍼센트나 인상되는 결과를 가져왔다. 더군다나 해태제과뿐만 아니라 4만 5000여 명에 달하는 전체 식품업계 노동자들도 여덟 시간 노동과 임금 인상이라는 놀라운 혜택을 받게 되었다.[32]

1980년 3월 23일 오후 2시 영등포산업선교회 강당에서는 '해태제과 여덟 시간 노동 승리잔치'가 열렸다. 해태 노동자들의 투쟁을 위로하고 격려하는 시간을 갖고 역사적인 여덟 시간 노동제 쟁취를 축하하는 자리였다. 강사로 초빙된 문익환 목사는 '교회는 왜 노동자 편을 드는가'라는 제목의 강연을 통해 산업선교의 노동문제 개입의 정당성을 설파했다. 해태제과 투쟁은 1975년부터 6년간 지속적으로 준비해온 산업선교의 활동이 마침내 결실을 보게 된 경우이며, 한국 노동운동사에서 최초로 여덟 시간 노동제를 쟁취했다는 기록을 남겼다. 투쟁 방법에서도 진정서뿐만 아니라 성명서와 호소문, 기도회, 편지 쓰기, 전화 걸기, 불매운동 등 여론을 움직일 수 있는 다양한 전략, 전술이 활용되어 이후 노동투쟁에서도 유용하게 활용되었다.

해태제과 투쟁은 힘겨운 탄압 속에서도 뚜렷한 목표를 가지고 끝까지 흔들리지 않은 소그룹 여성 노동자 조직의 저력을 보여줌으로써 해태제과만의 노동조건 개선으로 끝나지 않고, 전 식품업계에 파급력을 미치는 놀라운 승리를 가져왔다. 해태제과 노동자들의 투쟁 기록은 풀빛출판사에서 출판된 《8시간 노동을 위하여》(1984)에 잘 정리되어 있는데, 원래 저자는 투쟁의 선봉에 섰던 김금순이지만 회사로부터 불이익을 당할까 봐 먼저 해고된 순점순의 이름으로 출판되었다.[33]

조지송 목사와 영등포산업선교회는 기업의 노사문제에 개입할 때 한 가지 뚜렷한 믿음이 있었다. 그것은 처음에는 한 회사의 노사문제로 투쟁을 시작하지만, 그 영향력은 전국적으로 파급, 확산되리라는 것이었다.

"우리는 조그만 회사하고는 싸움을 하지 않았어. 큰 회사하고만 싸운 거야. 그래야 전국으로 파급이 되거든. 전국적으로 고쳐야 못 배겨난다 이거야…. 그런 사례 하나를 위해서 준비를 몇 년씩 하는 거지…. 피 흘리고 목숨 걸고 순교자적인 각오를 하는 노동자들이 그 일을…. 내가 얻은 결론이 뭐냐 하면… 노동문제는 노동자만이 해결할 수 있다는 거야…. 산업선교는 다만 도와줄 뿐이지."[34]

이를 위해서는 정정당당하게 싸워 반드시 이길 수 있도록 장기적이고 단계적인 전략이 필수적으로 요구되었다. 당시의 일반 노동운동이 자주 돌발적이고 소모적인 형태로 진행되었던 데 비해, 영등포산업선교회가 개입한 노동운동은 정확한 상황 분석을 거쳐 상당히 과학적이고 거시적인 관점에서 체계적인 투쟁으로 진행되었다.

해태제과 노동자들의 투쟁으로 식품업계에 여덟 시간 근무제가 확립된 것은 이러한 노동운동 전략이 성공한 실증적인 한 예라고 할 수 있다.

서울로 가는 길

정신없이 일하고 있는데 또 반장이 오더니 일이 바빠서 오늘은 철야를 하고 내일부터는 야간 일을 한다고 말했다.

"철야를 어떻게 하는 건가요?"

내가 물었다.

"밤에 일하고 아침에 퇴근하는 거야."

반장이 대답했다.

나는 시키는 대로 이름을 적었다. 그것을 보고 언니가 우리 쪽으로 와서 반장에게 말했다.

"내 동생은 공장이 처음이라 철야는 못 하니까 빼줘."

그러면서 내게도 하지 말라고 했다. 반장은 해야 한다고 강경하게 말하면서 나를 쳐다보았다. 그래서 나도 하겠다고 말했다.

"내 말 들어! 철야는 다음에 하고 오늘은 제발 하지 마."

언니는 간절하게 말했다.

"남들도 다 하는데 나라고 못 할 것 같아? 나도 하겠어."

내가 고집을 부리자 "여기는 가정집이 아냐. 한번 하면 끝까지 해야

한단 말이야. 힘들다고 중간에 그만둘 수가 없단 말이야" 하며 언니
는 화를 내고 가버렸다.

나는 옆에 있는 사람에게 철야를 하면 월급이 어떻게 되느냐고 물었
다. 그 아가씨는 철야를 하면 야간수당과 잔업수당이 나와서 월급이
더 많아진다고 대답해주었다. 그럼 나도 야근을 해야겠다고 마음을
굳게 먹었다. 어차피 돈을 벌려고 공장에 들어왔으니까 무엇이든지
해서 돈을 벌고 싶었다.

그날 밤에 처음으로 철야를 했다. 무척이나 힘이 들었다. 밤사이 야식
시간 한 시간을 제외하고는 24시간 쉬는 시간이 없었다. 야식을 먹고
나니 너무 졸려서 견딜 수가 없었다. 잠깐 긴 의자에 누웠다가 잠이
들었다. 길고 딱딱한 나무의자였지만 너무나 편안했다. 잠이 막 들려
는데 누가 부르는 소리가 들렸다. 깜짝 놀라서 눈을 떠보니 숙직과장
이었다. 그는 시간이 다 되었다며 나를 깨웠다. 나는 너무도 내 자신
이 창피했다. 한숨도 자지 않고 밤을 꼬박 새운다는 것은 정말 지옥과
같은 고통이었다. 언니가 그렇게도 말리더니⋯.[35]

송효순이 쓴 노동 수기 《서울로 가는 길》의 일부분인데, 1970
년대 제조업 노동 현장의 모습은 대부분 이와 크게 다르지 않았다.
송효순이 일했던 대일화학은 파스와 의료용 밴드 및 반창고류를 생
산하는 회사였다. 송효순은 알고 지내던 산업선교회 회원이 소개해
영등포산업선교회를 찾아왔다. 당시 대일화학에는 산업선교 소그룹
이 없어서 처음에는 그저 신용협동조합을 이용하기 위해 회관을 드
나 들었다. 소그룹 활동을 하고 싶었던 그녀는 같은 회사의 사람들로

만 소그룹을 만들 수 있다는 규칙을 알게 된 후 대일화학에서 마음에 맞는 친구들끼리 소그룹을 만들었다.

소그룹 활동을 통해 드러난 대일화학의 노동조건은 조지송 목사가 지옥 같다고 표현할 만큼 충격적이고 처참했다. 송효순의 글처럼 일을 열두 시간도 시키고 열네 시간도 시키는가 하면, 필요할 땐 24시간 연속 노동도 예사로 시키는 곳이었다. 짐승처럼 때리고 욕하며 막 부려먹기도 하는 곳이었다.

"근로기준법은 아예 팽개쳤어…. 출근 시간이란 게 없어서 아침에 조회한다, 청소한다 그러면 그 시간에 맞춰 출근해야 돼. 퇴근도 못한 채 시키는 대로 일하고서 잔업수당, 야근수당이 있는지도 모르는 애들이 그냥 멍하니…. 참… 이럴 땐 산업선교 하는 사람이 정말 회사나 정부에 분노를 느끼지. 그 선량한 애들이 모른다고 이렇게 천대할 수가 있나."

조지송 목사와 실무자들은 기가 막혔다. 그룹 활동을 처음 한 송효순도 내가 왜 이제야 산업선교를 알았느냐고 후회를 했다. 모른 채 당한 세월이 너무 억울해서 하는 말이었다. 송효순은 대일화학의 노동조건을 고쳐보려고 열심히 소그룹 활동을 통해 배워 나갔다. 대일화학의 소그룹이 늘어나고 기회가 무르익기까지는 한참 걸렸다. 노동자들은 싸워야 한다고 뛰쳐나가려 했으나 실무자들은 아직 싸울 역량이 안 된다고 제지하기를 여러 해, 드디어 묵혀오던 투쟁 열기가 1976년에 터졌다.

80여 명이 서명해서 요구한 조건을 정리해 회사에 들이밀었다. 그 요구 조건이란 이런 것이었다.

"때리는 것을 중단하라."

"청소 시간도 일이다, 임금으로 계산하라."

"주휴, 월차, 연차, 생리 휴가를 근로기준법대로 실시하라."

"퇴직금을 지급하라."

"24시간 노동 못 하겠다."

요즘 기준이라면 이런 것도 요구해야만 하는가 하고 고개를 갸웃거리게 할 만한 한심한 내용이었다. 그러나 대일화학 노동자들에게는 절박한 현실 문제였다. 개선해야 할 시급한 일은 24시간 연속 중노동이었다. 24시간 동안 노동을 하고 나오면 생기발랄한 여성 노동자들의 얼굴이 중환자실에 몇 달은 입원한 사람의 얼굴처럼 되어 버렸다. 기본급이 1만 3000~1만 4000원 정도라 그것만으로는 살 수 없었기에 더 벌기 위해 회사가 요구하면 열네 시간도 일하고 24시간도 일해야 했던 것인데, 이젠 못하겠다고 작업 거부를 시작한 것이다. 관리자 앞에서는 얼굴도 제대로 들지 못하던 어린 여성 노동자들이 고개를 꼿꼿하게 쳐들고 달라진 눈빛으로 쳐다보며 똑 부러지게 더는 못하겠다고 하니, 회사 간부들이 "어떻게 된 거야, 사람이 저렇게 달라질 수가 있나?" 하고 놀랄 지경이었다.

그런데 당시 대일화학의 상무는 예장통합 남대문교회의 집사였다. 대일화학의 노동 문제를 고발하는 유인물이 서울 지역 교회들에 뿌려졌는데, 마침 상무의 아들이 청년 회원이어서 이를 알게 되었다. 그가 아버지에게 "무서운 산업선교랑 싸워서 어떻게 할 거냐, 산업선교에게 걸리면 못 배겨난다"라고 언급하는 바람에 어찌어찌해서 상무가 회사 측 협상 창구가 되었다. 소그룹 회원들이 대일화학의 노동 문제를 놓고 영등포산업선교회관에서 토론을 하는 자리에 상무를 초청했다.[36] 조지송 목사와 영등포산업선교회는 "당신 회사의 종업원들이 여기 있으니 얘기해보자. 노동자들의 주장이 틀렸으면 틀렸다고 설득하라. 그들이 투쟁에 나서지 않도록 당신이 설득할 수 있으면 설득하라"라는 입장이었다. 단체행동까지 가면 피차 힘들 테니 대화로 해결할 길을 찾아보라는 뜻이었다. 대일화학 노동자들은 회사에 노동조합이 있는지도 몰랐을 정도로 조합의 존재는 유명무실했다. 그래서 송효순을 비롯한 산업선교 회원들이 노동조합 역할을 대신하고 있었다. 대일화학 소그룹 노동자들이 "때리지를 않나, 멋대로 연장 근무를 시키고 임금은 떼먹질 않나, (…) 휴가는 무슨 개뿔…" 하고 조목조목 따지니 상무가 한마디도 반박하지 못했다. 그는 일단 이렇게 약속했다.

"그동안 어려운 일이 많았다는 걸 인정한다. 우리가 잘못한 것들은 고치겠다. 때린 사람도 인사 조치하겠다."

하지만 개선은 말뿐이고 상황은 거기서 거기였다. 한두 가지를 고치는 시늉은 하는데, 크게 달라지는 것 없이 몇 년 동안 질질 끌기만 했다. 한 가지를 해결하고 나면 줄줄이 사탕처럼 노동자들의 다른 요구가 쏟아져 나왔다.

막판에는 상무가 감당을 하지 못할 지경이 되니 회사가 "도대체 산업선교를 키우는 거냐, 뭐냐?" 하면서 상무를 교체해버렸다. 그리고 강경 대응 방식으로 기조를 바꾸었다. 마침 유신 정부가 산업선교를 뿌리 뽑으려고 탄압의 강도를 높일 때여서 '이때다' 싶었던 대일화학 사용자 측은 산업선교 회원들의 부서를 이동시켜 어려운 작업을 떠안기는 방식으로 탄압했다. 그 밖에도 탄압의 방식은 다양했다. 불순분자이니 가까이해서는 큰일 난다는 마타도어쯤은 아무것도 아니었다. 작업대를 분리해 혼자서 벽만 보고 일하도록 하는가 하면, 오랜 경력의 기능직 노동자를 기술이 필요 없는 단순 작업인 청소, 운반, 실뽑기, 포장 등을 시켰고, 작업 할당량을 터무니없이 많이 배정하기도 했다. 산업선교 회원들은 이런 식의 탄압이 있을 것임을 그룹 활동을 하면서부터 예상하고 마음의 준비를 해왔기 때문에 탄압으로 활동을 그만두는 경우는 극히 드물었다.

광주민주화운동이 있고 난 뒤 1980년 여름에 임금 인상과 유해 약품 취급 부서의 직업병 인정 문제로 노사분규가 또다시 발생했다. 몇 년 전부터 지속해왔던 야근수당 지급 문제와 아직도 근절되지 못한 구타 문제까지 합쳐져 큰 싸움이 되었는데, 회사는 결국 송효순과 주동자급 산업선교 회원 노동자들을 오산 공장으로 발령해버렸다. 설마 오산까지 가지는 않을 테니 사표를 내고 말 것이라고 본 것이다. 그러나 송효순과 영등포산업선교회는 "인사이동권은 회사에 있기 때문에 이동 발령을 거부하면 해고된다. 그러니 오산으로 가서 일하자"라고 정리하고, 오산에 방을 얻어 합숙을 하며 오산 공장으로 출근했다. 회사 측 바람과는 달리 조용하던 오산 공장에까지 이제 산업선교가 내려오게 된 셈이다. 회사는 송효순 등 서울에서 내려간 노동자들에 대한 감시를 강화해 작업 시간에 서로 대화를 못하게 하고 사무실에서만 보이는 유리 칸막이를 설치해 지켜보았다. 어느 날 과장이 김덕순을 불러 하루 종일 누구와 무슨 말을 나눴느냐고 캐묻자, 화가 난 김덕순은 작업 라인으로 돌아가 저항의 의미에서 입에다 커다란 테이프를 붙이고 일하기도 했다.

　오산 공장에서 일하게 된 노동자들은 일주일에 몇 번 정도 영등포산업선교회에 가기 위해서 야간 잔업을 거부하고 퇴근하려고 실랑이를 벌였다. 그러다가 작업실용 슬리퍼를 신은 채 한겨울 눈밭을 뛰어서 역으로 달려갔던 일도 있었다.

　이렇게 대일화학 산업선교 소그룹 회원들은 신군부의 무서운 탄압을 배경으로 회사 측의 손아귀가 그들을 조여오는 것에도 아랑곳하지 않고 싸우다가 결국 해고되고 말았다. 전두환의 신군부가 정권을 잡은 후 합동수사본부는 해고되어 영등포산업선교회에서 농성을 하고 있던 대일화학 해고자들을 조사했다. 회관 2층 큰 사랑방에서 송효순을 비롯한 10여 명의 해고자들은 억울한 마음에 수사관들 앞에서 눈물을 흘렸다. 조사가 끝나고 수사관들이 나간 후 조지송 목사는 "저놈들 앞에서 질질 짜며 울긴 왜 울어, 응? (…) 너희들이 잘못한 것도 없는데 당당하게 맞서야지, 그게 뭐냐" 하고 나무랐다. 그러면서 크게 이긴 것은 없지만 최선을 다해 싸웠으니 졌어도 실패한 것은 아니라면서 대일화학 투쟁을 글로 써서 정리해보는 게 어떠냐고 제안했다. 해고자들은 소그룹 활동을 가장 오래 했고 싸움에 앞장섰던 송효순이 써야 한다고 의견을 모았다. 그리하여 송효순이 대일화학 투쟁기를 썼는데, 그것이 《서울로 가는 길》이다. 그러나 출판사는 인쇄를 끝내놓고도 한동안 배포를 할 수 없었다. 신군부의 언론 통제와 출판 검열이 워낙 삼엄한 시기여서 책은 출판사 창고에 쌓여 있다가 1982년 8월에야 빛을 보았다.[7] 서점에 깔리자마자 《서울로 가는 길》은 1980년대 운동권 대학생들의 필독서가 되었다. 공장 활동을 준비하거나 농활을 가는 학생들은 생산직 노동자들의 고단한 일상 속으로 들어가기 전에 이 책을 미리 읽고 마음의 준비를 하곤 했다.

대일화학 싸움은 광주민주화운동 직후 계엄령이 내려진 가운데서 힘겹게 진행되어 대외적으로 그다지 알려지지 않았다. 표면적으로는 실패한 싸움이었지만, 영등포산업선교회는 그렇게 보지 않았다. 노동투쟁은 한 번의 싸움으로 끝나는 것이 아니라 작은 환경 개선으로부터 시작해 노동자의 의식이 높아짐에 따라 한 단계씩 더 나아가, 마침내 노동자와 사용자가 대등한 수준에서 협상을 통해 권리를 주장할 수 있도록 하는 것이라고 본 것이다. 그래서 조지송 목사는 노동투쟁이 노동자가 성장하고 산업사회가 평등을 향해 한걸음 더 진전하는 발판이 된다면 비록 성공하지 못했더라도 충분히 가치 있는 싸움이라고 여겼다. 어려운 상황 속에서도 끝까지 버티면서 노동 현장의 정의를 위해 굴복하지 않았던 대일화학의 투쟁이 바로 그런 경우였다.

송효순과 그의 동료 해고자들은 민주화 이후 '민주화운동 관련자 명예회복에 관한 특별법'에 따라 부당 해고자로 규명되어 명예 회복과 피해보상을 받았다.

산업선교와
원풍모방 노동운동

원풍모방과 영등포산업선교회의 만남은 조지송 목사가 영등포산업
전도위원회에 부임한 1964년 한국모방(원풍모방의 전신) 내에서 공장
예배를 정기적으로 드릴 때부터 시작되었다. 한국모방에서 산업전
도 활동을 최초로 시작한 이는 김갑준이었다. 김갑준의 소개로 산업
선교회 회원이 된 박영혜를 중심으로 1972년 4월 18일 결성된 '한국
모방 퇴직금받기 투쟁위원회'는 한국모방 노동운동사에 중요한 의
미를 남겼다.[38] 그해 5월부터 10월까지 진행된 여성 노동자 체불 퇴
직금 받기 투쟁으로 영등포산업선교회는 한국모방 노동자들과 단단
한 신뢰 관계를 구축할 수 있었다.

　이 퇴직금 받기 투쟁은 영등포산업선교회가 '노동자 권리 찾기
투쟁'을 시작한 후 처음으로 성공한 경우로, 이후 원풍모방과 영등포
산업선교의 노동운동 전개에 매우 큰 영향을 미친 노동운동이다. 퇴
직금 받기 투쟁 과정에서 조지송 목사는 한국모방 노동조합의 지도
력을 현장 노동자 중심으로 재편하여 1970년대를 통틀어 가장 강력

하고 대표적인 민주노조인 한국모방(1975년 '원풍'으로 개칭) 노동조합을 건설하는 데 밑바탕을 다지는 역할을 했다. 1972년 8월 17일 한국모방 민주노조 결성에 참여한 노동자들은 가톨릭 JOC 성우 회원 43명, 영등포산업선교회 소그룹 회원 70명, 영등포산업선교회 신용협동조합 회원 50명이었는데, 절대다수의 주력 노동자가 영등포산업선교회와 관련을 맺고 있었다.[39]

한국모방 노동조합은 1973년 6월 회사에 부도가 발생하자 수습대책위원회를 주도하여 연말까지 회사를 비상체제로 운영하다가 무사히 신임 경영진에 인계하는 저력을 보여주었다. 그 성과에 힘입어 1974년 2월 노동조합은 임시주총에서 회사 주식의 20퍼센트에 달하는 38만 주를 무상으로 양도받아 지부장 지동진을 전무이사로 선임, 10월까지 노사 공동 경영에 참여하기 시작했다. 회사가 부도나거나 새로운 경영주가 인수하게 되면 활동 중이던 노동조합이 존속되기 힘든 경우가 많은데, 한국모방 노조는 강력한 단결과 안정된 지도력을 바탕으로 위기에 처한 회사를 정상화시키면서 더욱 강한 노조로 성장하는 저력을 보여준 것이다.

지동진 후임으로 지부장에 취임한 방용석은 이듬해 1월 한국모방을 인수한 새 경영주 원풍산업과 새로운 노사관계 합의서를 체결하고, 노조명을 '원풍모방 노동조합'으로 바꾸었다. 지부장 방용석은 영등포산업선교회에서 평신도 교육과 노조 간부 교육을 받았으며, 순복음교회 출신의 보수적 신앙을 가진 사람이었다.[40] 방용석은 1972년 8월 17일 출범한 민주노조의 교육선전부장으로 노조 집행부에 들어가 부지부장을 거쳐 1974년 6월 11일 정기 대의원대회에서 지부장으로 선출되었다.

원풍모방이 유신체제의 무자비한 탄압 속에서도 강력한 민주노조로 10여 년간 존속할 수 있었던 것은 영등포산업선교회가 주축이 된 소그룹과 가톨릭 JOC 활동을 통해 노조원들의 의식이 성장한 것과 더불어, 지도부와 핵심 노조원들이 조직적으로 결합하여 강력한 지도체제를 유지했기 때문이다. 원풍모방 노조는 자체 활동뿐만 아니라, 해태제과 여덟 시간 노동투쟁 지원 서명을 받다가 네 명의 조합원이 남부경찰서로 연행된 것을 비롯해 방림방적 임금 체불 투쟁을 지원하던 장희수, 김두숙, 전경숙 조합원이 연행되는 등 타 회사의 노동 사건에 힘을 보태는 연대투쟁에도 앞장섰다. 원풍모방 노조는 1972년 9월 긴급조치 위반으로 정상범 지부장과 방용석 교선부장이 연행된 것을 시작으로 동일방직을 위한 기독교회관 기도회, 부활절 연합 예배 사건, 영등포산선 인명진 목사 재판 항의, 크리스챤아카데미 사건, YH 김경숙 추도 행사 지원, YMCA 위장 결혼식 사건 등 유신정권하의 굵직한 노동 사건과 공안 사건에 빠지지 않고 관여했다. 이에 따라 군부정권하의 공안기관들이 눈엣가시처럼 여기고 있었다.

1980년 서울의 봄 시기에는 '노동기본권확보 전국궐기대회'를 가진 후 한국노총회관에서 결행한 점거 농성을 주도했으며, 민주정부 수립을 앞두고 '헌법 개정을 위한 대토론회'가 열렸을 때는 원풍노조 방용석 위원장이 노동계 패널로 참여하는 등 민주노조 진영을 대표했다. 광주민주화운동의 피비린내가 가시기도 전인 1980년 6월 초 조합원들이 모금한 '광주 희생자를 위한 성금' 470만 원을 박순희 부지부장이 직접 싸들고 천주교 광주대교구 윤공희 주교에게 전달한 것은 광주를 언급하기조차 꺼리던 공포 분위기를 뚫고 결행한 것으로, 원풍 노조의 활동성을 잘 드러낸다. 결국 이 사건이 빌미가 되어 7월 16일 방용석 지부장과 박순희 부지부장을 비롯한 노조의 핵심 간부가 거의 모두 포함된 191명의 조합원이 이른바 '사회 정화 대상자'로 찍혀 지명 수배를 받거나 검거되고, 당국의 압력을 받은 섬유노조 중앙집행위원회에 의해 방용석 지부장과 박순희 부지부장이 제명되기에 이른다.[41]

검거를 피해 도피 중이던 방용석 지부장과 박순희 부지부장이 1981년 4월 자진출두하자 중앙정보부(안기부 전신)는 방용석과 박순희에게 각각 반공연맹과 보건사회부(현 보건복지부) 직원으로 취직할 것을 제안하며 회유했다. 그러나 두 사람은 이에 넘어가지 않고 원풍모방 민주노조 재건 의지를 불태웠다. 영등포산업선교회는 방용석과 함께 전 콘트롤데이터 노조지부장이었던 한명희를 현장 실무자로 채용하는 형식으로 2년간 활동비와 생활비를 지원했는데, 이는 노동운동을 측면 지원하는 것만으로도 상당한 위험 부담을 감수해야 했던 당시 상황에서 매우 파격적인 지원이었다.[42]

지난한 투쟁 과정을 거쳐 재건된 원풍모방 민주노조는 1982년 9월 27일 추석 무렵 노조 간부들의 일방적 해고에 이어 회사 측이 동원한 구사대에 의해 항의 농성 중이던 지도부와 조합원들이 강제로 회사 안 노조 사무실에서 쫓겨났다. 회사로 들어가지 못하게 된 해고 노조원 80여 명은 이후 2년 동안 영등포산업교회 회관에서 숙식하며 3차에 걸친 출근 투쟁을 전개했다. 1차 출근 투쟁에서는 조합원과 대학생 134명이 연행되었고, 2차 때는 197명이 연행되어 12명이 구류 처분을 받았으며, 3차 때는 130여 명이 출근 투쟁을 시도했다가 피신해 있던 노조 간부들이 체포되어 방용석 등 다섯 명은 구속되고 상임집행위 간부 다섯 명은 구류 20일을 받는 등 치열한 투쟁을 전개했다.

이 과정에서 MBC 9시 뉴스는 '원풍모방 극렬 노사분규'라는 기사로 사건을 왜곡 보도함으로써 노동계와 민주 진영의 공분을 샀다. 구속되어 징역 10월형을 언도받은 원풍 민주노조 지도부 여덟 명은 복역 기간을 채우기 직전인 8월 13일 특사로 석방되었다. 이들은 곧바로 회사 밖에서 노조를 재조직하여 해고된 조합원 80여 명과 함께 영등포산업선교회 회관에서 농성을 이어갔다.[43]

지도부가 구속되거나 도피 중이었지만 영등포산업선교회의 지원과 회관을 근거지로 삼은 조합원들의 강력한 단결력으로 2년간이나 탄압을 버텨낸 것이었다. 이러한 일련의 탄압과 저항은 군부독재 정권하의 민주노조로서 필연적으로 겪을 수밖에 없는 일이긴 했지만, 영등포산업선교회의 소그룹 활동과 지도력 훈련 과정에서 습득한 노동자의 정의로운 품성과 민주주의 실천, 공동체 생활 등 정신적 가치를 올바르게 체현해낸 결과물로서 의미가 있었다.

안타까운 것은 전두환 정권의 전 방위적 탄압이 전체 노동운동과 산업선교의 목을 죄어오던 1983년 1월 19일, 영등포산업선교회 회관에서 숙식을 하며 버티고 있던 원풍모방 민주노조원들과 영등포산업선교회 측이 입장 차이로 인해 결별할 수밖에 없었다는 점이다. 영등포산업선교회로서는 70~80여 명의 해고 조합원들이 회관에서 2년간이나 농성을 계속하고 있지만 산업선교 측의 지도를 받는 것도 아니므로, 지도부가 나타나 농성 노조원들과 함께 투쟁을 이끌어 현장으로 복귀하든지 깨지든지 해야 한다는 입장이었다. 그러나 수배로 인해 도피하면서 원격으로만 노조를 이끌던 원풍모방 민주노조 지도부는 이 제안을 수용할 수 없다고 거절했다. 영등포산업선교회도 정부의 탄압에 이어 교단으로부터도 온건하고 복음적인 방법으로 산업전도를 하라는 압박을 받고 있던 터라 원풍노조의 회관 농성을 무한정 허용할 수가 없었다. 자신의 존립을 위한 싸움도 버거워서 노동운동을 지원할 여력이 남아 있지 않았던 것이다. 그리하여 양측은 결별하고 원풍노조가 새로운 공간을 얻어 나가는 방향으로 정리하게 되었다.

영등포산업선교회와 결별한 것이 전화위복이 되었는지 원풍모방 민주노조는 더욱 강하게 뭉쳤다. 1982년 강제 해산 당시 남아 있던 조합비를 종잣돈으로 하여 특별투쟁기금 4840만 원을 만들어 사무실을 구입하고, 그곳을 거점으로 1984년부터 '한국노동자복지협의회'라는 이름으로 법외 노조 활동을 시작했다. 전두환 정권하에서 활발한 활동을 벌인 이 단체는 법외 노조의 이점을 활용하여 당시 첨예한 노동 쟁점이었던 '블랙리스트 철폐 및 해고 노동자 복직투쟁'을 주도했다.[44]

가열 찬 원풍모방 노동운동을 이끌었던 방용석 전 지부장은 후에 김대중 정부에서 새정치국민회의 비례대표 국회의원과 노동부장관을 지냈고, 노무현 정부에서는 근로복지공단 사장을 지냈다. 이후 원풍 민주노조는 2010년 8월 28일 '진실화해를 위한 과거사정리위원회'에 의해 신군부의 위법한 노조 해산과 블랙리스트로 인한 인권 침해 등을 받았음이 인정됐으며, 해고 노동자 156명의 명예가 회복되고 일부는 금전적 보상도 받을 수 있었다.

영등포산업선교회에서 노동조합 지도자 교육과 소그룹 활동을 익히고 지원받으면서 성장한 원풍모방 노동운동은 신군부 정권 하에서 마지막까지 버틴 민주노조였다. 신군부 정권과 언론으로부터 '산업선교의 못자리' 또는 '산업선교의 나바론'이라 불리며 노동운동의 명맥을 잇던 원풍모방 민주노조와 결별한 후 영등포산업선교회는 새로운 현장 노동자를 만나기 위한 모색을 시작했다.[45]

4

탄압과
저항

유신정권의 표적이 된
산업선교

1968년까지 영등포산업선교회의 활동은 정부 당국의 주목을 받지
않았다. 그도 그럴 것이 '산업전도' 시절의 활동은 노동자의 비참한
노동 현실을 심정적으로만 아파하고 그들에게 예수 믿기를 권유하
는 것이 고작이었기 때문이다. 종교 활동의 연장선에서 노동자를 만
나는 것만으로는 노동자 구원이 요원함을 깨달은 조지송 목사가 노
동문제에 개입을 시작한 1968~1970년 무렵까지도 영등포산업선교
회는 노동조합을 측면 지원하거나 간부 교육, 상담 등 간접적인 지원
활동을 했기 때문에 산업 현장을 관리하는 공안 당국과 직접 충돌할
여지가 적었다.

　　그러나 1971년 김진수 사망 사건과 1972년 한국모방 퇴직금
받아내기 투쟁에서 영등포산업선교회가 관여하여 중요한 역할을 하
는 것을 본 공안 당국은 경계의 눈초리로 지켜보기 시작했다. 이어서
유신체제가 선포되어 노동자단결권과 노동쟁의를 억압하는 노동 정
책이 강화되면서 공안 당국은 노동자의 편에서 일하는 산업선교 활

동을 반정부 활동으로 규정하고 제약을 가하며 압박을 해왔다.

1972년 10월 17일 유신체제가 시작되어 비상계엄이 선포되고 집회와 결사가 일체 금지되는 노동운동의 암흑기가 시작되었다. 조지송 목사는 마침내 올 것이 왔다고 생각했다.

"이건 뭐, 기업하고 싸우는 거는 아무것도 아니에요…. 백이면 백 번 다 문제가 안 돼요…. 정부만, 정치권력만 중립을 지킨다면 노동문제는 쉽게 해결돼요. 그게 정말 이상적인 얘기지만…."

당연히 군부독재에다 최고 권력자의 초법적 긴급조치를 연이어 선포하는 권력이 중립에 설 턱이 없었다. 기업은 정권 유지에 협조하는 대신 노동자의 집단행동 억제와 세금, 외자 도입 등에서 비호와 특혜를 받는 공생 관계였기 때문이다.

탄압의 첫 신호탄은 1972년 11월 28~29일 서울시경이 영등포산업선교회관을 강제로 수색함으로써 시작되었다. 서울시경은 수색의 이유도 알려주지 않고 영장 제시도 없이 다짜고짜 사무실을 살살이 뒤졌다. 이어서 12월 14~15일로 예정되었던 노조 간부 교육이 계엄사령부의 집회 허가 불허로 무산되는 일이 발생했다. 이듬해인 1973년 2월 9일에는 대한모방 기숙사 사생들과 동아염직 노동자들의 부당 노동행위를 중단해달라는 건과 관련하여 조지송 목사와 김경락 목사가 경찰에 연행되어 정보 3계에서 공산주의자가 아니냐는 식으로 취조를 받기에 이르렀다. 2월 28일 한국도시산업선교연합회는 조지송, 김경락 목사의 연행 수사에 항의하며 성명서를 발표하고, 두 사람이 소속된 대한예수교 장로회 총회장과 기독교대한감리회 감독에게 호소문을 보내 '도시산업선교를 위한 범교회적인 지원을 요청하며, 실무자의 신분도 범교회적으로 보장해줄 것'을 요청했다. 또한 기독교인 경영주들에게 보낸 공개서한에서는 다음과 같이 당부했다.

"대한모방(김성섭 장로)과 동아염직(이봉수 장로)의 부당 노동행위에 대한 영등포산선의 개입과 관련해서 산업선교 실무자는 경영주보다 가난한 노동자 편에 서야 함을 양지해주시고, 종업원들에 대한 강제 예배를 삼가하여 신앙의 자유를 존중해줄 것, 근로기준법을 지켜 산업사회 정의에 이바지해줄 것을 요청합니다."[2]

1973~1974년에는 김대중 납치 사건과 육영수 피격 사망 사건이 연이어 발생하면서 유신 통치에 의해 억눌려 있던 민주화 투쟁의 열기가 분출되기 시작했다. 1973년 10월 서울대학교를 시작으로 전국의 대학으로 유신 반대 시위가 확산되어갔다. 하지만 유신정권에 의해 1974년 1월부터 4월까지 긴급조치 1~4호가 연이어 선포되어 유신체제에 대한 비판이 금지되었고, 민주화 운동은 물론 노동자의 모임 자체가 원천 봉쇄되었다. 이에 따라 노동조합 활동이 급격히 위축되면서 노동 현장은 꽁꽁 얼어붙고 말았다.[3]

이를 타개하기 위해 소장 목회자로 구성된 수도권 특수선교 실무자들이 유신헌법을 비판하면서 개헌을 요구하는 성명서를 발표했다가 영등포산선의 김경락, 인명진 두 실무 목사가 다른 목회자들과 함께 구속되는 일이 발생했다. 조지송 목사도 성명서에 이름을 올리라는 권유를 받았으나 극구 사양하는 바람에 포함되지 않아 영등포산업선교회의 실무 목사가 모두 잡혀 들어가는 사태는 겨우 면했지만, 8월 최종 공판에서 김경락 목사는 15년, 인명진 목사는 10년 형을 선고받았다. 인명진 목사가 실무자로 부임한 지 채 1년도 안 되어서 일어난 일이었다.

조지송 목사는 두 사람의 석방을 위해 예장 총회에 선교 탄압에 적극 대응해줄 것을 요청했다. 12월 9일에는 기독교회관에서 인권 회복을 위한 기도회를 조직했고, 10일에는 세계인권선언일을 맞아 한국도시산업선교연합회를 통해 미국과 일본 정부, 기업인, 유엔인권위, 국제노동기구, 세계교회협의회(WCC) 등에 '한국의 노동자 권익과 인권 회복에 관한 공개 건의서'를 보냈다.[4]

인천도시산업선교회에서 감리교 산업선교를 돕던 미국인 선교사 조지 오글 목사가 긴급조치와 인혁당 사건 사형 집행을 비판하다가 추방된 것도 이 무렵의 일이다. 영등포산업선교회는 김경락, 인명진 두 실무자의 영치금 마련을 위한 바자회를 열고 면회를 조직하는 등 석방운동에 전념하여, 해를 넘긴 1975년 2월 15일 두 사람은 겨우 석방되었다. 영등포산업선교회 실무자에 대한 연행과 구금이 빈발하고 불순한 단체로 매도하는 일이 계속되자 예장통합 도시산업선교중앙위원회는 〈대한예수교장로회 도시산업선교의 기본자세에 대하여〉를 발표하여 산업선교에 대한 입장을 다음과 같이 밝히면서 산업선교를 적극 옹호했다.

• 산업사회에서 일어나는 노사문제를 해결하기 위해 능동적으로 참여할 것.
• 노사분규에서 노동자의 입장을 중시하고 기업의 횡포로부터 노동자를 보호할 것.

- 노동조합이 노동자의 권익을 대변할 수 있도록 자주성을 갖도록 노력할 것.
- 이익을 균등하게 분배함으로써 빈익빈 부익부 현상을 해소할 것.
- 도시 빈민들의 주택, 건강, 교육, 직업 등 인간적인 삶을 위해 노력할 것.
- 도시 산업사회에서 발생하는 인권 유린을 시정하도록 노력할 것.
- 이러한 일들이 복음 선교와 반공, 민주국가 건설의 유일한 길임을 믿을 것.
- 이러한 행동은 사회운동이나 정치운동이 아니라 복음 선교운동으로서 그리스도의 몸 된 교회를 기반으로 할 것.
- 교회 예산의 상당 부분을 도시 산업선교를 위해 사용해야 할 것.

1976년 8월에 같은 예장통합 영도교회 장로이면서 서울시경 제2부국장이던 김재국이 《한국기독교의 이해》라는 책자에서 산업선교를 공산주의라고 비방했다. 영등포산업선교회는 이를 조사하여 진실을 규명해달라는 공개서한을 총회에 보냈으며, 1977년 7월 14일에는 한국도시산업선교연합회 명의로 산업선교를 중상모략 하는 것에 대한 질의서를 국무총리에게 보내기도 했다. 예장통합 총회에서는 내부무장관에게 영등포산업선교회 강제 수사에 대한 진상 규명을 요청하는 공문을 발송했다. 이 시기 산업선교에 대한 탄압은 영등포뿐만 아니라 인천, 청주, 구미, 대전 각 지역의 산업선교 기관들에도 가해졌다. 1978년 2월 21일 감리교 인천도시산업선교회의 조화순 목사가 지원하던 동일방직에서는 회사 측이 보낸 남자 직원들이 노동조합 사무실에서 농성 중이던 여공들에게 똥물을 투척한 일이 벌어졌고, 경서노회 산업선교 실무자로 구미공단 지역에서 일하던 고애신 전도사는 공산주의자의 산업체 침투라는 거짓 공세에 시달리는 탄압을 당한 끝에 구미를 떠날 수밖에 없었다.[5]

1978년 4월 17일 인명진 목사가 청주도시산업선교회의 활빈교회가 주관한 '억울함을 당한 농민을 위한 기도회' 강사로 가서 미가서 2장 1절과 7장 3절을 중심으로 정권에 대해 비판적인 설교를 했다는 이유로, 5월 1일 긴급조치 9호 위반죄로 구속되는 초유의 사태가 발생했다. 인명진 목사를 구속한 부장검사는 같은 예장통합 소망교회 교인 이진우였다(그는 훗날 장로가 되었다). 인 목사가 인용한 미가서의 "이 망할 것들 밤새 못된 일만 꾸몄다가 날이 새면 해치우고…"로 시작되는 구절이 당시 일반 교회에서 사용되던 개역개정판보다 직설적인 공동번역판에서 가져온 것이어서 공안 당국이 더욱 민감하게 반응했던 것이다. 이에 영등포산업선교회와 조지송 목사는 신앙의 자유를 억압하는 인권 탄압이라며 반발했다. 성서 구절을 빌미로 목사를 구속한 것은 일제강점기에도 없던 일이어서 개신교계도 가만있지 않고 종교 자유를 보장할 것을 강력하게 요구했다.

인명진 목사가 구속된 날 서울지검 영등포지청은 영등포산업선교회 회관을 압수 수색하여 각종 서류, 회계 장부를 압수했다가 목회자인 실무자들이 갑근세를 납부하지 않았다며 135만 원의 세금을 추징했다. 이와 함께 조지송, 인명진, 명노선 세 실무자와 신용협동조합 직원 이선숙이 연행되어 회계 업무 전반 및 재정과 관련해 조사를 받았으며, 조지송 목사는 책임자로 불구속 입건되었다. 곧이어 6월

17일에는 재무부로부터 신용협동조합원 명단 제출을 요구받았는데, 영등포산업선교회가 이에 응하지 않자 국내 제1호로 인가받은 영등포산업선교회 신용협동조합을 재무부 감사를 거부했다는 이유로 인가 취소해버렸다.[6]

조지송 목사와 영등포산업선교회는 정권의 계속되는 공격에도 소그룹 모임을 지속적으로 열어 노동자 조직을 강화했으며, 인명진 목사 석방을 위한 기도회, 서명운동, 대책 활동 및 산업선교 관련 기관과의 공동 행동을 조직했다. 또 당시 진보적 신학지였던 〈기독교 사상〉에 구속돼 있던 인명진 목사와 여성 노동자 김혜란, 장남수, 전혜자의 옥중 서신을 게재해 양심적이고 신앙적인 산업선교를 탄압하는 독재정권에 대해 공분을 불러일으켰다.

그 무렵 산업선교와 관련된 모든 항의 집회, 기도회, 재판에는 소그룹 여성 노동자 회원들이 몰려와 구호를 외치며 저항 의지를 보여주곤 했다. 1978년 3월 15일부터 20일까지 기독교회관에서 조지송 목사를 비롯한 산업선교 실무자들이 단식농성을 할 때 같은 건물에 있는 기독교방송이 보도를 하지 않는다면서 분개한 소그룹 여성 노동자들은 기독교방송사로 올라가 항의를 하기도 했다.

노동 현장에서 탄압으로 단련된 여성 노동자들은 자신들에게 힘이 되어준 영등포산업선교회와 실무자들이 당하는 고난을 구경만하고 있을 수 없었던 것이다. 여성 노동자들은 용공 매도에도 넘어가지 않고 "이렇게 좋은 일을 하는 목사님들이 용공이라면⋯ 나도 용공하겠다"라고 나올 정도였다.[7]

조지송 목사와 영등포산업선교회는 총회 차원에서 인명진 목사의 석방을 위해 노력해달라고 촉구했다. 이후 150여 명의 예장통합 목사들이 '예장산업선교 수호위원회'(위원장은 차관영 목사)를 결성하고, 기도회와 세미나를 통해 정부의 탄압에 적극 대응했다. 예장통합 총회 전도부 도시산업선교중앙위원회는 〈산업선교의 원리와 지침〉이라는 신학 문서를 만들어 제63회 총회의 인준을 받았다. 도시산업선교중앙위원회는 이 문서를 통해 산업선교 활동의 신학적 근거와 활동 범위를 명시하고, 외부적으로는 탄압으로부터 산업선교를 보호하면서 내부적으로는 산업선교를 대중화하려 노력했다.[8]

정부의 탄압과 왜곡 선전에 맞서 산업선교를 신학적으로 뒷받침하려는 움직임은 진보적 교회들의 연합체인 한국기독교교회협의회(이하 NCCK)를 통해서 체계화되었다. 1978년 8월 NCCK는 산업선교에 대한 악선전을 불식하고 바른 이해를 돕기 위해《산업선교를 왜 문제시하는가?》라는 소책자를 출판했다. 이 책에는 조지송 목사의 〈산업사회의 문제점과 특성〉, 인명진 목사의 〈노동문제와 산업선교〉, 소그룹 회원인 장남수의 〈노동자가 드리는 기도〉, 구치소에 갇혀 있던 인명진 목사를 추억하는 산업선교 회원의 글 〈내가 본 인명진 목사님〉 등이 특집으로 실려 있다.

또 NCCK 신학문제위원회와 도시농어촌선교위원회는 9월 5~7일 아카데미하우스에서 '산업선교신학정립위원회'를 결성하고 신학자들의 산업선교에 대한 연구 결과를 모아 〈산업선교신학선언〉을 발표했다. 이러한 교회의 다양한 지지와 변호에 힘입어 조지송 목사와 영등포산업선교회는 산업선교의 정당성을 더욱 확고하게 주장해 나갈 수 있었다.

국내뿐 아니라 해외 교회와 언론에도 지지를 요청하고 홍보에 힘을 쏟았다. 영등포산업선교회로 선교사를 파견해 동역하는 호주 교회와 독일, 미국 교회로 '눌린 자와 함께'라는 글귀를 새긴 페넌트와 열쇠고리를 다량으로 만들어 보내 한국의 인권 상황과 노동자 탄압 실태를 국외에 알리는 데 효과적으로 활용했다. 조지송 목사는 특히 외국 교회와의 연대가 정부의 탄압에 대응하는 데 도움이 된다고 판단하여 '한일도시산업선교협의회'가 인명진 목사의 석방을 위해 노력해줄 것을 요청하고, 한국과 일본의 교회가 협조하기로 합의하는 등 외국과의 접촉을 넓혀갔다. 이런 움직임은 외국의 여론에 민감한 유신정권으로서는 적잖이 부담이 되었을 것이다. 1978년 6월 17일 호주 교회의 파송을 받아 영등포산선에서 일해오던 라벤더(Labender, 한국명 라병도) 선교사가 비자 연장이 거부되어 공항에서 신발이 벗겨진 채 추방된 것도 라벤더를 통해 외국으로 한국의 상황이 알려지는 것을 막기 위한 유신정권의 횡포였다.[9]

박정희 유신정권의 산업선교 탄압은 1979년 8월 11일 신민당사에서 농성 중이던 YH 노동자들을 경찰이 해산시키는 과정에서 여성 노동자 김경숙이 사망하는 사건이 발생하자 절정에 달했다. 공안 당국은 이 YH 신민당사 농성사태에 대해 용공 단체인 산업선교가 철없는 노동자들을 선동한 것으로 규정했다.

"YH 노조 간부들이 무산계급이 지배하는 사회를 건설하는 것이 기독교의 사명이라고 표방하는… 산업선교 목사들의 조종을 받아 사회 혼란 조성, 국가사회 변혁을 획책했다."[10]

그러면서 배후 조종 혐의로 인명진, 문동환, 이문영, 고은, 서경석 등을 YH 노조 간부 세 명과 함께 구속해버렸다. 정부는 YH 사건 직후 '산업체 등에 대한 외부세력 침투실태 특별조사반'을 대검찰청에 설치하여 8월 17일부터 30일까지 조사 활동을 벌였다. 조사를 마친 후에는 "산업선교에 용공 혐의는 없지만, 일부 소수의 '도산' 목사들이 산업선교를 한다는 명목하에 복음 전파 등 순수 종교적 차원이 아니라 근로자들에게 노동관계 법규를 위반하면서 불법적인 투쟁 방법을 교사, 선동한 사례도 발견되었""다고 발표했다. 도시산업선교회를 '계급의식을 조장하고 근로자들에게 계급투쟁을 부추김으로써 불법적인 노사분규를 선동하여 사회 혼란을 일으키는 불순 단체'로 매도한 것이다.

그리고 언론에 정부의 입장을 일방적으로 보도하게 했다. MBC TV(1979년 8월 14일)가 왜곡 보도에 앞장을 섰고, 〈서울신문〉(1979년 8월 21일), 〈중앙일보〉(1979년 8월 24일), 〈한국일보〉(1979년 8월 28일), 〈경향신문〉(1979년 8월 28일) 등 중앙 일간지들이 일제히 도시산업선교를 매도하는 기사를 실었다. 이즈음 조지송 목사에게 1964년부터 생활비를 지원해오던 영락교회(박조준 목사)가 더 이상 후원할 수 없다면서 지원을 끊었는데, 이것도 중앙정보부의 압력에 의한 것이었다."

YH 사건과 10월 15일 발생한 부마항쟁 시위는 마침내 유신정권이 스스로 종말을 고하는 계기가 되어 열흘 뒤 박정희가 암살당하는 결과를 낳았다. 10·26사태로 박정희가 죽자 기독교 운동권에서는 하나님의 심판을 받은 것이라는 의미에서 YH 사건의 이니셜을 빗대어 '야훼(YAHWEH, '하나님'의 히브리어 발음) 사건'이라 부르기도 했다." 정당하면서 성서적으로도 진리일 수밖에 없는 산업선교 활동을 탄압으로 일관한 독재정권의 횡포에 끝까지 굴복하지 않고 저항한 산업선교는 마침내 하나님의 정의가 이루어지는 감격을 맛본 것이었다.

유신정권의 계속된 탄압의 와중에서도 영등포산업선교회의 최고 책임자였던 조지송 목사는 연행되거나 구류 외엔 실형을 받지 않았는데, 이를 두고 '저 혼자 감옥에 가지 않고 아랫사람들만 고생시켰다'고 오해하는 사람들이 더러 있다. 하지만 이는 사정을 잘 모르고 하는 말이다. 조지송 목사는 북한에서 몇 번이나 목숨이 왔다 갔다 하는 좌우익의 싸움을 지켜보았으며, 월남 이후 여러 번 죽을 고비를 넘기면서 살아남는 과정에서 본능적으로 자신에게 불리한 언동을 하지 않는 습관이 몸에 배어 있었다. 노련한 대공 수사관의 질문에 "나는 오직 고통받는 노동자를 편들기 위해서 합법적으로만 일한다"라고 일관된 진술을 함으로써 불필요한 정치적 판단이나 괘씸죄에 걸려들 여지를 주지 않았을 뿐이다.

1970~1980년대 민주화운동 과정에서 지식인이라면 반독재 투쟁에 앞장서야 한다는 명분과 의무감에 그들이 반정부 발언과 비판을 가할 때 조지송 목사는 공식석상에서 정치적 발언을 거의 하지 않고 오직 노동자의 권리와 노동 현장의 문제에 대해서만 말하고 관여해왔기에 당국이 문제 삼을 부분이 노동 관련법 위반 외엔 거의 없었던 것이다.[14] 그래서 처벌할 구실을 찾기 위해 신용협동조합과 영등포산업선교회의 재정을 샅샅이 감사했으나 그마저 잘못이 없으니, 그동안 한 번도 성직자에게는 부과된 적이 없던 갑근세를 추징하고 언론을 동원해 불순 세력이라는 딱지 붙이기를 시도했던 것이다.

신군부의 대탄압과
용공 매도

박정희가 죽고 난 후 쿠데타를 통해 등장한 신군부는 분출하는 민주
화 요구를 억누르고 1980년 5월 18~27일 광주시민들을 폭도로 몰
아 학살하면서 민주화의 꿈을 일거에 짓밟아버렸다. 민주인사에 대
한 일제검거령(예비구금)이 내려진 가운데 5월 17~18일 이틀 일정으
로 임마누엘 수도원에서 영등포산업선교회의 신앙수련회를 인도하
던 인명진 목사가 수련회 첫날 연행돼 구속되었다. 그때 조지송 목사
는 5월 3일부터 호주에서 열리는 WCC '세계교회선교대회'에 참석
했다가 귀국길에 일본을 경유하던 중 광주 소식을 들은 주변의 만류
로 귀국을 미루고 있다가 7월 13일 귀국하자마자 회관에서 곧바로
합동수사본부로 연행되어 조사를 받았다. 곧이어 16일에는 실무자
신철영까지 영등포경찰서로 연행되어 산선 핵심 실무자 세 명이 한
꺼번에 구금되면서 산선은 마비 상태에 빠지게 되었다.

　　인명진 목사는 7월 15일 서대문구치소에 송치됐다가 8월 9일
석방되었는데, 심한 매질과 고문을 당해 만신창이가 된 몸이었다. 조

지송 목사도 중앙정보부 남산분실 지하실에서 '까딱하면 죽을 수도 있다'는 협박을 받으면서 밤샘 수사를 받았고, 신철영은 광주민주화운동을 알리는 유인물을 배포했다면서 일주일간 조사를 받았다. 이들뿐 아니라 산업선교와 한 번이라도 관련을 맺은 민주노조 지도자들과 영등포산업선교회 회원 70여 명을[15] 포함한 이른바 '도산계(都産界)' 노동운동가 500여 명도 합동수사본부로 연행되어 조사를 받았다. 이들의 일부는 '정화 조치' 대상으로 블랙리스트에 올라 공장에서 쫓겨나거나 삼청교육대에 강제 입소되어 폭력배 취급을 받으며 모진 구타와 체벌을 당한 후 풀려났다.

한때 노동자로 붐비던 영등포산업선교회 회관은 정부 당국이 보낸 정보·권력기구 기관원들의 삼엄한 감시망에 둘러싸여 드나드는 이들을 찾아보기 어려울 정도로 위축되었다. 보안사, 중앙정보부의 정보 팀과 서울분실, 영등포경찰서, 시경, 치안본부 등이 골목을 사이에 두고 회관과 마주 보는 여관에 상주하면서 감시했다.[16] 소그룹 회원 노동자들은 블랙리스트에 올라 직장을 구할 수도 없게 되었고, 이른바 '3자 개입 금지법'으로 산업선교와 외부 단체가 노동운동을 지원할 수 없도록 법적 장치가 만들어져 이전처럼 노사문제에 개입하는 것이 불가능해졌다.

신군부의 무지막지한 탄압과 광주의 비극적 사건 속에서 영등포산업선교회는 1980년 6월 1일부터 40일간 시국을 위한 연속기도회를 선포하고, 모든 회원들이 합심해서 민족과 나라, 고난받는 노동자, 산업선교와 구속된 실무자를 위해 기도를 시작했다. 매일 오전 6시부터 밤 10시까지 누구든 예배실(3층 강당)에 와서 기도하도록 했

는데, 7월 10일까지 연인원 313명이 참가했다." 영등포산업선교회
노동교회는 10월 24~26일에도 고영근 목사를 강사로 한 신앙 강좌
를 열어(800여 명 참가) 영적 위로와 용기를 불어넣으려고 애썼다. 또
한 8월부터 산선 회관에 도서실과 음악실을 마련해 독서, 클래식 음
악 감상과 노래 부르기, 영화 상영 등 문화 활동으로 놀라고 상처 입
은 마음을 정화하도록 배려했다.

1981년 1월 조지송 목사는 몸과 마음이 지치고 피폐해져 있던
인명진 목사를 그대로 두면 큰일이 날 것 같아 호주 연합장로교회 세
계선교부 총무 존 브라운 목사에게 부탁하여 호주에서 건강도 추스
르고 연구도 하도록 위원회에 제안하여 허락을 받았다. 인명진 목사
는 영등포산업선교회를 후원해온 호주 연합장로교회 회원 교회들을
방문하면서 가져간 목걸이와 열쇠고리를 전달하며 영등포산업선교
회와 해고 노동자를 위한 후원과 기도를 요청하여 뜨거운 지지를 받
았으며, 그는 건강을 회복해 2년 후 귀국했다.

1981년 8월 3일 실무자 신철영이 이태복 등과 함께 전국민주
노동자연맹 결성과 관련해 연행되어 2년형을 받아 수감되자 영등포
산업선교회는 또다시 구속자를 위한 특별예배를 전국 교회에서 실
시해줄 것을 요청하여 10월 25일 전국적으로 특별예배가 드려졌다.
신철영은 남영동 대공분실에서 고문을 받은 후 구속되었다가 이듬
해 5월 집행유예로 풀려났다.

1982년 4월 18일 신·구교 사회선교 연합체인 한국교회사회선
교협의회(사선협)가 주최한 구속자를 위한 기도회에 참석한 사회선
교 실무자 일동의 이름으로 부산 미국 문화원 방화 사건과 관련해 미

국을 비난하는 성명이 발표되었다. 성명에 참여한 김경락, 인명진 두 목사가 연행되어 조사를 받았고, 이 성명서를 기화로 산업선교에 대한 대대적인 악선전이 시작되었다. 정부는 이 성명서를 '반미적이고 용공적인 도산이 조종한 것'이라고 강변하면서 약 한 달 동안 산업선교에 대한 왜곡되고 조작된 내용을 모든 언론으로 하여금 조직적으로 보도하게 했다.[18]

친정부적 강경 보수 단체인 재향군인회, 참전용사회, 자유총연맹 등의 회원들이 협박 편지와 전화 공세를 조직적으로 펼치고 성명을 발표해 산업선교를 "용공 불순분자, 혁명 세력, 반미 단체, 해방신학 지지, 남미 게릴라 운동과 연관됐다"라며 온갖 과격한 용어를 동원해 몰아붙였다. 또 이러한 내용을 알기 쉽게 쓴 중앙정보부 직원 출신 홍지영의 《이것이 '산업선교'다》라는 책자가 관공서, 은행, 학교, 언론사, 일반 사업체에 광범위하게 뿌려지기도 했다. 홍지영은 이 책 외에도 여러 이름으로 비슷한 논리로 된 내용의 《한국기독교와 공산주의》, 《정치신학의 논리와 행태》, 《산업선교는 무엇을 노리나》, 《산업선교를 왜 문제시 하는가》 등의 소책자도 만들어 뿌렸다. 그뿐만 아니라 각종 친정부 단체와 기업체에서 강연을 하며 산업선교를 비방했다.

산업선교 문제를 보도하는 방송과 기사는 영등포산업선교회 회관과 간판을 클로즈업하여 영등포산업선교회가 산업선교의 대명사처럼 되었으며, 회관 주변 초등학교 어린이들까지 "저곳에 빨갱이들이 우글거린대…" 하면서 겁을 집어먹고 회관 앞길을 피해 멀리 돌아갈 정도가 되었다.

그리고 영등포산업선교회 회원 노동자에 대한 탄압도 병행되었다. 따돌림을 하거나 출퇴근이 불가능한 지방 공장 또는 힘든 부서로 이동시키는 것은 기본이었고, 노조 탈퇴와 함께 산업선교를 비판하도록 강요하고, 듣지 않으면 온갖 구실을 붙여 해고했다. 산업선교 회원이거나 민주노조 활동을 한 경력이 있는 노동자의 명단인 블랙리스트가 나돌아 해고 노동자들은 재취업이 불가능하게 되어 생계마저 위협받았다. 이런 공작은 영등포뿐만 아니라 산업선교가 활동하던 인천과 부평, 청주, 마산, 창원, 구미 등지에서도 마찬가지였다.

산업선교 회원인 노동자가 해고되거나 수배되어 산업선교 및 노동조합과의 연결고리가 약화되면서 민주노조들이 하나씩 차례로 파괴되어 나갔다. 1982년 여름까지 전두환 정권의 모진 탄압을 끝까지 버텨내고 있던 영등포 지역의 민주노조는 콘트롤데이터와 원풍모방 노동조합 두 군데밖에 없었다.

신군부의 탄압이 계속되던 1982년 7월 콘트롤데이터가 철수하는 과정에서 해고 노동자 문제가 불거졌다. 정부와 언론은 콘트롤데이터가 산업선교의 사주를 받은 노동자들의 강경 투쟁 때문에 망해서 철수한다고 왜곡 선전을 했다. 콘트롤데이터 본사의 정책이 구형 컴퓨터 부품에서 데스크형 컴퓨터 부품 생산 쪽으로 변경되어 한국 공장을 폐쇄키로 한 것뿐인데, 정권 측은 산업선교를 고립화할 절호의 기회로 보고 이를 악용한 것이었다. 이때 "'도산(도시산업선교)'이 들어오면 도산한다"라는 허무맹랑한 선전이 나돌았다.[19] 9월에는 남아 있던 유일한 민주노조였던 원풍모방 노조지도부가 조합사무실에서 구사대의 폭력에 쫓겨나고 도피 중이던 간부들이 한꺼번에 구속되는 일이 발생했다.

이에 맞서 8월 5일에는 NCCK 청년위원회 주관으로 '콘트롤데이터 사태와 구속자를 위한 기도회'가 열렸다. 9월 13일에는 예장통합의 진보적인 소장 목회자 그룹인 새시대선교연구회와 현대목회연구회가 공동으로 '예장 산업선교의 어제와 오늘'을 주제로 한 공개강좌를 열었다. 이들은 산업선교의 정당성을 주장하며 교단 총회에 산업선교 수호 의지를 표명하기를 촉구했다. 9월 말 제67회 예장 총회는 '구속된 사람들을 위한 예배 주일'(10월 31일)을 지키기로 결의하고, 영등포산업선교회를 비롯한 교단의 산업선교 처리 문제를 교회와 사회문제대책위에 위임했다.

11월 14일 개신교 6개 가맹 교단으로 구성된 NCCK는 '선교자유 수호를 위한 연합기도회'를 열고 특별히 원풍모방 노동조합 탄압사태를 보고하고 그들을 위해서 기도하는 순서를 가졌으며, 산업선교의 이해를 돕는 〈선교 현장과 선교 자유〉라는 팸플릿을 배포했다. 11월 29일부터 12월 1일까지 한국교회산업선교정책협의회도 비상대책회의를 소집하여 산업선교 수호 결의대회를 열었다.

1982년 대탄압은 이전의 산업선교에 대한 탄압보다 훨씬 치밀하고 집요하게 이루어져 공안 당국은 이번 기회에 산업선교를 말살하고야 말겠다는 의지를 내비쳤다. 실무자들을 잡아들여 고문하고 겁박하던 유신정권과 달리, 신군부는 통폐합으로 길들인 언론을 동원한 교묘한 악선전과 왜곡 보도를 활용했다. 저명한 보수 인사들을 TV와 중앙 일간지에 등장시켜 산업선교를 비판하는 주장을 지속적으로 내보내게 함으로써 여론 조작에 치중했다.[20]

이제 산업선교는 노동자에 대한 지원은커녕 자신의 안위를 지켜내는 것도 버거워진 상태가 되었다. 공장 내의 노동자 소그룹 조직은 대부분 파괴되었고, 회원들은 직장에서 쫓겨나 극소수를 제외하고는 개별화되고 말았다. 영등포산업선교회는 교단으로부터도 활동 면에서 보다 온건하면서 교회적인 방법을 사용하도록 요구받아 실무자들이 의욕을 잃어갔다. 조지송 목사도 평소 앓던 편두통이 심해져 자주 입원해야 했다. 당시 조지송 목사의 후임으로 영등포산업선교회에 와서 총무로 일했던 인명진 목사는 산업선교에 대한 전두환 정권의 공격을 받던 이 시기를 '선교 100년을 통틀어 가장 불행했던 봄'으로 규정했다.²¹

'도산都産'이 들어오면
도산倒産한다?

산업선교에 대한 공권력의 탄압은 한국의 정치적, 경제적 상황과 분리해 생각할 수 없는 연관성을 갖는다. 집권 과정에서부터 정당성을 인정받지 못한 군부정권은 일부 정치군인들과 독점자본의 지지를 받아 겨우 정권을 유지할 수 있었다. 독재정권은 외국에서 들여온 차관과 원조를 배분하는 과정에서 이익의 독점을 기업주에게 보장해주는 대신, 기업주는 국가의 경제 정책에 순응하고 최고 권력자에게 통치 자금을 헌납하는 관계를 맺고 있었던 것이다. 극심한 저임금과 노동조합 탄압 등 살인적인 노동조건에 대한 불만이 잠재된 상태에서 산업선교와 노동운동이 결합하여 폭발적인 사태로 분출될 것이 두려웠던 기업과 독재정권은 노동운동을 지원하는 산업선교를 막을 필요가 있었다. 조지송 목사는 이렇게 말했다.

"그러니까 (…) 진정서가 들어가면 회사가 기분 나빠하는 거 이상으로 노동부에서 또 기분 나빠해요…. 말인즉, 점잖게 '존경하는 노동청장 귀하' 이렇게 썼지만… 사실 이게 구역질나거든…."

정부가 초기의 산업선교에 관대했던 것은 노동운동의 성장과 관계없는 단순한 포교 활동이었기 때문인데, 1960년대 말부터 산업선교가 노동조합 지원에 주력하면서 노동자의 대(對)자본 교섭 능력이 커지자 기업과 권력은 독점 이익이 위협받는다고 생각하게 되었다.

경영학적 측면에서 볼 때 적정 임금이 보장되지 않으면 넓은 의미에서 경쟁력을 상실하게 되어 기업의 존립이 어려워질 것이지만, 대부분의 한국 기업은 노동자에 대한 분배 확대를 통해 경영을 합리화하는 정공법을 사용하지 않았다. 반면 손쉽게 공권력의 힘을 빌려 노동자를 억압함으로써 문제를 덮어버리고 눈앞의 단기적 이익만 취하려 들었다. 이때 산업 현장의 공정한 관리자여야 할 정부가 기업주 편을 들어주기 위해서는 적절한 명분이 있어야 하는데, 이를 위해서 '산업선교가 노조를 부추겨 기업 활동을 못 하게 하고 결국 기업을 망하게 하여 사회 혼란을 가져올 것이므로 산업선교를 막아야 한다'는 논리를 만들어낸 것이다.

이렇게 산업선교가 반기업적 집단으로 매도되는 것에 대해 조지송 목사는 정반대의 입장을 피력한다.

"나는 오히려 산업선교가 기업을 돕는다고 본다. (…) 노동자의 정당한 요구를 수용하여 생활이 가능한 적정 임금을 지급하고 인간적 대우와 쾌적한 근무 환경을 만들어 기업의 생산성이 높아지고 사회적 존경을 받으면 기업에 훨씬 유익하지 않은가?"

기업이 반노동자적 운영으로 단기적 이익을 취하는 것보다 길게 내다보며 노동자 친화적으로 운영하면 궁극적으로 큰 이익이 된다는 것이다. 오늘날 기업의 가치를 단순 생산액 수치보다 사회 공헌 측면에서 평가하는 흐름이 지배적임을 비추어볼 때, 조지송 목사와 영등포산업선교회가 추구했던 산업선교 방향은 정당할 뿐 아니라 도덕적으로도 훨씬 우월했음을 알 수 있다. 조지송 목사가 입버릇처럼 "산업선교야말로 노동자뿐만 아니라 기업주까지 천국에 가게 하는 진정한 선교"[22]라고 말해온 것은 바로 이런 맥락에서 나온 표현이다. 이런 생각을 밑바탕에 깔고 산업선교를 해왔는데, 기업의 도산을 노리고 노동운동을 한다니, 가당치도 않은 소리였다.

당연히 1970~1980년대를 통틀어 영등포산업선교회가 개입한 노동운동이 원인이 되어 기업이 도산한 경우는 찾아볼 수 없다. 오히려 산업선교가 개입해 조직된 민주적 노동조합이 활동했던 시기 대부분의 공장에서 생산성이 평소보다 높아지는 사례가 많고, 원풍모방의 경우를 보듯 부도가 난 회사를 노동조합이 협력하여 공동 경영을 통해 정상화하거나 아예 인수하여 노동자 지주회사로 전환하는 사례도 있었다.[23] 노동부 통계에 따르면 1979년 말 도시산업선교가 들어간 기업이 130개 업체였는데, 그중 산업선교가 침투해서 폐업했다고 주장하는 곳도 콘트롤데이터 한 곳뿐이고, 그마저 허구라는 것이 밝혀졌다.

조지송 목사는 일부 노동운동이 과격함을 띤다고 해서 무조건 회사를 망하게 하려고 날뛰는 불순분자 취급을 하는 것은 성숙한 사회가 취할 입장이 아니라고 일관성 있게 말해왔다. 또한 조 목사는 노동자의 과격한 돌출 행동은 기본 인권과 노동권을 빼앗긴 상태에서 자유를 요구하는 본능적인 저항일 뿐, 사용자가 노조를 대등한 파트너로 인정하고 합리적인 교섭을 한다면 절대로 생기지 않을 문제라고 역설했다. 그래서 조지송 목사는 산업 평화를 유난히 강조했다. 영등포산업선교회의 지도자 교육과정에서 빠지지 않는 주제가 바로 산업 평화였다. 그는 "평화란 힘의 균형에 의해 보장되므로 기업주가 가진 힘(자본력)만큼 노동자도 힘(단결력)을 가져야 산업 현장에서 진정한 평화가 이루어질 수 있다"라면서 기업에 비해 상대적으로 힘이 없는 노동자와 노조를 지원해야 하는 근거를 밝혔다. 또 한 번은 누군가가 회사 측의 불법 처사에 분노를 참지 못하고 농담 삼아 생산 라인을 못쓰게 만들어버려야겠다고 말하자, 조지송 목사는 펄쩍 뛰면서 오직 정정당당하게 교섭을 하고 평화적인 방법만을 사용해 요구를 관철해야 한다고 가르쳤다.

"무슨 소리여? (…) 농담으로도 그런 말 말어…. 법을 지키라고 요구하는 우리가 불법을 행하면 노동운동의 정당성을 부인하는 거잖아…. 사장은 미워하더라도 공장 시설만은 내 집같이 여겨야 해. (…) 노동자의 힘은 그렇게 정당성에서 생겨나는 거야."[24]

콘트롤데이터의 철수 결정 과정에서 정부가 산업선교 때문에 철수한다며 '도산(都産)이 들어오면 기업이 도산(倒産)한다'고 악선전을 시작하자 영등포산업선교회를 비롯한 산업선교 단체들은 이를 심각한 명예훼손으로 여기고 강력히 반발했다. 정부가 과격한 노동투쟁으로 인해 도산했다고 선전한 콘트롤데이터는 사실 노동운동 때문이 아니라 본사의 정책에 따라 구형 생산 라인을 폐쇄한 것일 뿐이었기 때문이다. 그 와중에 '도산이 들어오면 도산한다'는 터무니없는 마타도어에 대해 조지송 목사는 "영산(永産, 영등포산업선교)이 들어가면 천산(天山, 하나님 나라)이 강림한다"라고 웃으며 맞받아치는 여유를 보였다.

1982년 3월 콘트롤데이터 노조는 일방적으로 해고된 노조 간부들의 복직을 요구하며 미국 본사와 미국 대통령, 노동부장관, 기독교계에 호소문을 보냈다. 그러자 미국 교회가 본사에 강력히 항의하여 본사는 주주총회에서 노동 탄압 사태에 책임을 물어 한국 담당 이사와 한국 대표이사를 해임했다.

문제 해결을 위해 한국에 온 부사장들과 노조 대표들이 6월 3일 노조사무실로 몰려든 조합원들과 새벽 2시까지 대화를 했는데, 이것을 인질 사건으로 오해한 본사가 한국 경찰에 도움을 요청하여 조합원 40여 명이 남부서에 연행되어 조사를 받고 일부는 구타를 당하는 사건이 벌어졌다. 이에 항의하여 7월 10일 조합원 50여 명이 노동부장관 면담을 요구하며 농성을 하다가 경찰에 연행되었고, 13~15일에는 청소부 아줌마들이 노조 간부들을 감금하여 구타하다가 19일 "도산계 한명희는 물러가라. 회사는 우리 손으로 세우겠다"라는 플래카드를 걸고 농성을 했는데, 이를 언론이 집중적으로 보도하면서 사건화가 되었다.[25]

미국 교회가 한국 공장에서 발생한 노조원에 대한 선별적 해고 사태와 공장 철수가 산업선교 때문이라는 근거 없는 모략을 문제 삼으면서 파문이 커지자, 미국 본사는 공장 폐쇄 이유를 회사가 컴퓨터 칩(부품) 생산 회사로 전환하면서 미세 조립 공정이 필요치 않게 된 생산 라인을 폐쇄하는 것이며, 이미 한국 공장뿐만 아니라 세계 각국에서 수천 명이 임시 휴직하거나 340명이 해고된 상태라고 발표했다. 이어서 7월 23일 미국 대사관 리처드슨 정치 담당 서기관과 스트

라우스 노무관이 영등포산업선교회를 방문하여 언론의 왜곡 보도로 산업선교가 오해를 받는 것에 사과하면서, 공장 폐쇄 이유가 노사분규나 산업선교 때문이 아니라 회사 자체의 기술 혁신 프로그램에 의한 것임을 보도한 외신 자료를 전해주었다.

그럼에도 언론을 동원한 악선전이 먹혀들어 "도산이 들어오면 도산한다"라는 구호가 시중에 회자되면서 규모가 큰 공장에는 '도산회원' 명단이 포함된 이른바 블랙리스트와 함께 도산계 노동자를 판별하는 체크리스트가 배포되기까지 했다. 주로 '친절하게 접근하여 좋은 프로그램이 있다고 소개하든가, 퇴근 시간을 정확하게 지키고, 모임을 함께하자고 권유하는 점잖은 직원이면서 회사에 대한 불만을 이야기하는' 동료 노동자를 경계하라는 것이었다. 회사 관리자들도 산업선교회 활동을 하는 것으로 의심이 되는 노동자에게는 누구랑 만나고 무슨 이야기를 했는지 꼬치꼬치 캐묻기도 하며 감시의 눈초리를 거두지 않았다.

이는 그만큼 산업선교회의 노동운동이 기업과 정권에 큰 자극과 도전이 되었다는 것을 말해준다. 산업선교회는 이러한 악선전에 의해 사회로부터 문제 집단으로 치부되어 차츰 고립화되는 반면, 양심 세력과 민주화운동 진영 및 세계 교회로부터는 군부독재정권의 탄압에 맞서 저항하는 한국 민주화의 보루로 비춰져 찬사와 지지를 한 몸에 받았다.

세계의 눈이
영등포로 향하다

억압받는 노동자를 지원하는 한국의 산업선교가 군사정권으로부터 탄압을 받는다는 사실이 외국에 알려지기 시작하자 유수한 외국 언론이 관심을 갖기 시작했다.

"〈워싱턴 포스트〉나 〈뉴욕 타임스〉 같은 미국 언론사의 한국 지사나 일본 특파원들이 산선의 노동운동을 빈번하게 기사화했어…. 왜냐하면 그 내용(노동 현장의 모습)이 가히 1세기 전의 이야기거든…. 아직 지구상에 이런 데가 있다는 것을 알려야 할 사명감이 그들에게 있었던 거지."

"그들이 와서 직접 취재해 갔어요?"

"그러니까 우리한테 와서 호소문을 가져다가 번역도 하고…. 뻔질나게 우리 회관으로 외신 기자들이 출근하다시피 왔지."

"아, 그땐 그랬구나."

"산업선교가 세계 각국의 일반 신문에 매일 났어. (…) 국내에서는 좋게는 하나도 안 났지만…."[26]

조지송 목사의 입장에서 볼 때 외국 언론은 산업선교를 잘 이해하고 있어서 우호적 기사를 써주는 든든한 지원 부대 같은 존재였다. 조지송 목사의 영어 소통력도 큰 도움이 되었다. 아무래도 외국 언론사의 특파원이나 기자를 상대하려면 산업선교의 입장을 영어로 정확하게 표현해야 하기 때문이다. 한국에 관한 기사가 드물었던 1977년 1월 3일 자 〈타임〉은 조지송 목사를 소개하는 기사를 실었다. '서울에서 들려오는 노동자들의 외침'이라는 제목으로 실린 기사를 보면 다음과 같다.

　　"22세의 장 양은 버스 안내양직에서 해고당했다. 그녀는 서울 외곽 영등포에 위치한 한 사무실에서 근심 어린 표정으로 고된 삶을 풀어놓고 있다. (…) 한 달 60달러씩 받는 직업에서 해고된 사람은 그녀뿐만 아니다. 그녀는 감독자가 거칠게 손목을 비틀어 꺾는 등 육체적 폭력을 당하기도 했다. (…) 그녀 앞에서 파란 셔츠를 입은 허름한 노동자 차림의 남자가 양말 신은 발을 이리저리 움직이며 그녀의 말을 경청하고 있다. 그는 그녀가 겪은 일을 노동부에 진정할 것이다. 만약 그게 안 먹혀들어간다면 항상 그렇듯 캠페인을 진행할 것이고, 편지나 전화를 통해 회사에 진정할 것이다. 결국 회사가 진정을 받아들일 것을 확신하면서."
　　앞서 이야기한 남자는 47세의 조지송 목사다. 그는 장로교 목사로서 지난 10년간 영등포산업선교회를 이끌어온 부드러운 매너에 좋은 성품을 가진 사람이다. 영등포의 산업선교는 회색 슬라브 건물의 방에서 진행되는데, 빈방이 거의 없다. 매달 대부분 비기독교인인 5000

명 이상의 노동자가 도움이나 지지를 받기 위해서 이곳을 찾아온다. 영등포산업선교회는 노동법 강좌에서 꽃꽂이, 생일잔치, 성경 공부 등 다양한 주제로 주당 72개나 되는 스케줄을 소화한다.

영등포산업선교회는 간혹 하루에 서너 번 중앙정보부로부터 혹독한 압박 전화를 받기도 한다. 중앙정보부는 조 목사를 노동 선동가로 간주하는 듯하다. 그러나 그가 시종일관 신중하면서 조심스럽게 사안을 다루는 것으로 미루어볼 때 한국 사회는 변화를 가져올 것으로 보인다. 영등포산업선교회는 신용조합이나 소비자협동조합 같은 부수적인 서비스를 제공하기도 하지만, 핵심 동력은 노동 환경의 개혁에 집중되어 있다. 박정희 대통령이 긴급조치로 파업을 금지한 상황에서 노동쟁의가 자유로운 나라들과는 다른 문제다. 그래서 영등포산업선교회는 대규모 파업 같은 대중투쟁과 다른 방식으로 노동문제에 접근한다.

한 공장의 노동조건을 개선하기 위해 영등포산업선교회는 노동자를 조직해서 1000명은 매일 1000통의 항의 편지를 보내고, 다른 1000명은 매일 한 번씩 1000번의 항의 전화를 하도록 한다. 게다가 1만 장의 홍보물을 뿌리고 〈워싱턴 포스트〉 같은 외국 언론에 기사를 내보내기도 한다. 산업선교가 종종 공산주의 활동인 양 비판받지만, 조 목사는 기독교인 집안으로서 탄압을 피해 남한으로 내려온 피난민이다. 그는 미국인 선교사로부터 산업선교에 대해 듣고 탄광과 타일 공장에서 일하면서 장시간의 노동과 끔찍한 환경에 점점 분노하기 시작했다. 조 목사는 말한다.

"중앙정보부와 경찰, 기업주로부터 압력이 있었지만 노동자들의 힘은 점점 강해지고 그것은 결코 무너뜨릴 수 없습니다."

조 목사는 그가 소속된 교단이 한국에서 매우 보수적인 교단임을 알고 있고 산업선교가 미국 장로교로부터 매년 1500달러의 지원금과 주변 교회의 후원을 받고 있다는 것을 알고 있다. 조 목사와 가까운 많은 사람들이 조 목사가 직접 목회하기를 바랐다. 하지만 그는 반대했다.

"나는 교회와 종교에 대해서 이야기하지 않아요. 이전과 같은 방식으로 기도하지도 않아요. 나는 사람들의 문제를 듣고 하나님께 묻습니다. '어떻게 하면 길을 찾을까요?' 하고 말입니다."[27]

정부가 제공한 산업선교에 대한 거짓 정보를 그대로 옮겨놓거나 대체로 산업선교에 대해 부정적인 입장을 피력하는 국내 언론과 달리 외신은 노동 현장의 실상과 산업선교의 역할을 정확하게 알려주었다. 그들은 산업선교의 실상에 접근하려 했으며, 조지송 목사가 말해주는 한국 노동자들이 처한 상황을 객관적으로 보도함으로써 세계의 양심이 한국의 산업선교와 노동투쟁을 주목하도록 하는 역할을 했다. 산업선교의 활동상과 탄압 사실을 〈워싱턴 포스트〉나 〈뉴욕 타임스〉, 〈LA 타임스〉, NHK, 독일 교회 신문 등 세계적으로 유수한 언론들이 한국의 민주화운동과 동등한 비중으로 보도를 하여 산업선교가 한국의 민주화운동의 한 상징처럼 여겨졌다. 이 때문에 정부는 산업선교를 탄압하면서 물리력을 사용하는 것에 대해 부담을 느끼고 언론을 동원한 여론몰이에 치중했다.

조지송 목사는 영등포산업선교회를 돕기 위해 외국에서 온 선교사들로 하여금 국내 상황을 해외에 알리는 일에 집중하도록 했다. 외국인은 공항에서 몸수색을 하지 않는다는 것을 활용하여 중요한 보고서와 사진 등을 내보낼 때면 반드시 그들을 통했다. 한글로 된 각종 문서를 각국의 언어로 번역하거나 반대로 외국어로 된 문서를 한글로 번역하는 데도 그들이 매우 유용했다. 라벤더를 비롯한 외국인 선교사는 영등포의 비좁은 지하 사무실에서 한국의 노동 역사를 만들어가는 산업선교의 프로그램에 참여했던 것을 영광스럽게 여겼다.

"제가 본 노동자들의 삶과 노동조건에 비교하면 제가 겪은 어려움은 하찮은 것에 불과했습니다. 자신과 가족들이 처하게 되는 위험에도 불구하고 정의를 위해 행동하는 노동자들과 영등포산업선교회 실무자들의 용기 있는 삶에서 저는 많은 감명을 받았으며, 그 감동은 저의 가슴속에 계속 남아 있습니다."[28]

조지송 목사는 외국인의 도움이 탄압을 헤쳐 나가는 데 결정적인 힘이 되어주었다고 회고하면서 미국에서 온 호프먼(한국명 함부만) 선교사와 호주의 우턴과 라벤더를 잊지 못한다. 특히 평신도 선교사였던 라벤더는 강제 추방되기까지 했는데, 조 목사는 한국 민주화운동 유공자로 훈장을 받은 오글 목사에 비해 라벤더를 명예롭게 대접하지 못하고 있는 점을 매우 안타깝게 생각했다.

외국에서 영등포산업선교회에 보내온 연대의 손길 중심에는 세계교회협의회(이하 WCC)가 있다. WCC는 아시아기독교협의회(이하 CCA)의 도시농어촌선교부(URM)를 통해서 한국에 산업선교를 소개하고 자금을 지원하는 핵심 후원자였다. 초기의 예장통합 총회 산업전도중앙위원회는 WCC를 통해서 보내오는 매월 1500달러의 미국 교회의 헌금으로 산업전도를 시작했으며, 영등포도시산업선교연합회 역시 운영비의 거의 대부분을 WCC가 모금해주는 돈에 의존했다. 한국의 인권 상황에 관심이 많았던 지미 카터가 미국 대통령에 당선된 직후 인권 담당 특사 그런을 보내 한국의 인권 상황을 조사했을 때 조지송 목사가 그런을 만나 정부의 악의적인 탄압의 실태를 알릴 수 있는 기회를 만들어준 것도 WCC였다.

조지송 목사는 외국의 여러 곳에서 후원금을 보내주겠다는 제의를 받았지만, 모금 창구를 WCC 도시농어촌선교부로 통일해 재정 문제로 인한 논란을 미연에 방지했다. 예컨대 호주 교회가 영등포산업선교회의 날을 정해놓고 은퇴 노인들이 뜨개질을 하여 1~2달러씩 모은 돈도 WCC로 보내져서 영등포산업선교회로 송금되는 식이었다. 조지송 목사 자신이 WCC 산업선교위원회 프로그램 심사위원으로 있으면서 WCC와의 관계가 곧 세계 여러 교회들과의 관계로 확장된다는 사실을 잘 알고 이를 잘 활용했던 것이다.

조지송 목사와 영등포산업선교회에 대한 WCC와 CCA 등 외국 교회의 신뢰는 매우 강해서 그들은 조지송 목사가 요청하는 자금을 대부분 이의를 달거나 거부하지 않고 보내주었다. 그러한 신뢰는 저절로 생긴 것이 아니라 오랜 기간 동안 산업선교의 파트너십을 잘 유지하고 성과와 가치를 공유해온 결과였다.

영등포산업선교회가 진행한 사업에 관한 보고서는 사업의 내용과 규모뿐만 아니라 정황을 비롯해 참여한 사람의 연인원 등 세부적인 것까지 매우 구체적으로 기록되어 충분히 이해할 수 있도록 작성되었다.

종종 외국에서 영등포산업선교회에 보내온 돈은 영수증을 요
구하지도 않았기에 영등포산선이 필요로 하는 곳에 임의로 사용할
수 있었다. 그렇다고 해서 조지송 목사가 영수증을 만들지 않은 것은
아니다.

저는 이 기회를 통해 산업선교회의 활동에 관심을 가져주시고 주 안
에서 우리의 고난을 함께 나누고 있는 외국의 기독인 형제자매님들
에게 감사하고 싶습니다. 저는 저로 하여금 산업선교회의 경험을 하
게 해주시고, 교회들이 서로 신앙과 영적으로 강하게 연대한 것에 하
나님께 매우 감사합니다. (…) 한국 산업선교는 전 세계에 있는 신실
한 형제자매님들께 드릴 수 있는 것이 아무것도 없지만, 여러분의 따
뜻한 관심과 지속된 기도를 통해 겸손한 마음으로 이 고난의 자리를
계속 지킬 것입니다. 하나님 나라가 마침내 도래하는 것과 (…) 그 고
난의 1970년대 역사 속에서도 무너지지 않았음에 하나님께 감사드
립니다. (…)
한국 산업선교의 미래는 잘 포장되고 넓고 편안한 길이 아니라, 적
은 이들만이 찾는 좁고 어려운 길에 있을 것입니다(마태복음 7장 13~14
절). 그럼에도 우리는 우리의 여정을 멈추지 않을 것입니다. 우리가
목적지에 다다르지 못하더라도 우리의 후대들이 이를 것이며, 우리
에겐 이러한 길이 시작되었습니다.[29]

이렇게 조지송 목사는 한국의 해고 노동자들과 산업선교를 위

해 기도와 지지를 부탁하는 내용의 영문 편지를 셀 수도 없이 써서 외국에 보냈다. 그리고 교회뿐만 아니라 각국의 정부기관, 세계노동기구와 유엔 인권기구, 노동운동 지원 단체 등 접촉할 수 있는 거의 모든 기관과 네트워크를 조직하여 그들로 하여금 청와대와 한국 노동부에 항의 편지를 보내도록 했다. 그러한 노력이 결정적일 때 힘이 되어준 것은 물론이다. 조지송 목사는 네트워크와 연대를 통한 운동의 중요성을 일찍이 깨닫고 그것을 충분히 활용해 산업선교가 국내에서 고립되고 탄압으로 어려워졌을 때 외국에서 더 많은 지지와 후원을 확보함으로써 불리함을 상쇄할 수 있었다.

개가 짖어도
회관은 올라간다

영등포산업선교회가 독립적인 선교센터 건물을 갖는 것은 조지송 목사의 오랜 숙원이었다. 영등포산업선교회에 부임하면서부터 '기독교노동회관' 건립을 장기 계획으로 잡고 이를 기관 소개 리플릿에도 명시해왔다. 공장을 찾아가 예배하고 전도하던 방식을 버리고 노동자를 공장 밖에서 만나 교육하며 훈련하기 위한 공간의 필요성이 꾸준히 요구되었다. 1968년부터 장로교와 감리교 연합으로 도시산업 활동이 시작되면서 회관의 필요성은 더욱 커져 양 교단이 각각 분담하여 건축비 모금을 시작했다. 그러나 당시 한국 교회들의 재정 상황이 여유가 없었기에 건축비는 계획대로 모금되지 않았다. 그 후 1970년대 초 소그룹 모임이 활성화되어 활동 공간이 협소해지자 회관 건립이 시급해졌다.

"아파트 18평인가, 21평인가? (⋯) 고만고만한 아파트에서 하루에 소모임을 열여섯 개씩 하자니 너무 좁아 화장실에까지 모였어. 너무 좁으니까 바글바글해⋯. 5000명이 드나들면서 한 달에 200회 모임을 해야 되거든. (…) 그러니까 우리는 회관을 지어야 된다고 했지."[30]

노사문제가 연달아 터져 나오면서 노동자들이 한자리에 모여 집회를 할 수 있는 공간도 있어야 했는데, 소형 아파트에서는 도저히 해결이 되지 않았다. 산업선교에 대한 악선전으로 인해 건물주들이 임대를 꺼려하여 사무실을 확보하기가 어려워진 점도 회관 건립을 재촉했다.

처음 회관을 짓겠다고 WCC와 미국 장로교 도시농어촌선교부에 이야기했더니 다들 펄쩍 뛰면서 극구 반대했다. 이유인즉, 사회운동을 하는 단체가 건물을 갖게 되면 속성상 운동을 제대로 할 수 없게 된다는 것이었다. 사회운동은 조직과 시스템, 견고한 연대를 통해서 추진되는데, 건물을 갖게 되면 그 속에 안주하게 되고 운동에 소홀해지게 된다는 논리였다. 특히 WCC 도시농어촌선교부 총무 조지 토드 목사가 크게 만류했다. 손바닥만 한 영등포 지역에 건물을 가져서 어떻게 유지할 것이냐고 했다. 콘크리트 건물을 가지면 산업선교는 죽게 될 것이고, 결국은 건물이 무덤이 되고 말 것이라는 심한 말도 했다.

조지 토드 목사는 "사회운동을 하는 데 빌딩 프로그램은 안 좋다, 짓지 마라" 하고, 조 목사는 "너희는 좋은 사무실에서 일하면서 우리는 왜 안 되냐?"라고 했다. 조지송 목사는 한국적 상황을 이해시키려고 애썼다. 비좁은 당산동 시범아파트 지하실에서 발 디딜 틈도 없이 붙어 앉아 소모임을 하는 여성 노동자들의 사진을 보여주며 설득했다. 산업선교에 대한 이해가 부족하여 교회가 노동자에게 집회 장소를 제공하기를 꺼려한다는 것도 설명하면서 회관의 필요성을 강력하게 역설했다. 그토록 반대하던 해외 교회 지원 기관들과 산업선교 관계자들도 조지송 목사의 고집은 못 꺾겠다면서 손을 들게 되었고, 마침내 회관 건축이 가능해졌다. WCC는 영등포산업선교회가 그동안 해온 산업선교의 결과물로 볼 때 회관을 가질 만한 충분한 자격이 있다고 여겼던 것이다.

WCC 도시농어촌선교부가 건축비를 지원받을 수 있도록 독일 교회를 연결해주어서 독일(당시 서독) 재무부와 개신교해외개발처(EZE)가 실사를 나왔다. 조지송 목사는 예장통합 총회와 한국노총, 국제노동기구 등 산업선교와 관계를 맺고 있던 국내외 18개 기관의 추천을 받아 건축 프로젝트를 제출했다. 조 목사는 1971년 봄 미국 연수를 다녀오면서 독일에 들러 EZE와 협의를 진행하여 건축비 지원에 대해 긍정적인 답변을 얻었다. 1973년에는 독일 교회의 건축비 지원이 확정되어 3층짜리 회관 설계도면을 독일로 보내어 검토를 받는 단계에 이르렀다. 조지송 목사는 7층으로 지어 실무자 숙소까지 집어넣으려 했는데, 건물 유지비용이 만만찮을 것 같아 3층까지만 짓기로 했다.

그 당시 한국 산업선교의 해외 지원 창구는 WCC 개발국장이면서 CCA 도시농어촌선교부 국장 오재식이었다. 오재식은 한국의 민주화를 위해서도 기독교 사회운동이 활발해야 한다는 강한 소신이 있어 국내의 기독교 도시빈민선교와 산업선교를 위해 해외 자금을 받을 수 있도록 주선해주었다. 조지송 목사는 돈이 필요하면 언제든지 오재식을 통해 청구하면 요구하는 만큼의 재정을 받을 수 있었다. 하지만 조지송 목사는 불필요한 돈을 갖는 것은 싫어했다. 한번은 WCC에서 청구하지 않은 돈을 보내 왔는데, 조 목사는 지원 요청을 하지 않았다면서 되돌려 보낸 적도 있다.[31]

탄압받는 한국의 산업선교를 위해서 세계 각지에서 후원 모임이 조직되어 경쟁적으로 후원금을 보내줄 정도로 산업선교는 외국의 교회들에게 강렬한 인상을 심어주었다. 세계의 교회들은 그들은 하지 못했거나 하지 못하고 있던 불의한 권력과 자본에 저항하는 성서 본연의 임무를 군사독재 치하의 한국 산업선교회가 감당해 나가는 것을 존경심을 품고 바라보았던 것이다.

1974년에 인명진, 김경락 두 실무자가 구속되고 1975년에는 장로교와 감리교의 연합체제가 해소되면서 건축 진행이 잠시 지체되었다. 그 후 회관 건립은 장로교가 단독으로 맡아 짓는 방향으로 정리되었다. 건축 공사비는 독일 교회의 지원금으로 마련했으나, 대지 마련은 오로지 국내 교회의 몫이었다. 대지 구입비가 부족해서 실무자의 사택을 담보로 해서 은행 융자를 받은 것에 영락교회의 지원금과 노동자들의 헌금을 더해 겨우 회관 부지를 마련할 수 있었다.

대지 구입비가 모자라 실무자의 사택을 처분해야 한다는 소식을 들은 노동자들이 모금을 하겠다고 나섰다. 노동자들의 빤한 주머니 사정을 알고 있었기에 조 목사와 실무자들이 그럴 것까지 없다고 사양했으나, 노동자들은 "우리가 사용할 회관인데 우리 돈이 안 들어가면 무슨 의미가 있냐. (…) 우리들도 기여하자" 하고 캠페인을 벌여 150여만 원을 모금해 실무자들을 감동시켰다. 150만 원은 당시 기준으로 여성 노동자 40~50명의 월급을 합친 금액이었다. 이로 인해 회관 건물 준공 때 부착한 기념 동판에 '노동자들의 헌금'이라는 글자가 들어가게 되었다.

영등포산업선교위원회는 건축위원장으로 이정학 목사를 선임하고 건축을 시작했다. 회관 대지는 원래 조지송 목사의 이름으로 계약하려 했으나 매매 과정에서 주인이 못 팔겠다고 해서 이정학 목사의 명의로 겨우 구입할 수 있었다. 중앙정보부가 샅샅이 감시하다가 낌새를 채고 계약을 방해했지만 완전히 틀어막지는 못한 것이다. 대지 구입을 사전에 막지 못한 담당 형사는 정보부에 불려가서 혼쭐이 났다는 후일담이다. 담고길(가명)이라는 그 형사는 영등포산업선교회를 하도 오래 담당하여 1층 현관에서 실무자들과 함께 탁구를 치기도 하는 사이가 되었는데, 그에게 가끔 중요하지 않은 정보를 흘려주고 그쪽도 영치금 심부름을 하거나 수배령이 내려지면 미리 귀띔해주곤 했다. 담고길 형사는 1979년 말 YWCA 위장 결혼식 사건으로 조지송 목사와 신철영에게 검거령이 내려졌다고 알려주었다. 조지송 목사는 잡아갈 테면 잡아가라고 버티고 신철영더러 피신하라고 했는데, 담고길 형사가 신철영을 자기 집에다 하룻밤 재워주기도 한 일화도 있다.

신철영은 서울대학교 공대에 재학 중이던 1971년 학내 서클인 산업사회연구회 회원으로 김진수 사망 사건 때 학생 그룹으로서 장례를 지원한 적이 있고, 인천도시산업선교회 조승혁 목사의 주선으로 방학 때 후지카 석유곤로 공장에 위장 취업을 하기도 했다. 조지송 목사는 1978년 대탄압으로 산업선교가 위축되었을 때 노동문제를 전문적으로 다룰 실무자의 필요성을 느껴 신철영을 영입했다. 신철영은 7월 18일 부임하자마자 회관 건축 감독부터 맡았다. 그는 공대 기계과를 졸업한데다 한양주택에서 일하는 동안 중동에서 발주한 설계도면을 검토해 설비 분야의 견적을 내는 경험을 쌓은 적이 있어 실무자들 중에서는 유일한 건축 전문가였다.

1978년 5월 1일에는 영등포산업선교회의 서류와 장부 일체를 압수당한데다 실무자가 차례로 소환되어 조사를 받은 후 인명진 목사가 구속되었고, 6월에는 호주 선교사 라벤더가 추방되는 우환이 이어지는 가운데, 10월 23일 회관 착공 예배를 드릴 수 있었다. 250평 이상 되는 공사는 전문 건설회사에 맡겨야 한다는 규정 때문에 연면적을 245평으로 잡고 직접 관리하기로 했다.

조지송 목사는 건축 과정을 지켜보며 빈틈없이 감리, 감수를 했다. 콘크리트 믹서기 옆에서 직접 시멘트, 모래, 자갈의 투입 양을 기록해 가면서 체크했다. 또 신철영더러 자를 들고 다니면서 벽돌을 설계도에 적힌 치수대로 쌓지 않았으면 굳기 전에 망치로 툭툭 쳐서 다시 쌓도록 했다. 이렇게 꼼꼼하게 지은 덕분에 영등포산업선교회 회관은 날림 공사가 많았던 당시 지은 건물들에 비해 43년을 넘긴 현재까지 견고함을 유지하고 있다.

맞은편 여관에 상주하면서 영등포산업선교회를 감시하던 관할 경찰, 정보부, 보안사 요원들은 신경을 곤두세우고 건축하는 과정을 지켜보았다. 관제 언론들은 산업선교가 공산주의자들의 돈을 WCC로부터 지원받아서 서울 한복판에다 건물을 짓는다고 떠들어댔다. 조지송 목사와 실무자들은 "하하하… 이놈들아, 입 아프게 떠들어라, 오늘도 회관은 올라간다" 하면서 탄압 국면에서 보란 듯이 회관 건축을 해냄으로써 기 싸움에서 지지 않으려고 공사에 집중을 했다. 실무자들은 성채를 쌓아올리는 병사의 심정으로 건축을 성공해내야만 한다는 비장감을 갖고 건축 일에 매달렸다.

건축을 마친 후 준공 검사를 놓고 관계 기관들이 장난을 치지 못하도록 개관식 행사일을 1979년 7월 8일로 정하고 독일 대사를 초청한 가운데 개관 예배를 드리기로 했다. 공사를 마치고 독일 EZE에 정산 보고를 해야 하는데, 원래 계약했던 회계사가 서명을 하지 못하겠다고 손을 놓는 바람에 개관 일정이 불확실해졌다. 신철영이 잘 아는 선배 회계사를 찾아가 서류 검토를 받아 정산 보고서를 겨우 제출할 수 있었다.

그런데 이번에는 영등포구청에 비상이 걸렸다. 이유인즉, 독일 대사까지 참석하는데 준공 검사를 받지 않은 채로 개관 행사가 진행될 판이었던 것이다. 설계 도면대로 공사를 마친 건물에 준공 허가를 내주지 않는다는 여론의 비판을 받으면 체면이 구겨지니까 이번에는 영등포산업선교회를 담당하던 기관원들이 발로 뛰어 초고속으로 개관일 전에 준공 허가가 떨어지도록 도와준 것이다. 정통성이 없어 외국의 눈치를 살펴야 했던 정권의 아이러니를 보여준다. 1979년 7월 8일 열린 회관 준공식에는 2000여 명이 모여 축하를 해주었다. 독일 대사는 축사에서 정부와 언론의 왜곡 선전을 꼬집었다.

"이 건물을 공산주의 나라에서 보낸 돈으로 지었다는 헛소문을 믿지 마라. (…) 우리 독일 정부와 교회가 지원해서 지은 집이지, 빨갱이 집단이 준 돈은 한 푼도 안 들어갔다."

우여곡절을 겪으면서 지은 영등포산업선교회 회관은 당시 기준으로 보면 국내는 물론이고 세계적으로도 산업선교회관으로서는 좋은 편에 속했다. 실제로 외부 사람들은 호화로운 회관을 갖게 된 영등포산업선교회가 보수화되어 더 이상 이전처럼 투쟁하지 못하게 될 것이라고 공공연히 말하기도 했다. 3층 강당에 영화 감상을 할 수 있도록 영사실과 대형 스크린을 설치했는데, 자원봉사자들 중 치과 진료 팀원이 조지송 목사에게 "이렇게 크고 좋은 스크린을 비싼 돈 들여 설치할 필요가 있나요?" 하고 물었다. 산업선교를 하는 데 과한 것이 아니냐는 뜻이었다. 그 말을 들은 조지송 목사는 이렇게 말했다.

"힘들게 일하느라 영화 한 편 마음대로 못 보는 노동자들이 극장 못지않은 최고의 시설을 경험하도록 해야 해. (…) 산업선교는 못 살게 하기 위한 운동이 아니야. 노동자도 사용자 못지않게 잘살기 위한 것이지."

조지송 목사는 가난한 노동자일지라도 수준 높은 문화생활을 누릴 줄 알아야만 삶의 변화와 진보를 지향할 수 있게 된다는 생각으로 함께 생활하는 회관을 쾌적하고 아늑한 공간으로 만들려고 노력했다.

하지만 조지송 목사는 건물을 짓고 나서는 후회가 되었노라고 했다. 지을 때는 워낙 절박해서 몰랐는데, 한참 지난 뒤에 부질없다는 생각이 들었다는 것이다. 건물을 짓느라 애쓴 그 열정으로 노동자 소그룹을 조직했으면 수천 개를 만들고도 남았을 텐데, 콘크리트 덩어리에 불과한 회관 건물에 매달렸던 자신이 어리석고 부끄럽게 느껴졌다고 했다.

그러나 이러한 우려와는 다르게 건축이 완료된 후 영등포산업선교회 회관은 노동운동 지원 공간으로서의 역할을 잘 감당했다. 해태제과의 기념비적인 여덟 시간 노동투쟁도 새로 지은 회관을 중심으로 기획되고 추진되었다. 신군부의 정화 조치로 인해 봉쇄되다시 피 했던 기간을 제외하고 1980년대 초중반의 영등포산업선교회 회 관은 노동자들의 대규모 집회가 가능한 거의 유일한 곳이었다. 전교 조를 비롯한 민주노총이 합법화되기 전에 모일 수 있었던 소중한 공 간이었으며, 노동절 기념대회를 비롯해 블랙리스트 철폐 투쟁, 임금 인상투쟁 전진대회, 각종 규탄 집회, 광주민주화운동 기념집회, 노동 문화제 등 1986년 한 해 동안에만 열세 차례나 되는 중·대형 집회의 대부분을 개최하며 노동운동의 둥지 역할을 했다.[32]

그리고 노동운동이 위축되어 있던 1980년대 중반에 한국기독 노동자총연맹(약칭 기노련)이 영등포산업선교회의 지원으로 출범한 일은 의미가 크다. 초창기 평신도산업전도연합회가 조직되었던 영 등포 지역의 교회들 중에는 산업전도부라는 이름으로 활동하는 청 년 노동자들이 있었는데, 이들 가운데 노동운동에 참여하는 노동자 가 생겨나자 이들을 조직하고 교육할 필요성이 커지면서 영등포산 업선교회가 도움을 주게 되었다. 이들은 1985년 창립총회를 영등포 산업선교회에서 갖고 회장에 유동우(《어느 한 돌멩이의 외침》 저자), 사 무총장에 한명희(전 콘트롤데이터 해고자)를 선임하고 활동에 들어갔 다. 이것이 기노련이다.[33]

거의 대부분의 노동 집회가 차단된 상황 속에서 교회 단체였던 기노련은 비교적 자유롭게 회관에서 교육과 집회를 열 수 있어 기노 련이 주최한 노동절 행사에 일반 노동자들이 대거 합류하여 2000여 명 규모의 노동절 집회가 이루어졌다. 신동욱 회장 시절에는 수요일 마다 양평동교회에서 이근복 총무의 지도로 성경 공부를 했는데, 이근복 목사는 그때 공부했던 자료들을 모아 《현장에서 만난 예수》(나눔사)라는 성서 연구 교재를 출판했다.

1987년 민주화 이후 영등포산업선교회는 회관을 중심으로 변화하는 노동 현장에 맞게 '아시아 URM 디아코니아 훈련', 이랜드를 비롯한 비정규직 노동자 투쟁 지원, 감정노동자 치유 사업, 노숙인 쉼터와 자활공동체 운영 등 소외된 노동자 선교를 진행해왔다. 또한 조지송 목사가 시작한 생활협동조합, 신협 다람쥐회, 성문밖교회 등 노동자 생활 영성 돌봄도 꾸준하게 유지하고 있다.

영등포산업선교회는 회관을 건축한 지 43년이 지나 노후화되고 공간 활용도가 떨어져서 2000년대에 들어서면서 회관 리모델링을 모색해왔다. 손은정 목사가 총무였던 2010년에 회관은 예장 총회로부터 기독교사적지로 지정받게 되고 민주화운동기념비도 건립하게 되면서 역사적 가치가 인정되어 2013년에는 '서울시 미래유산'으로 선정되었다. 이에 따라 보존을 겸한 리모델링의 필요성이 더해져 갔다. 9대 총무인 진방주 목사는 영등포노동복지센터 설치를 골자로 하는 회관 리모델링 지원 사업을 서울시에 제안했다. 2018년 서울시로부터 특별 교부금 지원을 승인받고 영등포노회도 리모델링 사업비 지원을 결의하여 2년간의 준비 끝에 2021년 2월 16일 착공 예배를 드렸다.

리모델링되는 회관은 지하 1층에 산업선교 역사전시관이 마련되고, 지상 1층에는 사무실과 각종 협동조합 매장, 2층에는 노동선교부, 힐링센터, 신용협동조합, 3~4층에는 영등포구 노동자종합지원센터와 성문밖교회, 옥탑에는 노동자상담실이 들어서서 활용될 예정이다.

산업선교,
사형선고를 받다

영등포산업선교회와 조지송 목사가 소속된 대한예수교장로회 총회 (통합)는 교단 가운데서 산업선교를 가장 먼저 시작하여 전국적인 조직과 체계적인 실무자 훈련 구조를 갖추고 산업선교에 많은 역량을 투자해왔다. 그만큼 산업선교에 대한 자부심이 있었으며, 우수한 인력이 산업선교에 헌신함으로써 교단의 선교를 다변화하고 세계 교회와의 에큐메니컬 연대망을 구축할 수 있었다.

조지송 목사는 총회 전도부 및 노회와 협력 관계를 잘 유지하면서 한편으로는 일반 교회 목회자와 평신도를 대상으로 한 산업선교 세미나와 훈련을 지속적으로 개설하여 산업선교의 이해를 넓히는 동시에, 교회들의 지원과 지지를 확보하기 위해 애썼다. 이러한 노력으로 그는 산업선교를 아끼고 후원하는 목회자 지원 그룹을 유지할 수 있었다. 여전도회 전국연합회의 경우 영등포와 구미, 동서울 지구 산업선교위원회의 실무자 생활비를 책임지기도 했다. 그만큼 산업선교는 앞서 가는 선교의 전위로서 또는 교회가 가난한 노동자의 아픔에 동참할 수 있는 실천의 장으로서 교회의 사랑을 받아왔다.

하지만 조지송 목사와 영등포산업선교회가 가장 힘들었던 순간은 다름 아닌 한집안인 교회의 비판과 비난에 직면했을 때였다. 독재정권의 탄압과 언론의 왜곡 보도는 충분히 예상했던 것이어서 그로 인해서는 좌절하거나 기죽지 않고 오히려 탄압이 강해질수록 더욱 전의를 불태울 수 있었다. 하지만 산업선교를 보호하고 감싸주어야 할 교회(교단)의 몰이해와 근거 없는 비난은 산업선교 실무자들을 실망시키기에 충분했다.

영등포산업선교회가 교회와 처음 부딪힌 계기는 대한모방 강제 예배 반대 투쟁 때였다. 1973년 대한모방 노동자들이 강제 예배와 부당 노동행위를 중단해달라고 2차에 걸쳐 진정서를 냈으나, 회사는 오히려 네 명의 산업선교 노동자를 해고해버렸다. 이에 대한모방 내에 부당해고 노동자 복직추진위원회가 구성되어 서명운동과 함께 사장이 다니는 동신교회의 부흥회에 찾아가 시위를 했다.

영등포산업선교회의 제안으로 예장 내 진보적인 소장 목회자 중심의 '대한모방 해고 근로자 복직추진위원회'가 활동하기 시작하자, 대한모방 기업주 측은 영등포산업선교회가 공장 예배를 방해한다는 내용의 유인물을 제작하여 전국 교회에 배포함으로써 소속 교단 및 교회와의 갈등이 시작됐다. 공교롭게도 대한모방 사장이 동신교회 장로였는데, 조지송 목사가 안수를 받은 장소가 동신교회여서 파문이 더욱 커졌다.

이 사건이 알려지자 기업을 운영하는 일부 장로를 중심으로 산업선교를 반대한다는 캠페인이 일어났다. 대한모방 기업주를 중심으로 한 예장통합 교단 내 친자본적 성향의 장로들이 합심해서 산업선교를 비판하고 압박했는데, 이 세력이 1980년대 예장통합 교단의 반산업선교운동 세력의 중심이 되었다.

예장통합 내의 진보 세력은 수적으로는 비록 소수지만 교단 여론을 주도하고 에큐메니컬 활동과 사회문제에 대한 입장 표명을 활발하게 하는 편이어서 1970년대에는 보수 세력이 주도하는 반산업선교 활동이 크게 두드러지지 않았다. 그래서 1970년대 유신정권의 탄압에 대해서 예장통합 교단은 대체로 산업선교를 옹호하고 보호하려는 입장을 취했다.

1975년 제60회 총회가 결의한 〈대한예수교장로회 도시산업선교의 기본자세에 대하여〉라는 문서에서는 다음과 같이 산업선교의 정당성을 재확인하면서 교회 일반이 보다 광범위하고 대중적으로 산업선교 활동에 나서도록 촉구했다.

- 산업사회에서 일어나는 모든 노사문제에 관심을 가지고 해결을 위해 능동적으로 참여해야 한다.
- 노사분규가 일어났을 때 근로자의 입장을 중요시하며 기업가들의 부당한 처사로부터 근로자를 보호해야 한다.
- 노동조합운동에 깊은 관심을 가지며 노동조합이 근로자의 권익을 대변하기 위해 정치나 기업주로부터 절대적인 자주성을 갖도록 노력해야 한다.
- 경제성장에 따른 이익을 균등하게 분배함으로써 이익의 편중을 방지하며, 빈익빈부익부 현상의 해소를 위해 노력해야 한다.

- 산업사회에서 발생하는 제반 인권 유린에 깊은 관심을 가지며, 이의 시정을 위해 노력해야 한다.
- 이것(산업선교의 기본자세)이 복음선교는 물론 반공과 민주주의 국가를 건설하는 유일한 길이다.
- 이러한 행동은 사회운동이나 정치운동이 아니라, 복음선교 운동으로서 그리스도의 몸 된 교회를 기반으로 한다.
- 교회 예산의 상당 부분을 도시산업선교 사업을 위해 사용해야 한다.

이러한 입장에 따라 예장 총회는 1970년대의 대표적인 산업선교 노동운동인 대한모방, 방림방적, 남영나이론, 해태제과 노동자의 투쟁을 적극 지지해주었다.[34]

1972년 실무자인 인명진 목사가 미가서 설교 사건으로 구속 기소되었을 때도 산업선교 활동을 정치적 이유로 탄압하는 것은 불가하다며 적극 비판하는 입장을 취했다.

"하나님의 말씀을 전한 성직자를 대통령 긴급조치 제9조 위반 혐의로 기소하는 등 신성모독죄를 범하는 것과 같이, 기독교 선교 활동의 범위를 어떤 정치적 이기주의에 따라 임의로 한정하려는 오류를 범하기 쉽다는 사실을 관계 당국은 알고 각성해야 할 것…."[35]

그러나 1978년 총회가 정부의 부당한 탄압으로부터 산업선교를 보호하기 위해 내놓은 〈도시산업선교 원리 및 지침〉을 보면 기조가 조금 바뀌는 것을 알 수 있다. 즉 산업선교가 교회의 복음 선포 기구로서 그리스도의 정신에 입각한 교단의 헌법과 신앙고백, 신학적 근거에 따른 교회의 공적 활동임을 선언하기는 하지만, 산업선교 활동의 범주와 절차를 축소 지향적으로 규정하고 구체적인 활동 지침도 그에 맞게 정함으로써 산업선교를 교단 산업선교중앙위원회와 노회의 엄격한 통제 아래 두려고 했다.

"그 조직은 총회 전도부 산업선교위원회의 인준을 받아야 하고, 실무자는 산업선교 원리를 인정하는 자여야 하며… 주된 임무는 예배, 성경 교육, 전도, 상담, 근로자 교육 등으로 하고, 노사문제 대처는 법의 테두리 안에서 지도하되, 위원회 보고를 통해 해결을 모색하게 하며… 해외 청원은 총회 전도부의 허락을 받도록 제한을 두고 산업선교자가 총회 헌법을 위배하지 않도록 해야 하며, 실무자에 대한 인사와 교육 훈련 규정을 전도부 산업선교위원회가 정한다."

이렇게 교단 상부 기구의 통제를 보다 강화한 것은 산업선교가, 교회가 일반적으로 느끼는 노동자에 대한 심정적 지지 차원을 벗어나 노사분규의 한쪽 당사자가 되어 직접 기업주 및 정부 당국과 충돌하는 것을 막으려는 의도였다. 조지송 목사와 영등포산업선교회는 〈도시산업선교 원리 및 지침〉에 전적으로 동의할 수 없었으나, 그럼에도 교단 산하 기관이라는 위치로 인해 총회의 결의를 무시할 수 없어 이 지침으로 인해 활동이 점점 위축될 수밖에 없었다.

1978년 겨울 산업선교 문제로 논란이 계속되던 어느 날 아침 일찍 총회 임원회가 조지송 목사를 불렀다.

"조 목사, 교단이 시끄러워지니 산업선교 그만두지…. 교회가 할 일이 아냐."

"저는 장로교 교리를 벗어나서 일해본 적이 없습니다. 제가 잘

못했다면 제명하십시오."

"잘못했다는 게 아니라 방향을 바꿔 순수한 복음만 전하라는
것이야."

"저는 복음만 전하고 있다고 생각합니다. 제명되지 않는 한 계
속하겠습니다."

조 목사는 이렇게 말하며 산업선교의 방향을 바꿀 수 없다는
뜻을 분명하게 밝혔다.

그 일이 있고 나서 얼마 후에 총회 전도부 총무인 이의호 목사
가 조지송 목사의 생활비와 영등포산업선교회의 운영비 일부를 부
담해오던 영락교회가 지원을 끊기로 한 사실을 전해주며 걱정을 했
다. 사연인즉, 영등포산업선교회 문제로 영락교회 목사와 장로 그리
고 중앙정보부 직원, 총회 전도부 총무가 세종호텔에서 긴급 회동을
가졌다는 것이었다. 이 자리에서 중앙정보부는 "영락교회가 조지송
목사와 산업선교를 지원하기 때문에 이런 문제가 생긴 것이니 영락
교회가 책임지고 중단해달라" 하고 정중하게 부탁했다고 한다. 그 말
을 전해들은 조지송 목사는 흥분해서 자리에서 벌떡 일어나며 "앞으
로 총회 전도부 일은 다 중앙정보부랑 의논해서 하세요!" 하며 화를
참지 못했다. 한경직 목사의 후임으로 영락교회 담임이 된 박조준 목
사가 조지송 목사를 불러 난처한 입장을 설명했다.

"큰일났네요. 우리 교회가 산업선교 때문에 분열되게 생겼으니
방향 좀 바꿔 온건하게 해주세요."

그러자 조지송 목사는 대답했다.

"저는 과격하게 일하지 않았어요. 그리고 방향을 바꾸는 것은

노동자 선교에 도움이 안 됩니다."³⁶

　　이렇게 해서 영락교회는 1978년 12월을 마지막으로 1964년부터 14년간 계속해오던 영등포산업선교회에 대한 재정 후원을 중단했다. 영등포뿐만 아니라 창원 지구 이긍하 목사의 생활비를 포함한 모든 산업선교에 대한 지원도 역시 중단되었다. 가장 유력한 후원 교회였던 영락교회의 지원이 끊어지면 돈줄이 마른 영등포산업선교회도 고사하고 말 것이라고들 여겼던 것이다. 하지만 영등포산업선교회에 대한 영락교회의 지원 중단 소식이 외신을 타고 알려지자 세계 교회들의 후원이 답지해 재정 부족 문제는 일어나지 않았다. 오히려 많은 곳에서 보내오는 돈을 일일이 받는 것이 번잡해서 조지송 목사는 WCC 도시농어촌선교부를 후원 창구로 지정해서 WCC를 통해서만 후원을 받기로 했다.³⁷

　　예장통합 총회는 이처럼 내부적으로는 산업선교의 온건화를 유도하면서, 외부적으로는 정부 당국과 언론의 부당한 공격에 대해 매우 단호한 태도를 보여주었다. 특히 1979년 YH 사건과 1981년 신군부의 산업선교 말살 사건 앞에서는 다음과 같이 천명했다.

　　"관계 당국이 일방적인 보도를 통해서 산업선교가 기독교를 가장한 용공적인 불순 세력인 양 보도하는 일에 분노를 금할 수 없다. (…) 우리가 하고 있는 도시산업선교가 결코 용공적인 불순단체가 아님을 분명하게 선언한다."³⁸

　　"우리는 과거 몇 년간 산업선교 활동 과정에서 받은 원치 않는 고난이 오히려 하나님의 복음을 위해 당한 고난이었다고 확신하는 동시에, 앞으로 모든 교회는 산업 인구에게 복음을 전하는 산업선교를 위하여 깊은 관심을 갖고… 총회의 산업선교에 동참할 수 있게 되기를 바란다."[39]

공권력과 언론의 탄압으로부터 교회의 선교사업을 수호하기 위한 원칙적인 입장 표명이었지만, 군부독재 치하에서 교단 차원의 성명으로는 수위가 강했다.

이렇게 산업선교를 대체적으로 지지하고 옹호해오던 예장통합 교단도 1982년 4월 미국 문화원 방화 사건에 대한 한국교회사회선교협의회(사선협)의 성명이 미국을 비난하는 내용을 담고 있고, 이를 기화로 공안 당국이 대대적인 탄압을 가해오자 태도를 바꾸어 산업선교를 비판하기 시작했다. 이 성명서는 종교계에서는 처음으로 발표된 반미 성명서로서 사회적 파장이 매우 컸다. 애초에 조지송 목사는 반미적인 내용을 넣는 것에 대해 부정적이었으나, 사선협 총무로서 성명서에 이름을 올리지 않을 수 없었다. 이로 인해 영등포산업선교회의 조지송, 인명진 두 목사가 여러 사회선교 목회자들과 함께 사법 처리를 받게 되고, 신군부 정권의 산업선교에 대한 악선전이 계속되면서 교단 내의 여론이 산업선교에 비판적으로 기울어지기 시작했다.

한국기독교교회협의회가 사선협의 성명을 지지한 반면, 상대적으로 보수적인 예장통합 총회 지도부는 총회장 고현봉 목사의 명의로 "성명서가 던진 사회적 충격과 파문에 대해서는 마음 아프게 생각하면서… 사회선교 단체들도 겸허한 자세로 스스로의 교회 갱신과 신앙 정립에 힘써야 할 것입니다. (…) 우리 교단은 오랜 선교 역사를 함께해오는 동안 미국과의 우방 관계를 변함없이 더욱 공고히…"

하겠다는 내용의 편지를 전국 교회에 발송함으로써 친미 성향을 노골적으로 드러냈다. 영등포산업선교회에 재정 지원을 해오던 경기노회, 서울남노회, 서울동남노회의 일부 노회원들은 산업선교를 "공산주의에 경도되어 노동투쟁 선동을 일삼는 비신앙적인 좌경 정치이념"이라고 매도하면서 조지송, 인명진 목사의 제명을 요구하기까지 했다. 그러나 영등포산업선교회의 운영위원장을 역임한 방지일, 이정학, 차관영, 이순영 목사가 "산업선교를 없애는 것은 신사 참배 결의와 같은 큰 잘못"이라며 맹렬히 반대하고 총대들이 동조함으로써 제명 결의가 통과되지는 않았다.

총회 차원에서 산업선교를 적극 반대했던 인물은 서정한 장로(총회 회계), 최창근 장로(〈기독공보〉 사장), 유치문 장로(〈장로회보〉 사장), 구행모 목사(노동부 근로감독관 출신) 등 친정부 성향의 기업주들과 일부 퇴역 장교 출신 장로들이었다. 일부 보수적인 유력한 목사들도 이에 동조하여 노회와 총회 회의에서 지속적으로 산업선교를 공격했다. 그들은 또한 전도부와 산업선교중앙위원회 위원이 되어 제도적, 정책적으로 영향력을 행사함으로써 산업선교를 무력화하려고 노력했다.

마침내 1982년 제67회 예장통합 총회에서 반산업선교 세력에 의해 산업신교가 논란에 휩싸이자, 총회는 '교회와 사회문제대책위원회'에 처리를 위임하기로 결의했다. 6인으로 구성된 교회와 사회문제대책위원회는 다음 6개항을 총회에 건의하기로 결론을 내렸다.

① 도시산업선교회라는 명칭을 '산업전도회'로 바꾼다.

② 산업선교회에 대한 일체의 외국 교회 원조를 받지 않는다.

③ 영등포산업선교회의 실무자를 교체한다.

④ 영등포산업선교회 위원회는 1983년 12월까지 해체한다.

⑤ 각 노회에 산업전도(Industrial Evangelism)위원회를 구성한다.

⑥ 새로운 산업선교 정책을 연구한다.

그러자 교단의 자랑스러운 산업선교 역사를 되돌리려 한다는 것에 분노한 젊은 목사, 신학생, 청년회전국연합회, 노동자, 평신도 그룹이 예장통합 총회에 대한 강력한 항의운동을 전개했다. 예장의 진보적이고 젊은 목회자 조직인 새시대 목회자회, 현대목회연구회, 현대신학연구회는 예장 산업선교의 어제와 오늘과 내일을 조망하는 공청회와 토론회를 활발하게 개최하여 산업선교의 정당성과 필요성에 대한 여론을 조직하고, 신학생 및 평신도 조직과 연대하여 성명 발표와 시위 등으로 이를 확산시켰다. 결국 이 6개항 제안은 강력한 저항에 부딪혀 1년간 처리가 보류되었다가, 1984년 제69회 총회에서 제1항의 명칭을 '도시산업선교'에서 '산업전도'로 바꾸는 안에 대해서만 반대 305표, 찬성 405표로 겨우 통과되었다.[40]

공권력에 의한 탄압과 언론의 여론 조작에도 흔들리지 않고 산업선교를 수호해온 영등포산업선교회였지만, 반산업선교 세력을 이용한 교회 내부의 공격에는 어쩔 도리가 없었다. 산업선교를 지켜주고 울타리가 되어주어야 할 교단으로부터 등 돌림을 당하게 된 그때를 조지송 목사는 이렇게 회고했다.

"노사문제가 발생할 때마다 기업주와 정부만 한 몸인 것이 아니라, 거기에 교회까지 붙어서 이제 세쌍둥이가 되었더라고…. 노동자 편에는 아무도 안 남게 되었어. (…) 나는 그때부터 교회에 대한 희망을 버렸어. (…) 교회는 노동자를 구원할 수 없는 집단이라는 걸 알아버렸어."[41]

자본(기업주)과 권력(정부)에 편승하여 세쌍둥이가 된 교회에 대한 환멸은 조지송 목사에게서 교회에 대한 마지막 희망마저 거두어가 버렸다. 예장통합 총회의 결의로 영등포산업선교회는 '산업선교'라는 명칭 대신 '산업전도'라는 시대착오적인 이름으로 바뀌면서 전도의 내용도 신앙적인 것으로 국한되었다. 노동자의 손을 붙잡고 기도하는 것 외엔 아무것도 하지 말 것을 강요받은 것이다.

1960년대에 이미 산업전도를 극복하고 여기까지 이른 조지송 목사에게 이러한 교단의 요구는 더 이상 산업선교를 하지 말라는 것과 다를 바 없었다. 1983년 1월 여성 노동자들을 어머니처럼 돌보던 명노선 전도사가 사임하고, 10월에는 조지송 목사가 신병을 핑계로 사임했으나 위원회가 허락지 않아 휴직 처리되었는데, 그 후 조 목사는 충북 옥화리로 내려가 복귀하지 않았다. 이듬해인 1984년 5월에 인명진 목사도 사임하고 호주로 유학을 떠났다. 이후 영등포산업선교회 총무는 조지송 목사가 교육한 2세대 훈련생인 이근복 전도사가 승계하고 진방주, 손은하, 박진석, 신승원, 손은정이 그 뒤를 이었다.

5

영등포가
따뜻했던
날들

노동자도
인간이다

조지송 목사와 영등포산업선교회가 노사문제에 개입하여 노동자를 편들었던 것은 일부 언론과 정부의 왜곡된 선전처럼 '용공 세력의 좌경 이념' 때문이 아니었다. 조지송 목사가 노동자 문제에 눈을 뜨게 된 첫 계기는 총회 산업전도 연구원이 실시한 탄광에서의 노동 훈련을 통해서였다. 장성, 도계, 철암, 황지의 탄광과 양양의 철광에서 그는 땅속 수 킬로미터까지 뻗은 막장으로 들어가 노동하는 동안 짜고 검은 땀을 훔쳐내며 인간의 존엄성이 허물어지는 모습을 똑똑히 목격했다. 또 영등포의 방직공장에서 어린 여성 노동자들이 잠을 쫓기 위해 각성제를 먹으면서까지 혹사당하는 현장을 겪으며 기업과 사회에 대한 분노가 치밀어 올랐던 것이다.

"별것 아닌 노동조건 하나 고치기 위해 수많은 노동자들이 희생됐어. (…) 실무자들이 당한 것보다 엄청난 희생을 노동자들이 치르면서 해냈다 이거야. (…) 우리는 그저 같이 분노한 것뿐이지."

조지송 목사를 산업선교 현장으로 불러낸 것은 노동자를 비인간적 환경으로 내모는 자본의 횡포와 기업주의 욕망에 맞서서 노동자를 편듦으로써 '네 이웃을 사랑하라'는 그리스도의 가르침을 실천하려는 성직자의 결단이었다. 말하자면 조지송 목사는 노동자가 인간적인 대우를 받으면서 즐겁게 노동을 하는 것이 하나님의 뜻임이 분명한데, 하나님의 뜻을 거스르는 타락하고 추악한 노동 현장의 모습에 정직하게 분노했을 따름이었다. 영등포산업선교회의 초기 활동 보고서를 보면 이러한 조지송 목사의 고뇌가 여실히 묻어난다.

"인간의 인격보다 자본과 기술이 더 중요하게 취급되는 것이 오늘의 현실이며, 노동자가 대학 교수나 성직자보다 낮은 계급이라는 생각이 일반적인 상식으로 되어버린 감이 없지 않습니다. (…) 하나의 생명이 천하보다 귀하다는 그리스도의 말씀이 우리 사회 속에서 실증되지 못하는 한 교회의 외침은 아무 효과도 기대하지 못할 것입니다."[2]

"노동의 강도는 높고 임금은 낮은 경제 현실에 사는 노동 대중은 모든 문제를 원망의 눈초리로 보게 되는 것이 현실입니다. (…) 교회는 무엇으로 그들의 짐을 나누어 지고 그리스도의 종으로서 섬기는 자가 될 수 있겠습니까?"[3]

이러한 고민 끝에 조 목사가 선택한 길인 산업선교는 '노동자도 인간이니, 인간적인 노동 환경을 만들기 위한 교회의 결단과 실천'이 될 수밖에 없었던 것이다. 누군가가 조지송 목사에게 1970~1980년대의 산업선교가 무엇을 지향했느냐고 굳이 묻는다면, 공장 안에 기독교인이 더 많이 생기도록 했다거나 노동자를 교회로 끌어들이는 것이라고 대답하지 않고, 오직 '노동자도 인간이라는 것을 깨닫게 하여 스스로 인간다운 삶을 위해 싸우도록 했다'라고 말할 것이 분명하다. 조지송 목사가 이야기하는 '노동자도 인간이다'라는 말 속에는 출애굽의 이스라엘 공동체가 진정한 예배를 올리기 위해 노예 생활을 하던 이집트를 떠났듯이, 노동자의 진정한 신앙생활을 위해서는 인간다움을 회복하는 것이 선행되어야 한다는 명제를 포함하고 있었던 것이다.

조지송 목사가 영등포에 처음 왔을 당시는 '노동자도 인간'이라는 것을 노동자 자신도 미처 모르는 경우가 많아서 노동자의 정체성 확립부터 시작할 수밖에 없었다. 조지송 목사는 노동자와 끊임없이 대화를 했는데, 그 지향점은 언제나 '노동자도 인간이다'에 집중되었다. 그는 노동자의 임금이 어느 정도가 적정선이냐는 문제를 놓고 토론을 할 때도 그 기준을 남보다 얼마나 더 많이 받느냐에 두지 않고 '인간답게 사는 데 얼마나 드는가?'에 두었다. 노동자가 기업주에게 요구할 적정 임금을 '품위 있는 삶이 가능한 생활 임금'으로 규정했는데, 여기에는 중산층이 일반적으로 향유하는 음악회나 문화 활동을 반드시 포함해 계산했다. 최저임금의 개념조차 없었던 시대에 사람답게 살 수 있는 생활 임금을 받아야겠다는 인간 선언에 노동자들은 동조하고 감동하지 않을 수 없었다.

조지송 목사는 중학교도 제대로 못 나온 어린 여성 노동자들이 오빠, 남동생의 학비 뒷바라지를 위해 월급을 몽땅 고향 집으로 송금해서 정작 자신을 위해서는 제대로 써보지도 못하는 것을 가슴 아파했다. 그는 "동생들의 인생은 동생 것이고, 너희들의 인생이 더 소중하잖아. (…) 돈을 집으로 다 보내지 말고 자신을 위해 모으든가 쓰라" 하고 누누이 가르쳤다. 스스로를 위해 돈을 쓸 줄 모르는 여공들을 위해서 '돈을 어떻게 써야 하는가'라는 생소한 내용이 소그룹 활동의 주제가 되기도 했다.[4] 또한 자신의 문제를 이성적으로 판단하고 합리적인 결정을 내릴 수 있는 의사 결정과 심리 강화 프로그램을 실시하는 데도 심혈을 기울였다. 처음엔 그저 신기한 놀이로 여겨졌던 인간관계 훈련과 자아 존중감 계발 프로그램도 알고 보면 '노동자도 인간이다'라는 것을 깨닫고 인간답게 행동할 수 있도록 하기 위한 정교한 교육과정의 하나였다.

조지송 목사와 영등포산업선교회에서 젊은 시절을 함께 보낸 여성 노동자들은 산업선교 활동을 통해서 자신들이 소중한 존재라는 것을 깨닫게 되었으며, 소중한 인간인 자신이 부당한 대우를 받고 있음을 알고 난 후에야 비로소 인간다운 권리를 되찾기 위한 투쟁에 과감히 나설 수 있었노라고 고백했다.

"산업선교회가 내 집처럼 편안했지. (…) 힘든 노동을 마친 후였지만 소그룹 모임을 위해 회관으로 가는 게 그렇게 좋을 수가 없었지. (…) 목사님은 아버지 같았고 실무자들은 언니, 오빠였어."[5]

전근대적인 노사관계로 인해 직장에서 무시당하고 폭언, 폭력에 상처받은 여성 노동자들이 그들을 동등하게 대하며 따뜻한 인간애로 맞아주는 산업선교회를 가족처럼 느끼는 것은 하나도 이상한 일이 아니었다. 그리고 그 뜨겁고 진한 가족 같은 유대관계와 동지의식이 탄압과 노동투쟁 현장에서 굴복하지 않는 투지와 동료에 대한 보호본능으로 나타났을 것이다. 당시 대부분의 진정서, 성명서, 호소문은 조지송 목사와 실무자들이 직접 쓰고 타자해서 산업선교 회원 노동자의 이름으로 내보냈다. 하지만 단 한 명의 노동자도 수사 과정에서 추궁받았을 때 조지송 목사나 실무자가 썼다는 것을 밝히지 않고 스스로 감내했는데, 이는 이러한 인간애를 바탕으로 형성된 일체감 내지 신뢰감이 있었기 때문이다.

"1970년대 말 투쟁이 아주 절정에 달했을 때, 그때는 산업선교 하는 목사들이 노동자더러 어떻게 하라고 할 수가 없었어. 지도할 수 없을 만큼 목사들보다 앞서가는 거야. (…) 그들이 볼 때 목사들이 왜 저러나 할 정도로 우리가 초라해졌어."

"교회 안 나가는 수만 명의 노동자를 만났지만, 아… 네가 진짜 예수 믿는 사람이구나… 네가 목사인 나보다 낫구나 하고 나는 고백했어."[6]

산업선교는 노동자가 스스로 품위 있고 소중한 인간임을 깨닫고 그 존엄성을 지켜내기 위해 투쟁하는 과정이며, 실무자는 다만 그것을 옆에서 거들어주는 존재여야 한다는 것이 조지송 목사의 산업선교 논리다. 이러한 영등포산업선교회의 모습은 많은 신학자와 교육가에게 영감을 주고 영향을 끼쳐서 1970~1980년대에 '민중신학'과 '민중교육'이 산업선교로 인해 더욱 풍성해질 수 있었다.

동전 한 닢의
기적

조지송 목사는 1960년대 초반 구미 지역과 일본의 노동조합 활동을 살펴보던 중 그들에게 노동자 프로그램들이 잘 갖춰져 있음을 보면서 매우 감탄했다. 그 복지 프로그램들은 건강이나 실업보험 같은 공적인 사회안전망에서부터 개인의 취미나 스포츠 활동에 이르기까지 매우 다양했다. 조지송 목사가 특별히 눈여겨본 것은 협동조합이었다. 특히 세계 신용협동조합 본부를 둘러보면서 많은 깨달음을 얻었다. 협동조합운동은 19세기 초 산업혁명의 본거지인 영국에서 노예 노동에 혹사당하던 방직공들이 공동으로 식품구매조합을 시작한 것에서 출발했다. 조합의 점포에서 식품을 공동으로 구입함으로써 단가를 낮추고, 판매 이익을 한푼 두푼 조합원 공동의 자산으로 적립하는 정신이 그 밑바탕이 되었다.

조지송 목사는 힘없는 노동자도 공동으로 소유하고 민주적 운영을 통해 공동 이익을 창출하여 공평하게 분배할 수 있다는 자율 조직으로서의 협동조합의 이념과 가치에 큰 매력을 느꼈다. 또한 협동조합 활동을 하면서 스스로 돕고 결정하며 민주주의를 실천할 수 있는데다, 평등과 공정의 원칙과 조합원의 연대라는 개념이 노동자의 단결과 성장에 긍정적 역할을 할 수 있다고 생각했다.

조지송 목사는 1965년 8월 양평동교회 산업전도 평신도 회원들로 구성된 한울안모임 회원들과 함께 소비자조합 문제를 놓고 토론하는 등 협동조합 이념을 노동자들과 공유하기 시작했다. 1968년 10월 제8회 평신도 산업선교 교육 프로그램에서 '소비자 입장에서 본 협동조합'이라는 강좌를 개설하여 소비자 협동조합운동의 사례를 소개했다.

"매달 생필품을 사서 쓰는데, 물건 값에 보태진 판매 이익금은 어디로 가는가? 결국 가난한 사람들이 경제활동을 해서, 부자들의 이익을 위한 결과가 되어버린다. 우리들의 은행, 우리들의 백화점을 만들어 모든 이익을 우리들의 것으로 만들어야 한다."[7]

조지송 목사는 공장에서는 생산에 참여하여 창출한 이익을 회사에 빼앗기고, 공장 밖에서는 은행과 판매유통 업자에게 소비 활동으로 만들어진 이익을 빼앗기는 것이 부당하다고 역설하면서, 노동자가 스스로 이익을 창출하고 나누어 가질 수 있는 협동조합이 좋은 대안임을 강조했다. 그는 노동자가 협동조합에 참여하면 절약과 이익 창출로 인해 10퍼센트의 임금을 인상한 효과가 있다고 주장했다.

"10퍼센트를 절감하여 돈의 가치를 높일 수 있다 이거야. (…) 그러니까 노동운동이나 협동운동이 같은 거지. (…) 임금 인상 투쟁을 하는 거나 협동조합으로 돈 잘 쓰게 하는 운동이나 모두 노동자들의 생활수준을 향상시키는 것이거든."[8]

또한 그는 협동조합이 가능해지려면 다음과 같은 조건이 있어
야 한다고 강조했다.

- 서로 믿고 신뢰할 수 있는 사람들이어야 한다.
- 1인은 만인을 위하고 만인은 1인을 위하는 상생의 정신이 필요하다.
- 조합원들끼리 공동 유대와 연대의식에 기초해야 한다.
- 민주적이고 합리적인 운영이 필수적으로 요구된다.[9]

1969년 2월 강행님 전도사를 협동조합 전담 실무자로 영입하
여 협동교육연구원에서 공부하게 했고, 5월 26~29일에는 예비 조합
원들을 대상으로 '협동조합 교육 강좌'를 여는 등 수차례에 걸쳐 교
육을 실시했다. 그리고 마침내 8월 11일 조합원 50여 명이 자본금 1
만 4000원을 모아 신용협동조합을 설립했다.[10] 이때 내건 설립 목적
문은 다음의 내용을 천명하고 있다.

- 신용협동조합이란 경제적인 조직을 통해서 산업선교를 보다 활발
하게 하기 위해서다.
- 뜻밖에 어려운 재난을 당하는 근로자들에게 경제적인 도움을 준다.
- 목돈이 없는 근로자들이 목돈을 소유하게 함으로써 안정된 생활
을 할 수 있게 한다.
- 적은 돈을 서로 협력해서 사용함으로써 구체적인 이웃 사랑을 할
수 있도록 한다.

신용협동조합은 소박하게 '1원 저축운동'부터 시작했다. 한국모방 내 30여 개의 소그룹에서 활동하는 노동자들이 조직적으로 신협에 가입하여 이용했다. 월급날 박영혜가 기숙사에서 돈과 통장을 거두어 오면 강행님이 산업선교회 회관 사무실에서 입금 처리를 했다. 이렇게 한국모방 지점 구실을 할 만큼 박영혜에 대한 한국모방 노동자들의 신뢰는 컸다.

창립한 지 4개월 만에 조합원은 200여 명으로 불어나고 저축금액이 40만 원을 초과하면서 조합원에게 목돈을 대부해줄 수 있게 되었는데, 10개월 균등 할부로 월 2부 이자를 적용했다. 노동자의 대출금은 주로 전세금으로 쓰여 신협이 노동자의 주거 안정에 많은 기여를 한 셈이다. 1972년 신용협동조합법이 제정되면서 이듬해 1월 '영등포산업개발신용협동조합'이라는 이름으로 재무부로부터 제1호 신용협동조합으로 인가를 받았는데, 한국에서 최초로 재무부 인가를 받은 신용협동조합으로 기록되었다. 인가 당시 조합원 714명에 출자금은 799만 원이었으며, 이듬해에는 예금과 출자금을 포함한 자산 총액이 1700여만 원이나 되었다."

조지송 목사는 조합원 교육에 직접 나서서 끊임없이 협동의 가치를 가르치고 인식시키려 노력했다.

"한마디로 자본주의 사회에서는 목돈 가진 사람이 이기고 푼돈 가진 사람이 집니다. (…) 만 원짜리 포도 한 상자에 열 송이가 들었는데, 1000원어치 사면 산술적으로는 한 송이지만 실제는 반 송이밖에 안 줘요. (…) 그러니까 열 명이 돈을 모아 포도 한 상자 사서 나누어 가지면 두 배로 남는 거죠. (…) 돈뿐만 아니라 시간도 절약되고…. 우리가 협동조합으로 모이면 자본주의의 틀을 깨뜨릴 수 있어요.["]12

조지송 목사는 조합원 교육을 매우 중요시해 한 번이라도 교육에 빠진 사람은 조합에 가입시키지 않았다. 또 금전 처리에도 엄격해서 단 1원이라도 착오가 생기면 담당 실무자가 무조건 책임지고 변제하도록 했고, 조 목사 자신도 10원 단위 지출까지 영수증을 챙겼다.

신협의 운영 원칙을 지키는 것도 철저했는데, 롯데제과 해고 노동자였던 신미자가 퇴직금 반환 소송 당시 법원에 낼 공탁금이 없어 신협에 대출을 요청한 일이 있었다. 하지만 조 목사는 신협조합원이 아닌 한 산업선교회 회원이라고 해서 대출을 해줄 수는 없다고 딱 잘라 거절했는데, 그 일로 신미자는 울었다고 한다. 산업선교회 회원으로서 노동투쟁을 하다 해고까지 되었는데 대출도 해주지 않으니 너무 서운했던 것이다.13

하지만 조지송 목사로서는 신용협동조합의 규칙에 공익법률구조사업이나 비조합원 노동자를 위한 대여 규정이 없으니 어떻게 해줄 길이 없었던 것이다. 은퇴 후 '하나의 집'에서 지낼 때 이때 일을 회고하면서 조지송 목사는 조합원 개인 대출뿐만 아니라 노동조합에 파업 자금을 대여해주거나 해고 노동자의 생활 자금을 융자해줄 수 있는 '노동금고'가 있었으면 하는 바람을 자주 토로했다.

처음 초라하게 시작한 신협은 궤도에 오르자 여성 노동자들에게 전세금을 대부해주면서 큰 호응을 받았다. 목돈을 만들 길이 없어 비싼 월세로만 살다가 월세보다 싼 이자로 전세금을 만들 수 있게 된 노동자들은 조합에 드나들다가 노동교회 교인이 되거나 산업선교 회원이 되기도 했다. 신협과 공동구매조합은 소그룹 모임과 함께 산업선교의 두 축이 되어 영등포산업선교에 활력을 불어넣어 주었다. 처음에는 단순히 신협의 조합원으로 드나들다가 산업선교 회원이 되는 경우도 많았다. 대일화학의 송효순도 신협에 저축하러 왔다가 산업선교를 알게 된 경우였다.

"회관 문을 열고 들어가면… 언제나 반갑게 맞아주던 실무자의 웃는 모습이 지금도 생생하게 떠오른다. 우리는 습관적으로 주머니와 가방에서 동전을 있는 대로 몽땅 꺼내 통장과 함께 내밀었다. (…) 나중엔 아예 통장과 도장까지 맡겨놓았는데, 잔고가 맞는지 한 번도 확인해본 적이 없다. (…) 우리는 그토록 실무자들을 믿었다."[4]

시중은행은 여성 노동자들이 드나들기엔 문턱이 너무 높았다. 예금은 저리로 받아 챙기면서 대출은 하늘의 별 따기였다. 게다가 퇴근 무렵이면 은행의 영업시간이 끝나버린 뒤여서 이용하기조차 힘들었다. 그러나 신협은 언제 찾아가든 실무자가 기다리고 있었고, 조합원이면 누구나 전세금 정도의 목돈을 신용대출로 받을 수 있어 노동자 조합원들의 전폭적인 사랑을 받았다. 여성 노동자들이 월급을 스스로 관리하지 않고 집으로 보내거나 가족을 위해서 써버려 정작 자신에게 목돈이 필요할 때 힘들어하는 경우가 많았는데, 신협은 돈을 지혜롭게 관리하는 능력을 키워주는 경제 교육 기관의 역할도 담당한 셈이다.

영등포산업개발신용협동조합은 1976년 965명의 조합원에 3550여만 원의 자산을 가진 기관으로 성장했고, 연간 대부받은 인원이 2133명에 이를 정도로 활기차게 운영되었다. 신용협동조합은 영등포산업선교회 회원뿐만 아니라 영등포 지역의 일반 교회 목회자들과 교인들에게도 알려졌다. 1972년에는 경기노회 목회자 27명이 신협 교육을 받은 후 조합에 가입했고, 도림교회처럼 교회 내에 신협을 창립하는 곳도 생겨났다.

신용협동조합이 궤도에 올라 조합원 1000명에 달할 즈음인 1976년 4월 29일 '공동구매협동조합' 창립총회를 열었다. 134명의 조합원으로 시작했는데, 초기 투자금은 신협에서 설립 조합원 한 명당 1만 원씩 대부해준 17만여 원과 장로교 가정봉사회가 보조해준 60만 원을 합친 77만 1403원이었다. 이를 자본금으로 삼은 것이다.[15] 신용협동조합이 또 다른 형태의 협동조합을 만들어낸 셈이었다. 열심히 소그룹 활동을 하던 여성 노동자 신영희를 실무자로 채용하여 노동자들이 가장 많이 쓰는 물품 몇 종류를 다량 구입해서 당산동 아파트 회관의 부엌을 들어낸 자리에다 매장을 설치했다.

도매시장에서 100원에 구입한 비누 한 장의 구매조합의 판매 가격이 120원이라면 20원은 이익금으로서 그 금액만큼 조합원의 구매 통장에 적립해두었다가 6개월마다 한 번씩 환급해주었다. 운영경비는 환급금에서 똑같이 공제하는 방법으로 마련했다. 또 상품별 이윤율을 적정선으로 설정해 항상 시중 가격보다 싸게 유지했으나 비조합원들은 구입할 수 없도록 하여 이익의 재분배가 이루어지도록 했다. 구매조합의 회원은 꾸준히 늘었으나 운영 이익금에서는 실무자 인건비조차 나오지 않았다. 탄압의 와중에 실무자가 힘들어 그만두게 된 김에 무인 판매 형태로 전환하여 운영했다. 세계협동조합 운동 본부의 아시아 총무가 찾아왔을 때 무인 판매 점포를 보더니 우려스러운 듯 말했다.

"목사님, 그렇게 하는 건 안 좋아요."

"왜 그러세요?"

"괜히 착한 애들이 나쁜 짓 하도록 유혹받을 것 같아서요."

"아, 노동자들은 절대 그렇지 않습니다. 속이는 거 못해요."

조지송 목사는 회사나 사회는 비록 여성 노동자를 수준 낮고 도둑질까지 하는 애들로 바라볼지라도 산업선교회에 와서는 절대 안 그럴 것이라고 확신하면서 무인 판매를 계속했다. 조지송 목사의 예상대로 무인 판매는 성공적으로 정착되었다. 한 달에 한 번 매출액을 점검해보면 매출 잔고가 모자라기는커녕 오히려 초과해서 실무자들을 놀라게 했다. 계산해주는 사람이 없으니 끝전이 5원인 경우 거스름돈 통에 10원짜리만 있을 땐 거슬러 가기를 포기하는 경우도 더러 있었겠지만, 협동조합을 자기 살림으로 여기는 노동자들이 거스름돈을 일부러 기부했기 때문이다. 너무 가난해서 버스 타는 것도 부담스러운 노동자들이 협동하면서 만들어낸 기적 같은 이야기다.

"난 이런 노동자들하고 일한 것이 그렇게 행복할 수가 없었어. (…) 대한민국 어느 목사도 평생 그런 노동자들은 못 만날 거야."[16]

이러한 노동자들의 인격적인 변화와, 산업선교회와의 사이에 형성된 견고한 신뢰는 몇 번의 교육이나 예배만으로 갑작스럽게 이루어지는 것이 아님은 물론이다. 노동자들은 조지송 목사를 비롯한 실무자들과 산업선교회 자체가 가진 그리스도의 품성에 자기도 모르는 사이에 감동받고 함께 깊이 동화되어갔던 것이다.

1980년에는 공동구매조합원이 450명까지 늘었지만, 대부분의 조합원이 미혼의 여성 노동자라 사용 물품에 한계가 있어서 이용 실적은 매우 저조했다.

"애들이 너무 돈을 안 쓰는 거야. (…) 일반 가정일 경우 수입을 초과해서 외상으로라도 끌어다 쓰게 마련인데, 여성 노동자들은 돈 쓰는 걸 무서워했어. (…) 대신 신협은 잘 되었지."[17]

여공들이 악착같이 돈을 모아서 동생을 대학에 보냈다거나, 고향 부모님께 논밭을 사주었다는 미담이 회자되던 시대의 이야기다. 신협 통장은 한푼 두푼 적립금이 쌓이는 반면, 공동구매조합 통장에는 이익금이 늘지 않았던 이유다. 구매조합은 실무자 없이 무인 판매 형태의 운영인지라 부담은 적어 8년간 계속 운영하다가 신군부의 탄압이 절정에 달하던 1982년 5월 총회를 열고 해산을 결의하게 된다.

영등포산업선교회 신용협동조합은 인명진 목사의 미가서 설교 사건 직후인 1978년 5월 1일 서울지검 영등포지청의 압수 수색을 시작으로 표적 감사를 받았다. 영등포세무서와 구로세무서가 번갈아가며 압수한 회계 자료와 장부를 샅샅이 뒤졌다. 하지만 비리를 찾지 못하여 처벌이 불가능해지자 목회자인 실무자들이 갑근세를 납부하지 않았다며 135만 원의 세금을 추징했다. 관례상 종교단체와 성직자는 공익법인에 준해 세금 면제를 받아왔는데, 유례없는 갑근세를 부과한 것이다.

그 후에는 재무부로부터 신용협동조합원 명부를 제출하라는 지시가 내려왔다. 자율성이 생명인 협동조합이 조합원 명단 제출을 할 이유가 없는데다 조합원들이 탄압 표적이 될까 봐 단호히 이를 거부했다. 탄압의 구실이 궁했던 재무부가 신용협동조합 연합회에 조합원 명단을 요구하면 조지송 목사는 그런 규정이 없다고 항의하고,

신협 연합회는 재무부 핑계를 대고, 다시 재무부는 '위에서 요구한다'고 둘러댔다. 그 '위'가 누구냐고 다그치니 중앙정보부까지 나왔다. 조지송 목사는 중앙정보부가 요구하니 더욱 줄 수 없다고 버텼다.[18]

재무부는 영등포산업개발신용협동조합(당시 재무부에 등록된 공식 명칭)이 조합원 명단 제출을 거부한 것을 감사를 거부한 걸로 간주하고 신협에 대한 인가 취소 처분을 내렸다. 세금 추징과 인가 취소 처분에 불복하여 장기간 법정 다툼을 했지만, 결국 영등포산업선교회는 인가 취소 처분에 승복할 수 없어 자진 해산 형식으로 합법적인 신협 지위를 포기하고 '다람쥐회'라는 법외 조합으로 남기로 했다.

영등포산업선교회가 시작한 신용협동조합은 타 교단의 산업선교 단체와 노동조합에도 보급되었고,[19] 특히 원풍모방 노조는 사내에 신협과 소비자협동조합을 만들어 노동조합비를 관리하고 투쟁기금을 적립하는 등 협동조합을 매우 잘 활용하는 모습을 보여주었다. 영등포산업선교회의 협동조합운동은 노동자의 복지 향상과 더불어 자주적 역량을 키우고 민주적 운영을 경험하도록 하기 위한 것이었다. 당시 공장과 노동조합에서 하지 않던 운동이었지만, 영등포산업선교회가 선도적인 역할을 함으로써 이를 본받아 각 노동조합들도 협동조합운동을 하도록 권장하고 지도자를 양성하는 데 노력했다.[20]

조지송 목사가 시작한 이 운동은 60여 년이 지난 현재 영등포산업선교회의 법외 조합인 '다람쥐회', '서로살림생협', 협동교육 '밝은공동체', 노숙인 자활협동조합 '노나메기', '서울의료소비자협동조합' 등으로 계승되어 영등포 지역의 협동조합운동을 이끌어가고 있다.

조지송 목사로부터 협동조합 정신을 배운 노동자들이 주축이
되어 법외 조합으로 성장해온 다람쥐회는 새롭게 '노동금고'나 '사회
연대은행'으로 나아갈 계획을 하고 있다.[21] 조지송 목사가 씨를 뿌린
영등포산업선교회의 협동조합 공동체들은 노동자뿐만 아니라 지역
주민, 진보 시민사회와 함께 보다 크고 넓은 협동운동을 지향하고 있
는 것이다.

더불어 사는
공동체

조지송 목사는 기회가 닿기만 하면 노동자들에게 공동생활 정신을 불어넣으려고 애썼다. 지금도 여전하지만 1960~1970년대에 시골에서 상경한 어린 여성 노동자에게는 주거가 가장 큰 문제였다. 회사마다 기숙사가 있었지만 지나치게 통제가 심해 여성 노동자에게는 감옥과도 같았다. 산업선교회 활동을 하려 해도 야간 외출이 쉽지 않아 조지송 목사는 대안으로 공동생활을 제안했다.

"방을 각각 따로 얻어 살지 말고 두세 사람이 한방을 쓰면 오죽 좋아? 한 사람은 밥하고 다른 사람은 그 시간에 빨래하고…. 남은 사람은 책 보면 시간을 효과적으로 쓸 수 있잖아."[22]

말만으로 권유하는 데 그치지 않고 조지송 목사는 산업선교회 사업으로 문래동에 '식당'을 만들어 독신 노동자가 질 좋은 밥을 함께 먹고 건강하게 노동할 수 있도록 배려하기도 했다. 1968년부터는 지방에서 갓 올라와 기숙사에도 못 들어가는 여공을 위해 '여성 생활관'이라는 이름으로 방 두 개를 마련해 기숙사나 방을 얻어 자립할 수 있을 때까지 여덟 명이 임시로 거주할 수 있도록 하는 여성 노동자 주거 안정 프로그램도 운영했다.[23] 또 다른 주거 지원으로는 '전세금 무이자 대부제도'를 운영했는데, 전세금을 2년간 분할 상환하는 조건이었다. 이러한 주택 사업은 수익이 목적이 아닌 여성 노동자의 주거 안정을 위한 것이었다. 조지송 목사가 이스라엘의 협동농장인 키부츠에 대해 입이 닳도록 말하고 또 슬라이드 사진으로도 보여주어서 40년이 지나도 잊히지 않는다는 사람도 있다.[24] 조 목사의 의도는 오로지 힘없고 돈 없는 노동자의 유일한 희망은 더불어 사는 공동체임을 깨닫게 하는 것이었다.

조지송 목사가 가장 먼저 시작한 협동사업은 1968년 설립한 '선교타이어 주식회사'라는 폐타이어 재생 공장이었다. 생산자협동조합의 목적은 산업선교에 쓸 돈을 벌고 해고 노동자에게 일자리를 제공하자는 취지였다. 오늘날의 사회적 기업과 비슷했는데, 단지 그때는 제도가 미비해 국가로부터 보호를 받지 못했다는 점만 달랐다. 17명이 투자하여 자본금 300만 원으로 시작했는데, 한국모방의 부녀부장 김갑준은 모아둔 퇴직금과 친지들에게 빌린 돈을 몽땅 투자하기도 했다. 평신도산업전도연합회 회장 김동혁이 사장직을 맡았고, 종업원 다섯 명으로 공장을 가동했다.

재생 타이어가 너무 잘 만들어져 기존의 타이어 회사인 한국타이어와 삼양타이어에서 자기네 정품 타이어가 안 팔린다고 할 정도였다. 무슨 영문인지 매일같이 세무서에서 찾아오고 교통경찰도 찾아와서 시비를 걸었다. 조지송 목사는 단돈 10원도 뇌물이라든가 접대 같은 데 쓰지 않기로 하고, 주일은 꼭 쉬며, 노동자에게 규정대로

다 해준다는 규칙을 정해놓고 지키도록 했다. 그런데 도저히 이대로는 운영을 못 하겠다면서 김동혁 사장이 손을 들어버렸다. 오늘날이라면 사회적 기업으로서 오히려 우대받으면서 정책적으로 보호되었을 사업이었다.

재생 타이어 사업을 접은 후 고속버스 타이어를 생산하려 했으나 기존 타이어 회사들의 반발이 심해 무산되고, 대신 의수족 만드는 일을 시도해 한때는 70여 명의 직원이 일할 정도로 성장했다. 미국의 유명한 의수족 회사인 프래스턴이 산업선교 회원 노동자들이 일하는 기업이라는 것에 호감을 갖고 투자 의향을 전해왔다. 투자 조건은 회사가 손익분기점을 넘기면 투자한 17명이 이익금을 배당받아 프래스턴의 주식을 사도록 하는 것이었다. 생산품 전부를 수출하면서 세제 혜택을 받으려면 수출자유지역으로 가야 한다고 해서 영등포를 떠나 마산공단으로 갔다. 그런데 거기서도 생산이나 판매가 아닌 현지 공장 운영과 관련한 제약이 너무 심해 대한민국은 도저히 정상적으로는 사업할 곳이 못 된다는 생각에 깨끗이 포기하고, 공장을 매각해 투자자들에게 나누어주고 말았다.[25]

조지송 목사는 기업주들이 정부 당국의 눈치를 보며 권력기관에 약한 이유를 알 것 같았다. 기업의 생사가 경영학적 요인이 아닌 여러 가지 외압을 요령 있게 해소할 수 있는 기업주의 처신에 의해 좌우되었던 것이다. 윤리경영과 공정거래 개념도 정립되지 않았고 권력과의 친소 관계가 결정적으로 중요했던 1960년대에는 착한 기업이 생존할 수 있는 환경이 아니었다.

1974년에 조지송 목사는 주택조합 사업을 실시했는데, 신협

대출금의 대부분이 전세 자금으로 사용된다는 것에 착안해서 아예 땅을 사서 연립주택을 공동으로 짓자고 한 것이었다. 조 목사는 회관 건축 문제로 독일에 갔을 때 노동조합이 집 없는 노동자들을 모아 공동으로 주택을 짓는 것을 볼 수 있었다. 그것을 떠올린 그는 영등포산업선교회 회원인 무주택 노동자와 실무자 17명으로 조합을 조직하여 서울 근교의 임야 3200평을 샀다. 그러나 이 첫 번째 시도는 구입한 땅이 그린벨트로 묶이는 바람에 사업을 시도하지도 못하고 실패하고 말았다.

두 번째로 조직한 주택조합은 독산동 코카콜라 앞의 땅 1400평을 구입했다. 땅을 사려고 회원을 모집해 출자를 받았는데, 회원으로 가입한 여공들이 가족과 친척에게 맡겨놓은 돈을 찾아오려니 난리가 났다.

"이 미친년이, 어떻게 모은 돈인데 목사에게 몽땅 갖다 바치려는 거야?"

"영수증도 없이 돈을 준다고? (…) 순진한 너를 속이려고 사기친 거야."

이렇게 오해한 노동자의 가족이 조지송 목사의 집까지 찾아와 "우리 딸이 구입했다는 땅 등기부등본 좀 봅시다"라고 하는 일도 있었다.

당시 미국의 기독실업인회는 가난한 이들의 자립 사업을 지원해주고 있었는데, 우여곡절 끝에 땅을 산 조 목사와 주택조합은 미국산업선교위원회 조지 토드 목사의 소개로 그 자금을 융자받을 수 있게 되었다. 연리 8퍼센트에 20년 상환이라는 좋은 조건의 장기 저리

융자였다. 융자가 필요했던 이유는 있는 돈을 다 긁어모아 땅을 사는 데까지는 성공했으나, 건축비를 충당할 여력이 없었기 때문이다.

설계를 끝내고 막 건축에 들어가려는데, 미국 융자 단체의 규정상 정부기관의 보증이 있어야 한다고 했다. 그래서 그쪽 여신 담당자 애덤스와 같이 주택은행을 찾아갔다.

"아주 좋은 사업입니다만… 그 융자금의 연 1퍼센트를 우리에게 주시오."

"1퍼센트를 보태줘서 집 없는 사람에게 집을 짓게 해줘야 할 주택은행이 뭔 소리를 하는 거요?"

"안 주면 보증 못 섭니다."

보증보험이라는 것이 존재했는지 알 수 없으나, 가난한 사람들에게 원조나 다름없는 융자금마저 떼어먹으려 드는 주택은행의 돈 욕심 앞에서 조지송 목사는 "자존심 상해가면서까지 못 한다"라고 선언하고, 1975년 4월 주택 사업을 포기하기로 결정하기에 이르렀다. 구입한 땅은 조합원들에게 분할 등기해주어 개별적으로 집을 짓거나 팔 수 있도록 정리했다. 그중 39세대는 1976년 집을 지어 입주했고, 나머지 18세대는 택지를 팔아서 주택을 마련했다. 조지송 목사도 자기 몫의 땅을 판 돈으로 영등포산업선교회 회관 신축 부지 일부를 샀다가 나중에 회관 건축이 끝난 후 구 회관이던 아파트와 교환함으로써 회관 건축에 도움을 주었다.[26]

이들 신용, 구매, 주택의 세 협동조합과 선교타이어 회사, 전세금 대부업, 식당 등은 일제에 의해 궤멸되었던 자주적 협동조합운동이 다시 기지개를 켜던 당시에 조지송 목사의 상상력과 업무 추진력이 만들어낸 선도적인 사업들이었다. 당시 영등포산업선교회가 다양한 협동조합운동을 시도할 수 있었던 것은 조지송 목사가 지도자로서 협동조합의 철학과 가치를 올바르게 인식하고 있었고, 소그룹 활동으로 잘 조직되고 훈련된 노동자들이 있었으며, 열악한 노동자의 경제생활 환경이 자연스럽게 협동의 필요성을 요구했기 때문이다.²⁷

그러나 안타깝게도 독재정권의 탄압과 견제로 신용협동조합은 인가 취소되어 법외 조합으로만 연명할 수 있었고, 여타 사업은 때를 잘못 만나 꽃을 피워보지도 못한 채 중단되고 말았다. 정부의 탄압이 없었더라면 조 목사가 시작한 영등포산업선교회의 협동운동은 새로운 영역을 개척하면서 대안경제 공동체로 발전해 나갔을 것이다.

자본주의의 한계를 극복할 수 있는 유일한 대안으로서 협동조합운동이 새롭게 주목받고 있는 21세기의 눈으로 볼 때 조지송 목사와 영등포산업선교회가 다양하게 시도했던 협동조합운동은 비록 실패한 것이 더 많지만, 매우 의미 있는 시도였다. 이들 협동조합과 사회적 기업을 체험하면서 영등포산업선교회의 노동자들은 노동운동만으로 이룰 수 없는 새로운 삶에 대한 전망을 발견하고 희망을 볼 수 있었을 것이다. 한편으로 이는 영등포산업선교회가 노동자들의 신뢰를 얻어 노동운동에서 지도력을 발휘하기 좋은 조건을 제공했던 것으로 보인다.

서로 손에 손을
잡고

영등포산업선교회가 정권의 탄압과 어려운 외적, 내적 조건들을 극복하면서 노동자들과 성공적으로 결합하여 1970년대의 노동운동 역사에 뚜렷한 발자취를 남길 수 있었던 것은 영등포산업선교회와 함께한 수많은 도움과 연대의 손길이 있었기 때문이다. 노동자에게 가해지는 불법적이고 비인도적인 행위를 저지하려는 투쟁의 중심에는 노동자 자신들이 있었지만, 외곽에서는 더 많은 지지 세력이 이들을 둘러싸고 있었다. 대기업과의 싸움에서 연일 대규모 시위를 조직하고, 기도회를 가졌으며, 법정투쟁도 계속되었다.[28] 노동자의 힘만으로는 조직할 수 없는 거대한 전선을 형성했던 것이다.

　　영등포산업선교의 중심은 소그룹 여성 노동자였다. 방림방직, 롯데, 해태, 남영나이론, 원풍, 대일화학의 노동자였던 김연자, 박점순, 유옥순, 이옥순, 문계순, 송효순, 장석숙, 김복례, 김복실, 김미순, 김금순, 김순희, 신미자, 한명희, 박득순 등은 소그룹 핵심 리더로 활동하면서 영등포산업선교의 역사를 온몸으로 기록해낸 노동운동가다. 이들은 1980년대 초 신군부의 독재정권으로부터 탄압을 받은 데 이어 블랙리스트에 올랐다가 이후 '민주화운동 관련자 명예회복에 관한 특별법'에 의해 명예가 회복되고 일부는 피해에 대한 금전적 보상을 받았다.

영등포산업선교회에서 노동자들과 함께 가장 가까이 울고 웃으며 동고동락했던 이들은 다른 누구도 아닌 산업선교 실무자들이었다. 조지송 목사와 함께 일했던 실무자들은 조지송 목사를 따라 노동자를 예수로 알고 받들며 섬겼다. 조지송 목사는 많은 실무자 중 특히 김경락, 인명진, 명노선 세 목사와 신철영이 군부독재의 탄압으로부터 당한 고난을 잊지 못했다. 최고 책임자로서 실무자들이 투옥과 생명의 위협을 수없이 당하는 것을 지켜보아야 했던 고통은 피를 말리는 것이었다.

김경락 목사는 장로교와 감리교 연합체제로 운영되던 1968년부터 1974년까지 7년간 영등포도시산업선교연합회 감리교 쪽 실무자로 함께 일했다. 두 사람은 교단의 차이를 넘어 협력 선교를 진행했는데, 조 목사가 훈련과 교육을 담당하고 김경락 목사는 노사문제와 노동조합 지원을 맡았다. 김 목사는 행동파여서 시국 사건에 앞장서다가 투옥되기도 했는데, 그 뒷바라지는 조지송 목사의 몫이었다.

인명진 목사는 생전의 조지송 목사가 그를 차기 지도자로 선택한 것을 가장 잘한 일이었다고 할 만큼 함께 일하는 동안 긴밀한 파트너십을 유지했다. 조 목사가 총회 중앙산업선교위원회의 훈련 간사를 겸직하면서 자주 외부 활동을 할 때 인명진 목사는 내부를 잘 챙겼다. 인 목사는 친화력이 뛰어나 처음 만난 노동자와도 잘 어울

렸으며, 강한 추진력으로 일을 진행했다. 그리고 네 차례나 투옥되고 여러 번 연행되었는데, 그래서 영등포산업선교회의 '감옥 담당'이란 별명을 얻기도 했다.

명노선은 산업선교회관을 집처럼 편안하고 포근한 공간으로 만들면서 어린 여성 노동자에게 자상한 어머니의 역할을 해주었고, 신철영은 노동운동의 이론과 정책을 맡아 자칫 온정에 치우칠 수 있는 산업선교를 과학적인 노동운동으로 견인해내는 역할을 했다.

조지송 목사보다 먼저 영등포에서 기반을 닦은 강경구 전도사를 비롯해 1960년대의 실무자로는 김성혜, 민영선, 손풍자, 이승부, 임의주, 황태준, 강행님이 있으며, 이들 역시 이곳에서 소중한 땀을 흘렸다. 1970년대에는 고재식, 지신영, 명노선, 박상희, 박영혜, 장애신, 김정란, 신영희, 이신숙, 곽영순, 이정자, 김영희, 김용숙, 신철영 등이 노동자들과 함께 싸웠다. 1980년대 전반에는 정강자, 신철영, 신순철, 왕채숙, 송진섭 등이 격동기의 영등포산업선교회를 지켰고, 1983~1984년 조지송 목사와 인명진 목사가 차례로 사임하면서 영등포산업선교회의 지도력은 산업선교 훈련을 받은 이근복 전도사로 이어졌다. 1980년대 중후반의 실무자로는 손은하, 박진석, 이영우, 유구영, 한명희, 윤철, 진방주 등이 있으며, 이들은 변화하는 노동 환경 속에서 활로를 모색했다.

산업선교가 한국에 뿌리내려 세계적인 모델로 성장한 데는 미국 장로교 산업선교사들의 역할이 매우 컸다. 미국 북장로교의 선교사인 헨리 존스 목사는 아시아기독교협의회 산업선교 협동 총무로서 1957년부터 10여 차례 이상 내한하여 산업전도 사업이 뿌리내리도록 하는 데 중요한 역할을 했다. 그는 예장 산업전도위원회가 미국 북장로교의 지원금을 받을 수 있도록 추천했으며, 산업전도 지도와 실무자들의 해외 연수 교육을 주선했다.

미국 장로교가 파견한 어라복 선교사는 대구 지역의 선교를 위해 파견됐으나, 예장 산업전도중앙위원회에서 협동선교사를 겸하면서 산업전도를 도왔다. 그 밖에도 미국 강철노조 조직부장이었던 램지 장로, 에피아니아 카스트로, 액클 목사, 알프레드 슈미트 박사, 조지 토드 교수, 칼데론 박사, 연합장로교 총회장 마셜 스코트 박사 등 많은 산업전도 전문가들이 한국을 방문해 영등포와 전국 각지에서 산업전도 방법을 강의하고 교육했다.

해외 교회가 파견해 영등포산업선교회에서 일한 선교사들도 큰 도움이 되었다. 미국에서 호프먼, 호주에서 리처드 우턴(한국명 우택인), 라벤더(한국명 라병득), 토니 도슨(한국명 안도선) 선교사가 파견되어 조지송 목사와 함께 동역하면서 세계 교회와의 관계에서 중요한 역할을 했다.

호주 선교사로 장로회신학대학교 교수였던 존 브라운(한국명 변조은)은 산업선교를 적극 지원하여 영등포산업선교회와 호주연합교회의 통로 역할을 했다. 호프먼과 우턴은 외국의 산업전도에 대해 강의하는 등 조지송 목사와 함께 산업전도의 초석을 놓는 단계에서 좋은 동역자로 일했다. 이후 호주 선교사들은 주로 영등포산업선교회의 활동과 한국의 상황을 담은 뉴스레터를 영어로 만들어 자기 나라 교회와 세계 교회에 알리는 메신저 역할을 담당했고, 정부 당국의 감시를 피해 해외 자금과 문서를 반입하거나 반출하며 연결망을 유지하는 데 기여했다.

라벤더는 감리교 인천도시산업선교회를 돕던 오글 목사가 추방된 직후 비자 연장을 거부당해 김포공항에서 신발이 벗겨진 채 강제 출국되었다. 민주정부 수립 후 훈장을 받은 오글에 비해 상대적으로 대접을 받지 못해 조지송 목사는 매우 미안해했다.

조지송 목사가 국제회의나 모임에 참석하여 영등포산업선교회의 현황을 보고하면 종종 기독교장로회 목사냐는 질문을 받곤 했다. 그들이 생각하기에 보수 교단인 예수교장로회에서 산업선교를 가장 먼저 시작하고, 이렇게 열정적으로 수행하고 있는 것이 불가사의했던 것이다. 심지어 한국에서 산업선교를 하는 교단은 기독교장로회와 가톨릭밖에 없는 줄 아는 사람도 많았다.[29]

이에 대하여 조지송 목사는 산업전도(선교)를 받아들이고 키워준 예장통합 교단의 선배 지도자들과 영등포산업전도(선교)위원회를 구성했던 경기노회(이후 영등포노회)와 한남노회(이후 서울남노회) 위원들 및 외곽에서 지지 세력이 되어준 일반 교회 목사들의 공으로 돌렸다.

예장통합에서 산업전도의 산파역은 총회 전도부와 그 산하 산업전도위원회를 이끌었던 사람들이다. 초창기 전도부 총무 이권찬 목사는 영등포산업선교가 처음으로 당국으로부터 공산주의 단체로 의심받아 조사를 받을 때 사돈 관계였던 김계원 중정부장에게 절대 공산주의가 아니라고 변호해주어 큰 도움이 되었다. 보수적인 복음주의자인 이권찬 목사는 말년에 치매로 고통받았는데, 죽기 전에 꼭 한번 조지송 목사를 보고 싶다고 손은하 총무에게 부탁해 옥화리 '하나의 집'으로 찾아왔다. 그는 "내가 천당 갔다 왔어. (…) 예수님을 만나 부탁했는데… 조 목사가 집이 없으니 집을 하나 달라고 했어. (…) 그래서 금으로 지은 집을 주시기로 약속받았으니 걱정하지 말라"[30] 라면서 영등포산업선교회가 회관을 구하지 못해 힘들었던 시절을 기억하며 조 목사를 위로하는 말을 해주기도 했다.

오철호 목사는 산업전도중앙위원회 초대 간사를 맡아 예장 산업선교의 기초를 놓은 인물이었다. 그는 노동 훈련에 적극 참여하던 신학생 조지송을 눈여겨보고 훈련해 최초의 산업전도 목사로 세웠다. 그가 쓴 《산업전도수첩》은 최초의 산업전도 이론서였다.[31] 그는 대학생으로 구성된 이동산업전도대를 조직하여 전국을 돌았고, 공장 지대마다 목회자 산업전도 연구 모임을 조직했다. 총회 차원에서 시행하는 노동주일을 창안하고, 산업전도지를 제작하며, 산업전도 노래를 보급하는 등 저변 확대에 중요한 역할을 했다.

한경직 목사는 영락교회 당회장으로서 조지송 목사를 영등포산업전도 기관 목사로 보내는 데 주도적인 역할을 했다. 산업선교가 논란이 많다면서 영락교회 장로들이 지원 중단을 주장했음에도 그가 재직하는 동안 조지송 목사의 생활비와 영등포산업선교회 운영비 지원을 계속해주었다. 영락교회는 영등포산업선교회 회관 대지 구입비도 지원했으며 구미, 마산 등 지방의 산업선교도 지원한 통 큰 후원자였다.

방지일 목사는 조지송 목사가 영등포로 부임할 당시 경기노회(현 영등포노회) 전도부장으로서 영등포지구 산업전도위원회를 지원했으며, 후에는 경기노회장, 총회 전도부장과 총회장을 역임하면서 일관되게 산업선교를 지지했다. 예장 산업선교가 정권으로부터 탄압을 받을 때도 '복음을 위해 당하는 십자가 고난'으로 여기면서 정치적 예단과 비판을 멀리하고 순수한 교회의 선교로 품어주려고 애썼다. 그는 평북 출신으로서 같은 실향민인 조지송 목사를 무척 아껴 아들처럼 여겼다. 1970년대 말 대탄압기에 방지일 목사는 이대로 두면 정권이 조지송 목사를 죽일 것만 같다고 안타까워하며 냉면을 사주면서 미국 유학을 권유했는데, 조지송 목사는 "노동자들을 이대로 두고 갈 수 없다"라면서 듣지 않았다.

가장 가까이에서 영등포산업선교회와 조지송 목사를 지켜주고 협력한 이들로는 역대 영등포지구 산업전도위원회(후에 산업선교위원회) 위원들이 있다. 계효언 목사(명수대교회)와 방지일 목사(영등포교회), 유병관 목사(도림교회), 차관영 목사(시흥교회), 이정학 목사(양평동교회), 이성의 목사 등은 위원장을 맡아 산업선교의 울타리 역할을 했다.

이정학 목사는 1974년부터 1990년까지 힘들었던 시기에 오랫동안 위원장을 맡아 영등포산업선교회 수호에 큰 역할을 했다. 이정학 목사는 담임하는 양평동교회의 일부 장로들이 산업선교에 관여하지 말라고 요구하는 것도 뿌리치고 영등포산업선교회를 장기간에 걸쳐 일관성 있게 후원하고 지지해주었다.

이외에도 탄압 시기에 팔 걷고 나서서 산업선교를 도운 위원들과 이정규, 고환규, 조남기 등 개혁적인 목사들이 큰 힘이 되어주었다. 이들 영등포산업선교회 위원들은 개인적으로 또는 교회 차원에서 상당한 부담이 되었을 텐데도 끝까지 지원해줌으로써 산업선교의 역사에서 가장 빛나는 한 장을 기록할 수 있었다.

그 밖에도 영등포노회의 어떤 목사는 교회에 피해가 갈까 봐 교회 이름을 알리지 말라면서 익명으로 후원하기도 하고, 얼굴도 모르는 목사들이 신문지로 싼 현금을 들고 와서 놓고 가는 경우도 더러 있었다. 농촌 교회들로부터 산업선교회관으로 쌀가마니가 배달되기도 하는 등 보수적인 일반 교회와 목회자들로부터도 상당한 지지와 후원을 받았다. 정부의 산업선교에 대한 탄압이 최고조에 이르렀던 1978~1979년 실시한 설문조사에 따르면, 영등포산업선교회가 소속된 예장통합 교단 소속 목회자들의 83.5퍼센트가 현재의 산업선교 방법을 긍정적으로 생각하고 있었다.[32]

이처럼 산업선교가 보수적인 예장 교단에서도 지속적으로 성장할 수 있었던 것은 지도자인 목사들이 산업전도를 교회의 거룩한 선교 사업으로 이해하고 지지해주었기 때문이다. 그리하여 조지송 목사는 항상 교회들과 함께해야 한다는 기본을 소홀히 하지 않으려고 노력했고, 노회와 후원 교회, 기관들에 보내는 보고서를 작성할 때면 눈앞에서 일이 진행되는 듯한 현장감을 느낄 수 있도록 구체적으로 기록했다. 일반 목회자들을 위한 산업선교 세미나와 연구 모임을 지속적으로 해온 것도 산업선교에 대한 이해를 넓혀주었다. 일반 목회자들에게 영향력이 큰 장신대 박창환, 문희석, 주선애, 맹용길 교수 등이 성서적, 기독교 윤리적, 교회 교육적 측면에서 산업선교의 근거와 필요성을 설파함으로써 운영비 모금은 물론이고 탄압 국면에서 목회자 대중의 지지를 얻는 데 큰 도움이 되었다.

교단 밖에서 영등포산업선교회와 함께 연대한 산업선교 단체들에는 한국기독교장로회 도시산업선교(이규상, 이국선, 오재식, 정태기), 감리교도시산업선교(조승혁, 김경락, 조화순, 안광수), 성공회도시산업선교(김요한 주교), 구세군도시산업선교, JOC(이태복, 윤순녀, 정인숙)가 있다. 이들 범종단 산업선교 단체들은 한국도시산업선교연합회와 한국산업선교실무자회의, 사선협을 통해 정책을 공유하고 공동 대응을 통해 탄압 국면을 헤쳐 나갔으며, 실무자 교육과 훈련을 함께 했다. 영등포산업선교회는 감리교와 함께 영등포 지역 산업선교를 연합으로 관리, 운영하기도 했다.

진보적인 그리스도교 단체들은 산업선교의 든든한 지원군이었다. NCCK(한국기독교교회협의회), NCCK 인권위원회, YMCA(한국기독청년회), YWCA(한국여자기독청년회), EYC(기독청년협의회), KSCF(한국기독학생회총연맹), 수도권 특수선교위원회(박형규, 조승혁, 권호경, 김동완, 허병섭, 이해학, 제정구, 손학규), 가톨릭농민회, 기독교농민회 등이 있다. NCCK 김관석 총무, 가톨릭 김수환 추기경과 지학순 주교, 한국기독교장로회 김상근 총무, 한신대학교 김재준 총장 등 교계 지도자들은 산업선교를 교회의 선교 사역으로 옹호하는 한편 민주화운동, 인권운동의 일환으로 지원, 연대했다.

EYC와 KSCF 같은 기독학생 청년 그룹의 안재웅, 정상복, 송진섭, 박준철 등은 산업선교의 각종 투쟁 과정에 함께하고, 영등포산업선교회는 학사단운동의 노동 체험을 지원해주는 관계였다. 기독교 사회문제연구원(조승혁), 크리스챤아카데미(강원룡)와 연세대학교 도시문제연구소, 서강대학교 노동문제연구소, 고려대학교 노동문제연구소와 같이 외곽에서 사안별로 연대한 연구 단체들도 있다. 이화여대 신인령 교수는 노동 관련법 전문가로 지원했고, 기독교사회문제연구원 부원장이었던 김용복 박사는 신학적인 면에서 산업선교를 지원한 몇 안 되는 신학자 중의 한 사람이었다. 기독교방송과 〈기독교 사상〉, 〈씨알의 소리〉 등과 같은 언론은 정권의 왜곡, 비방 선전에 맞서 산업선교의 진실을 알리려고 애썼다.

해외 교회들은 때로는 국내 교회들보다 더욱 가깝게 실제적으로 도움을 주었다. 선교사인 조지 오글, 린다 존스, 배창민, 라이스, 서얼트, 시노트 신부 등은 외국에 탄압받는 한국의 인권, 노동운동, 산업선교를 열심히 소개해 국내 언론이 외면하던 산업선교 탄압의 실상이 외국에 더 잘 알려지게 했다. WCC 도시농어촌선교부 총무이면서 미국연합장로교회 총무를 역임했던 조지 토드와 역시 WCC에서 일했던 오재식, CCA 총무 안재웅은 영등포산업선교회를 크게 평가하여 물심양면으로 많은 도움을 주었다. 이들은 기독교 국제기구에서 일하는 이점을 살려 운영 자금 모금, 구속자 석방 탄원, 언론 접촉, 해외 네트워크에 영향력 행사하기 등 다방면으로 애써준 후원자들이다.

조지송 목사는 1970년대 후반 대탄압으로 영등포산업선교회가 고립되고 재정적인 어려움에 처했을 때 WCC 산업선교 총무였던 조지 토드가 해외 교회의 재정 지원과 연대를 조직하여 힘든 시기를 이겨낼 수 있도록 도와준 것을 잊을 수 없다. 영등포산업선교회의 중요한 자료들은 탄압의 회오리 한가운데 있었던 영등포의 회관보다 미국 조지 토드의 사무실에 더 많이 보관되어 있다고 김용복 박사가 말했을 정도다.[33]

조지송 목사는 노동자들과 실무자들이 잡혀 들어가 직장과 산업선교회로부터 격리되었을 때 구속된 이들의 석방을 탄원하는 호소문만으로 되지 않으면 공개적인 기도회와 규탄 집회를 수없이 조직했다. 독재정권의 번뜩이는 감시의 눈초리를 뚫고 산업선교와 노동자들을 위한 기도회 및 지지 집회에 와준 사람들이 그렇게 고마울 수가 없었다. 무료로 법률 지원을 해준 조영래, 이돈명, 한승헌, 홍성우, 이석태 등 인권변호사들, 같은 길을 걷는 타 종단의 신부와 수녀, 목사들, 재판 때마다 앞자리에서 방청해주며 힘이 되어준 해직 교수들(이문영, 김찬국, 한완상, 백낙청, 서광선)와 문인(고은), 양심적 지식인들(함석헌, 백기완), 누구보다 열심히 성원하던 재야 정치인들(장준하, 윤보선, 공덕귀)과 사회노동운동가, 눈물을 흘리며 기도한 여전도회원들, 정의는 승리한다고 외쳤던 기독청년 학생들 그리고 이름은 떠오르지 않아도 얼굴만은 아직도 생생한 수많은 노동자들이 1970년대 영등포산업선교회의 고난의 현장에 함께 있었다. 현역 정치인 중에는 영등포구가 지역구였던 박한상 의원(당시 신민당 사무총장)이 의정 활동을 통해 노동자의 권익을 보호해야 한다는 취지로 산업선교 활동을 옹호해주었는데, 그는 영등포산업선교위원장 이정학 목사의 처남이었다.

　　영등포산업선교회의 역사를 함께 기록한 또 다른 사람들은 자원봉사자들이다. 실무자가 연행되거나 투옥되어 일손이 부족했을 때 멀고 가까운 여러 교회들에 소속된 전도사들과 신학생들이 자원봉사를 하여 도움을 주었다. 장로회신학대학(원) 학생들은 목회 실습지를 영등포산업선교회로 하여 학점을 이수하고 봉사도 하면서 힘을 보태었고, 이화여대생들도 서클 차원에서 지속적인 봉사활동을 했다. 이들은 노동자 교육 프로그램 진행을 돕고 홍보 전단 살포, 회관 청소와 같은 허드렛일도 열심히 했다.

새문안교회와 염천교회 대학부 학생들은 노동자 야학 교사로 오랫동안 봉사활동을 했는데, 특히 새문안교회 대학부는 지도 목사였던 홍성현, 김종렬 목사와 김용복 교수의 영향으로 노학 연대의 뚜렷한 목적의식을 갖고 조직적으로 참여하여 이근복과 진방주를 영등포산업선교회 실무자로 배출했다.

조지송 목사는 영등포산업선교회에 부임한 직후인 1965년부터 산업재해로 인해 다치거나 장애를 입은 노동자들을 세계기독교봉사회 등 교회 봉사단체와 연결해 위로 방문과 지원을 받도록 주선했다. 산업재해를 예방하기 위해 미국에서 노동위생을 전공한 명지대학교의 홍인숙 교수를 초빙해 노동위생 강좌를 연 것도 이 무렵이다. 1965년부터는 산업선교회관 내에서 노동자들을 위한 의료 지원 활동을 시작했다. 당시에는 의료보험제도가 없었던 터라 노동자들은 경제적 이유로 아파도 어지간해서는 병원에 가지 못했다. 1972년 백병원의 손정균 박사는 국내에 몇 안 되는 최신 검안기로 노동자들의 무료 안과 검진을 해주었다. 특히 가장 오랜 역사를 가진 의료 활동은 치과 진료다.

"그땐 이가 아파도 병원에 못 갔고⋯ 가더라도 까딱하면 1년치 봉급이 들어가고 그랬거든⋯. 벌어도 다 새나가는 거지."[34]

이런 안타까운 마음에 방지일 목사가 담임하던 영등포교회 장로의 아들로 서울대학교 치대에 다니면서 기독학생회 간부로 있던 이관영에게 부탁해서 치과 진료를 하기로 했다. 치과 진료에는 고가의 치과 의자 설비가 필요한데, 미국 남장로교 부인회 소속 가정봉사위원회의 후원으로 치과 의자 두 세트와 야전침대, 치과 도구들을 마련했다. 1972년 6월 회관 1층에 치과 진료실을 설치하고, 주 1회 화요일 밤 7시부터 10시까지 진료를 했다. 치대 학생들로만 진료를 하면 위법이 되어서 치대 지도교수가 지원해주어 처음엔 발치 치료를 중심으로 하다가 차츰 재료비 정도만 받고 때우기(봉 치료)도 해주는 수준으로까지 발전했다. 그 후 이관영이 연세대학교 치과대 교수가 되면서 그의 제자들까지 가세하여 상당히 체계적인 진료가 이루어져 대상도 노동자 가족에게까지 확대할 수 있었다. 치료실에서 감당하기 힘든 전문 치료는 개업한 선배의 병원에서 싸게 치료받을 수 있도록 주선했다.

조지송 목사는 자원봉사자들이 자칫 동정심이나 우월의식을 갖고 행동하여 노동자들이 위화감을 느낄까 봐 엄히 경계했다. 그래서 봉사자들에게 늘 "너희가 가진 기술이나 지식을 그냥 가진 걸로 생각 마라. 너희는 이 사람들에게 빚을 진 거다. 갚지 않으면 안 된다는 생각으로 일하라. 섣불리 가르치려 들지도 말고 배우는 마음으로 봉사하라"[35] 하고 당부했다. 한번은 치과 진료 팀이 10여 분 늦게 도착하여 진료 시작이 지체되었는데, 조지송 목사는 장장 세 시간 동안 야단을 쳤다.

"노동자에게 10분이 얼마나 귀한 시간인데…. 하잘 것 없는 노동자에게 봉사한다고 여기지 말고 의무라고 여겨야지… 너희가 개업하여 고객을 진료하듯이 하지 않을 거면 하지 마라."

그 후 치과 진료실에서는 절대 지각하는 일이 없었다고 한다. 그들은 조 목사로부터 진정성 있는 봉사란 어떠해야 하는지 말로 된 매를 호되게 맞아 큰 깨우침을 얻었다고 고마워했다.

이후 봉사활동이 생활화된 서울대학교 치대 기독학생회는 조지송 목사가 청주 근교 옥화리에서 '하나의 집'을 시작한 후 이곳으로 농민을 위한 치과 진료를 오기도 했다. 치과 진료실 봉사자 중에서 서울대학교 치대 부학장이 된 이가 있었는데, 그도 제자들과 함께 농촌의 한 지역을 정해놓고 치과 봉사활동을 계속했다. 일부 치대생들은 공장에 들어가 노동 체험을 하거나 개업한 후 노동운동을 지원하기도 했는데, 이들이 참여하여 만들어진 연세대민주치과의사회는 1987년 민주화 후 청년치과의사회와 통합하여 '건강사회를 위한 치과의사회'를 발족해 의료 민주화운동의 한 축이 되었다.

1975년경에는 노동자의 건강을 종합적으로 관리하기 위해 김정란 간호사를 채용하여 가톨릭의과대학교 교수와 연세대학교 세브란스의 독일인 의사 닥터 '지(G)'의 도움을 받아 의료실을 운영하기도 했다. 의료실에서는 주 1회 간단한 진료를 통해 노동자들의 건강을 관리하면서 보다 전문적인 진단과 수술이 필요할 경우 의뢰서를 발급해 종합병원에서 치료받도록 주선했고, 정기적으로 건강 강좌를 열었다. 건강 강좌는 예방의학에 초점을 맞추어 산업 안전, 직업병, 공해 문제, 구강 위생, 여성 건강, 유아 교육, 건강 상식, 건강 상담 등 다양한 주제로 진행되었다. 의료실 운영에는 후에 사당의원을 개원한 김록호 원장과 서울대학교 예방의학과의 홍윤철 교수 등이 많은 수고를 했다.

조지송 목사는 궁극적으로 산업재해 전문 병원을 운영해 일하다 다친 노동자들을 전문적으로 치료해주고 싶어서 자원봉사 하는 의료진과 산업재해 전문 진료 시스템에 대한 체계적인 공부를 했다. 병원 설립이 구체화되어 회관 건축을 위해 자금을 지원해준 독일의 EZE에 재정 지원을 요청하는 단계까지 갔지만, 1980년 초 신군부의 대탄압을 만나 추진이 중단되고 말았다.

밥·자유·평등을
노래하다

1970~1980년대에 영등포산업선교회를 드나들던 노동자들은 회관
의 독특한 문화적 분위기를 잘 기억한다. 흔히 노동운동이나 사회운
동 단체의 건물이라면 사방 벽면이 투쟁 구호로 도배된 삭막한 체육
관 분위기를 연상하기 쉬운데, 영등포산업선교회관은 매우 단순하
지만 깊이가 느껴지는 공간이었다. 그런 느낌을 들게 해주는 것이 바
로 현관과 복도의 벽에 걸린 그림과 글씨, 사진이었는데, 비록 복제
품이지만 격조 있는 작품들이었다.[36]

　먼지와 소음투성이의 산만한 공장에서 시달리던 노동자들은
클래식 음악이 들리는 영등포산업선교회관에 들어서면 차분해지고
안정감이 느껴져 그 분위기에 자기도 모르게 젖어들기 마련이었다.
공장에서도 음악을 틀어주기는 했지만 대부분 유행가 아니면 시끄
러운 팝송이었다. 그들은 영등포산업선교회에서 클래식을 듣는 것
만으로도 심리적 안정을 느낄 수 있었다. 힘든 노동에 시달리는 노동
자들이 클래식 선율 속에서 명화의 아름다움에 잠깐이라도 빠져들

게 함으로써 육체의 피로를 풀고 상처를 치유할 수 있도록 하기 위한 조지송 목사의 배려였던 것이다.

1980년 광주민주화운동 이후 영등포산업선교회는 노동운동에 많은 차질이 생겨 교회 활동에만 치중하며 사태의 진전을 주시하고 있었고, 따라서 노동운동은 냉각될 수밖에 없었다. 그와 함께 노동자 프로그램도 예배와 성경공부, 기도회, 꽃꽂이 강습, 음악 감상, 독서, 영화 관람 등 문화적이고 정서적인 면에 치중하게 되었다. 이러한 프로그램은 노동자들이 광주민주화운동을 겪으면서 받은 충격과 좌절을 극복하고 다시 일어서려면 심리적, 정서적 안정이 무엇보다 중요하다는 것을 깨닫고 의도적으로 시행한 것이었다. 그동안 조직 활동과 싸움에 매달리느라 스스로 내면을 들여다보며 속을 충만하게 채우는 것에 신경을 쓰지 못했다는 반성이기도 했다.

조지송 목사는 노동자의 문화 활동에는 음악이 중요하다고 생각했다. 1960년대 중반 공장에서 산업전도회 대중 집회를 할 때부터 성가와 우리 민요, 합창, 외국 명곡을 들려주고 함께 노래를 부르는 '음악 감상회'와 '소창 강습회'를 자주 열었다. 연합 집회에서는 각 교회 성가대의 합창, 이화여자대학교 음대생들의 성악, 필그림 합창단의 공연, 공군 본부 군악대의 연주 등 수준 높은 음악 프로그램이 제공되었다. 노동교회의 부활절, 성탄절, 노동주일 예배는 자주 음악 예배로 드렸는데, 노동자로 구성된 연합성가대의 공연이 단골로 등장했던 것도 이러한 음악적 환경에서 비롯되었다. 미국 연수를 갔을 때는 국내에서 구하기 힘든 클래식 음반(LP 레코드판)을 가진 돈을 다 털어 사오기도 했다.

1980년 광주민주화운동 직후에는 산선회관에 고전음악감상실을 만들어 노동자들이 쉽게 클래식을 즐길 수 있도록 했다. 조 목사는 음악 감상회 때 곡 해설을 도맡아 했을 정도로 클래식에 많은 관심을 보였다.

그 외에도 조지송 목사는 노동자들이 쉽게 부를 수 있는 노동운동가를 발굴하고 소개하는 한편, 스스로 노동가를 작사, 작곡하기도 했다. 1978년부터 노동교회 예배 마지막에 결단의 노래로 자주 불렸던 〈자유 찾아가는 길〉이 대표적이다.

음악 외에 조지송 목사가 관심을 가졌던 문화 활동은 영화 감상과 독서였다. 1970년대에 흔치 않던 명화 필름을 갖춰놓고 좋은 영화를 감상하는 기회를 자주 가졌다. 〈내일을 향해 쏴라〉, 〈콰이강의 다리〉와 같은 전설적인 외화를 비롯해 〈모던 타임즈〉 등 찰리 채

자유 찾아 가는 길

조지송 글.곡

플린의 희극, 외국의 노동운동 기록영화와 작품성 있는 단편영화, 우수한 방화와 함께 〈죽으면 죽으리다〉, 〈벽 없는 교회〉, 〈십계〉 등 기독교 영화를 감상하고 느낌을 나누면서 공동체 문화 활동으로 승화시키고자 했다. 1978~1979년에 회관을 건축하면서 3층 강당에서 영화 상영이 가능하도록 차광 커튼과 영사실, 대형 스크린을 구비했다. 이후 더욱 좋은 환경에서 영화 감상이 이루어졌다. 1980년대 중반까지 영등포산업선교회 자료실에 축적된 영화 필름은 매우 수준이 높아서 각 노동운동 단체들과 민중교회들이 많이 대출해갔다. 비디오테이프가 일반화되기 전의 일이다.

조지송 목사는 영등포산업선교회 초기에는 독서를 크게 권장하지 않는 편이었다. 당시 여성 노동자들이 책읽기를 부담스러워한 이유도 있었고, 간접 경험과 학습으로서의 책읽기를 넘어서서 지나치게 독서에 몰두하면 읽는 행위 자체로 만족하고 실천 부분이 약해질 가능성을 염려했던 것으로 보인다. 그래서 영등포산업선교회 자료실에는 노동운동이나 소그룹 교육과 관련된 서적과 여성 노동자들이 신청한 서적 외에는 그렇게 많은 책이 구비되어 있지 않았다. 다만 1980년 광주민주화운동 이후 신군부의 대탄압기에 도서실이 설치되면서부터 장서를 체계적으로 구입하는 등 독서 활동이 상당히 활발해졌다. '노동자문화학교'의 일환으로 독서반이 운영되어 돌아가면서 독후감을 발표하기도 했다.

반면 노동자의 글쓰기는 매우 중요하게 여겼다. 조지송 목사는 산업전도 초기부터 노동문제를 상담하고 지원했는데, 간단한 진정서와 탄원서, 호소문 등도 노동자가 스스로 쓰지 못해 일일이 대필을 해주면서 느낀 점이 있었다. 노동자가 자기 목소리로 논리적으로 권리를 주장하고 글로 표현하는 것이 중요하다고 본 것이다. 대체로 1960~1970년대 노동자의 학력이 낮아 논리적인 글쓰기가 쉬운 일은 아니었지만, 소그룹 등 여러 활동 과정에서 발표문을 쓰는 기회를 갖게 하거나 예배 때 대표 기도를 노동자에게 맡겨 기도문을 직접 쓰도록 하여 글쓰기에 익숙해지도록 배려했다. 잡지와 언론이 노동 현장 취재를 요청해오면 노동자의 생활 글을 신도록 권유하여 몇몇 산업선교 노동자는 외부 필진으로 참여하기도 했다.

이러한 노력이 주효했는지 1970년대 후반에 들어와서는 노동자의 표현력이 매우 높아지고 세련되어져서 더 이상 조지송 목사나 실무자가 진정서, 탄원서, 고발장 등을 대필해주지 않아도 되었다. 오히려 현장 노동자의 진솔하고 생생한 목소리가 더욱 강한 호소력을 갖게 되었다. 그뿐만 아니라 산업선교 회원 노동자의 수기인《서울로 가는 길》(송효순),《빼앗긴 일터》(장남수)《8시간 노동을 위하여》(순점순) 등이 출판되어《어느 돌멩이의 외침》(유동우),《전태일 평전》(조영래),《난장이가 쏘아 올린 작은 공》(조세희) 등과 함께 노동 현장에 들어가기 위한 대학생의 필독서로 읽혔다. 가장 먼저 출간된《서울로 가는 길》은 조지송 목사가 대일화학 해고자들이 회관에 모여서 지낼 때 권유하여 해고자 중 최고참이었던 송효순이 쓰게 된 것인데, 이 책을 필두로 하여 노동자의 체험 수기가 줄줄이 출판되어 노동 현장 문학의 출발점이 되었다.[37]

영등포산업선교회의 노동자 문화에는 독특한 것이 하나 있었는데, 바로 '노래 가사 바꿔 부르기(노가바)'였다. 1980년대 초까지는 이른바 노동문화가 형성되지 않은 때여서 노동자 집회에서도 대학가에서 많이 부르는 운동가가 주로 불렸다. 〈군중의 함성〉, 〈타는 목마름으로〉, 〈상록수〉, 〈흔들리지 않게〉 등이 많이 불렸는데, 이들 운동가에 익숙하지 않은 초보 노동자와 노동교회에 처음 나온 노동자 교인들이 쉽게 따라 부르도록 하기 위해 고안된 노래가 '노가바'였다.

노가바는 널리 알려진 유행가나 찬송가 곡에다 노동자의 정서를 반영한 가사를 붙여 부르는 것으로, 쉽고 호소력이 커서 유행했다. 원풍모방 민주노조는 부당한 회사와 정부의 탄압에 맞서 싸우면서 〈마지막 십자가〉, 〈투사의 노래〉, 〈잊지 못할 그날〉 등 많은 개사곡을 불렀다.

다음은 유행가 〈마음 약해서〉의 곡에 가사를 붙여 불렀던 〈마지막 십자가〉라는 노래인데, 흔들림 없이 끝까지 싸워 나갈 결의로 가득 차 있음을 볼 수 있다.

1) 단결 없이는 승리 못하네
원풍모방 노동조합
조합원들이 단결해야지
그 누가 해결하나요
돈과 권력 야합하여 탄압하는데
우리 문제 힘을 합쳐 해결해야지
마지막 십자가 내가 져야지
정상 가동 속히 하여라
단체협약 준수하여라

2) 많이 참았네 오래 참았네

노동조합 탄압을 중지하여라

노동자들의 생계비를 보장하여라

살고 싶다 법치국가, 법을 지켜라

누굴 위해 일하는가, 말 좀 해봐라

뜨거운 피가 용솟음치네

정상 가동 속히 하여라

단체협약 준수하여라

조지송 목사는 노동자의 예배와 기도회에서 〈금관의 예수〉, 〈민중의 아버지〉 등 서정적인 운동가와 함께 찬송가를 노동자의 정서에 맞는 가사로 바꾸어 부르게 하기도 했다. 〈죄 짐 맡은 우리 구주〉에 맞춰 부른 〈참 친구〉라는 개사곡과 〈나 같은 죄인 살리신〉에 맞춰 부른 〈나 같은 노동자 위한〉이라는 개사곡 찬송가가 자주 불렸다.

〈참 친구〉

1) 주는 노동자의 친구, 친구 중의 참 친구

노동자를 구원한 주 우리들의 참 친구

(후렴) 이런 진실하신 친구 어디 다시 있을까

우리 슬픔 아시는 주 노동자의 참 친구

2) 주는 약한 자의 친구, 친구 중의 참 친구

약한 자를 구원한 주 우리들의 참 친구

3) 주는 병든 자의 친구, 친구 중의 참 친구

병든 자를 구원한 주 우리들의 참 친구

4) 주는 갇힌 자의 친구, 친구 중의 참 친구

갇힌 자를 구원한 주 우리들의 참 친구

〈나 같은 노동자 위한〉

1) 나 같은 노동자 위한 주님의 참 사랑

잃었던 희망 찾았고 새 삶을 얻었네

2) 자유

3) 용기

4) 평화[38]

그 외에 1970년대 초 조 목사가 〈영광 영광 할렐루야〉라는 곡을 개사한 〈여자 임시공〉이라는 노래를 동아염직 노동자들이 집회에서 불렀다. 그런데 "월급 타서 집세 내고 연탄 몇 장 사고 나면 빚뿐이네"라는 가사가 불온하다고 해서 조지송, 김경락 두 실무자가 연행되어 24시간 동안 조사를 받기도 했다. 〈여자 임시공〉은 영어로 번역되어 외국에도 알려졌다.

"김경락 목사가 〈선구자〉에다 가사를 바꿔 불렀어요. 그게 1960년대 후반인데, 그 후에는 뭐냐 하면 찬송가 가사를 바꿔서, 예를 들면 〈죄 짐 맡은 우리 구주〉를 '주는 노동자의 친구, 친구 중의 참 친구' 이런 식으로 찬송가 가사를 바꿔 불렀어. 그렇게 많이 바꿔 가지고 또 새로운 노래를 노동자가 부를 수 있는 찬송가를 만들었어. (…) 그 후에 노동자들이 스스로 바꾸는 게 생겼어. 목사가 바꾸는 것보다 훨씬 더 래디컬 하다 그럴까, 표현을 짙게 하더라고….”[39]

당시 불렸던 노가바 찬송가를 살펴보면 조지송 목사와 함께 예배드리던 노동자의 신앙적 편린과 고단한 삶이 함께 녹아 있는 것을 느낄 수 있다. 노가바는 유신 말기 학생운동권에서도 도입하여 운동가, 민중가요에도 활용되었다. 조지송 목사는 학생들의 노가바는 산업선교보다 10년여 뒤에 시작되었다고 기억했다.

이런 개사곡 찬송가를 두고 산업선교를 모함하는 세력은 황당한 거짓 소문을 퍼뜨리기도 했다.

“산업선교에서 빨갱이들이 예배하는 척하면서 사실은 하나님을 모독하려고 찬송가 가사를 뒤집어 부르고 기도도 거꾸로 한다.”

당시 기관으로부터 지원을 받아 산업선교를 공격하는 책자를 만들고 거짓 선동을 하던 홍지영이 콘트롤데이터에서 노동자들을 상대로 강연하면서 이런 말을 하자 한명희가 발끈해서 이렇게 받아쳤다.

“왜 있지도 않은 말을 해서 이간질하느냐? (…) 정말 찬송가를 뒤집어서 부르는지 산업선교회 예배에 한번 와봐라.”

그랬더니 그 말이 사실인지 아닌지 확인하겠다고 그다음 주일에 콘트롤데이터 노동자 40여 명이 한꺼번에 노동교회로 몰려오고 남부경찰서 형사들이 출동하는 촌극도 벌어졌다.[40] 산업선교를 탄압하려고 악의적으로 비방하는 헛소문은 이외에도 많았다. 소그룹 모임을 공산당의 세포 조직이라고 하기도 했고, 언제든지 죽을 수 있게 유서를 써서 산업선교 목사에게 맡겨놓고 노동운동을 한다고 하는 등 터무니없는 소문도 있었다.

언뜻 보면 정서를 보듬는 예술과 문화는 생존의 치열한 싸움인 노동운동과 많은 간극이 있을 것 같지만, 예술 행위와 사회운동(투쟁)은 인간에 대한 애정과 불의에 대한 분노가 내재된 활동이라는 점에서 유사한 점이 많다. 예술에는 그것을 향유하는 사람이 스스로 인간임을 자각하도록 이끄는 힘이 있어 그것을 읽고 보고 감상한 노동자는 자신이 노동 현장 속에서 겪는 차별과 부당한 대우가 인간에 대한 모독임을 깨달아 비인간적 것에 분노하고 저항할 수 있게 되는 것이다. 박노해의 작품을 비롯한 노동시와 1980년 중반 이후 파업 현장에 내걸리기 시작한 걸개그림 그리고 집회 때마다 널리 불리던 노동가가 그러한 역할을 했다. 미루어보건대 영등포산업선교회의 예술, 문화 활동은 단순히 투쟁의 도구로만 유용한 것이 아니었다.

　"공장에 다닌다고 공순이 티 내서는 안 된다. (…) 세상 사람들은 겉만 보고 판단하지만, 너희는 내면을 채워라. 내면이 채워지면 어디 가서든 당당해질 수 있다. 너희들이 뭐가 부족하냐? 노동자가 버스를 안 만들면 모두가 걸어 다녀야 한다"라고 조지송 목사는 여성 노동자들을 격려했다.[41]

　영등포산업선교회의 예술, 문화 활동은 이러한 조지송 목사의 지론에 따라 노동자의 삶을 풍요롭게 가꾸기 위한 필수적인 조건이었던 것이다. 노동자가 예술과 문화를 향유하여 내면을 가꾸고 성숙한 자아를 형성함으로써 공동체에 대한 사랑을 실천할 줄 아는 사람이 되게 하려는 것이었다. 결국 예술과 문화에 감동하는 노동자의 섬세한 감성과 치열한 싸움을 감당해내는 실천적 결단과 용기가 어우러져서 영등포산업선교의 아름다웠던 순간을 창조해낼 수 있었다.

큰 힘 주는 기도,
하나 되는 예배

1977~1979년의 대탄압 시기에 영등포산업선교회는 줄곧 음해하는
세력으로부터 '산업선교회는 선교는 하지 않고 투쟁만 일삼는 운동
단체다'라는 공격을 받았다. 이들의 주장처럼 영등포산업선교회가
비신앙적 집단이라는 말은 가당치 않았다. 산업선교가 공장 예배를
통한 노동자 전도로부터 시작되었고, 이후 노동선교 프로그램이 활
성화되면서 토요일과 월요일의 성경공부와 예배 모임이 지속적으로
이어져왔음을 보면 더욱 그렇다. 예배와 성경공부의 역사로 말하자
면 조지송 목사의 산업전도 초기 활동은 신앙적인 내용이 거의 전부
였다. 조지송 목사는 영등포에 부임하면서부터 전임자인 강경구 전
도사가 해왔던 것을 이어받아 각 공장주들의 협조로 사업장 내 예배
와 기숙사 성경공부, 심방, 신앙 상담 등 교회 활동을 했다.

그 과정에서 시행착오를 겪으며 노동자의 자발적 참여의 중요
성이 확인되자, 조지송 목사는 예배와 성경공부도 노동자 교육이나
협동조합 등 여타 산업선교 프로그램처럼 노동자의 눈높이에 맞추

어 해나가기 시작했다.

조지송 목사는 부임한 이듬해인 1965년부터 노동절 예배와 감사절 예배를 특색 있는 연합 예배 형태로 드리기 시작했다. 1965년 3월 14일 산업전도회가 조직된 모든 공장의 평신도 산업전도회원을 영등포교회로 초청하여 노동주일 예배를 드렸다. 약 500여 명이 참석했는데, 대한성공회 주교인 존 데일리(한국명 김요한) 신부가 설교하고 필그림 합창단을 초청하여 특별 찬양을 했다. 조지송 목사는 이 노동주일 예배의 의미를 "사회와 교회로부터 소외된 근로자들이 하나님께 경배하는 동시에, 근로자 자신의 참다운 의미와 노동의 가치를 성서적 입장에서 발견하게 하는 일"이라고 보고서에 기록했다.

그해 11월 21일에는 400여 명이 영등포교회에서 감사절 예배를 드렸는데, 강사는 여성운동가이며 서울여자대학교 학장이던 고황경 박사였다. 특이한 것은 노동자가 자신의 생산품에 대해 보람을 느끼고 노동을 통한 생산 활동에 감사하며 청지기로서 이웃에 봉사한다는 의미에서 자기가 만든 생산품을 감사 예물로 드리도록 한 점이다. 그리하여 산업전도 평신도들은 해태제과의 과자와 기아산업의 자전거 등 각자 자기 회사(14개 기업)의 제품을 감사 예물로 봉헌했으며, 예배 후 봉헌품을 공장가로 판매하여 불우 노동자 돕기에 사용했다.[42]

이제는 농경사회가 아니니 추수감사절 예배를 여전히 곡식과 과일 같은 획일화된 형태로 드리는 관행에서 탈피하여 노동자가 일하는 공장의 생산품으로 봉헌하자는 것이었는데, 당시로서는 매우 신박한 시도였다. 이 새로운 시도는 노동자가 땀 흘려 만든 생산품으로도 하나님을 기쁘게 해드릴 수 있다는 사실을 알게 했으며, 또한 이웃이 사용하는 소중한 물품을 내 손으로 만든다는 자긍심을 고양하는 효과도 컸다. 공돌이, 공순이로 비하되던 공단 노동자가 노동의 가치를 스스로 깨닫고 "일하시는 하나님"(요한복음 5장 17절)의 형상이 자신 속에 깃들어 있음을 고백하는 계기가 되기도 했다.

1966년 11월부터 1967년 10월까지 총 22회의 예배에 2109명의 노동자가 참여하고, 23회의 성경연구 모임에 292명이 참여했다고 영등포산업선교회 보고서는 밝혔다. 월 평균 2회 꼴로 예배와 성경공부 모임을 가진 것이다. 1968년에는 월 평균 8회의 예배와 6회의 성경연구 모임이 있었으며, 11월 추수감사절에 드린 '산업인의 감사 예배'에서는 한국신학대학교 학장 김정준 목사가 설교하고 26개 업체의 생산품이 봉헌되었으며 참여 인원도 700여 명으로 늘어났다. 1970년 하반기에는 함부만 선교사가 담당하는 영어성경연구반이 매주 2회 운영되기도 했다. 1972년 5월 14일 창립 14주년 기념 예배는 영등포교회 이기연 집사가 운영하던 경원극장을 빌려서 드렸는데, 1200여 명의 노동자가 참석하여 좌석이 부족해 일부 참석자는 서서 예배드리는 성황을 이뤘다. 이 무렵 일부 공장에서는 매주 일정한 요일에 평신도산업전도연합회 회원들이 주관하는 예배가 있었는데, 설교는 실무자들이 했다.

1973년 10월부터는 교회 출석을 하지 못하는 노동자와 불신자를 위해 매주 토요일 저녁에 예배를 드리기 시작했는데, 찬송가를 반주할 악기조차 없는 것을 안타까워하여 여전도회전국연합회가 예배용 오르간을 기증했다. 토요 예배가 시작된 것은 1973년 10월 1~2

일에 있었던 영등포산업선교회 평가회에서 "현재 활동이 간접 선교 활동에 치중되어 있으니 노동자들에게 직접 성서를 가르치고 예배 드리는 일도 포함해야 한다"라는 권고에 따른 것이었다.

토요 예배는 1974년 하반기부터 월요일로 옮겨져 '엑소더스 (Exodus)'라는 이름으로 성서 연구, 기도, 예배를 행했다. 이전의 토요 예배가 기독인 노동자가 모여 예배드리는 모임이었다면, 엑소더스 는 비기독인에게도 개방되었다. 엑소더스를 시작한 것은 일요일에 출근해야 하는 노동자의 신앙생활을 돕고, 보수 신앙에서 탈피하여 진보적 신앙을 갖게 하려는 두 가지 의도가 있었다.[43]

이 시기 영등포산업선교회의 보고서에는 엑소더스가 "신앙 과 노동 생활의 갈등을 어떻게 조화시켜 나갈 것인가"를 고민하면서 "현대 산업사회 속에서 직면하는 노동문제를 포함한 사회문제에 대 해 성서적, 신앙적 대화를 모색하기 위함"이라고 쓰여 있다. 엑소더 스, 즉 탈출이라는 이름을 붙인 것에 대해 조지송 목사는 인습적인 보수 신앙에서 벗어나 다양한 사회문제에 관심을 가지도록 하려 했 다며, 엑소더스라는 예배와 성서 연구 모임에서 영등포산업선교의 해방적 영성이 형성되었다고 회고했다. 엑소더스에는 비록 소수의 인원이 참석했으나, 이들은 예수의 열두 제자가 되려고 애쓰는 참된 일꾼이었다고 높이 평가했다.

엑소더스에서 기독 신앙의 진수를 맛본 노동자가 늘어남에 따 라 1976년 9월에는 하루 세 차례로 분산하여 야근반은 오전 9시 30 분, 실무자와 휴직 중인 노동자는 오후 3시 30분, 정시 퇴근 노동자 는 오후 7시 30분에 각각 모여야 할 정도로 성황을 이루었고, 참여

인원도 매주 평균 100여 명이나 되었다. 이듬해인 1977년 1월 위원회에 제출한 보고서에는 이렇게 기록되어 있다.

"노동자들이 현실과 하나님의 말씀이 어떤 관계에 있는가에 대해 확신하는 신앙이 없이는 현실에 도전할 용기를 가질 수 없다. '엑소더스'에 참여하는 노동자들이 노동교회를 원하고 있어 교회가 필요하다."[44]

이러한 와중에도 정부 당국과 음해하는 이들은 산업선교가 노동자를 의식화하는 데 골몰한다면서 교회와 산업선교의 관계에 균열을 내려는 시도를 계속했다. 외부의 공격자는 그렇다 치고 산업선교를 잘 모르는 일부 예장통합 교단 내부의 목사와 보수적인 장로까지 의구심에 가득 찬 시선으로 산업선교를 바라보는 것에 대해 조지송 목사와 실무자들은 상당히 부담을 느꼈다.

초기 산업전도 시절과 비교해서 노동자 프로그램과 노사문제가 활동의 주요 축으로 자리 잡으면서 예배와 신앙 활동이 상대적으로 눈에 두드러져 보이지 않을 뿐이었지만, 조지송 목사는 불필요한 오해를 사지 않고 산업선교의 뿌리가 교회임을 분명히 하기 위해서 교회를 시작하기로 했다. 무엇보다도 가중되는 탄압을 이겨내기 위해서는 기독교 신앙(순교적 결단)에 더욱 철저해야만 한다는 생각과 또 제도적인 교회의 벽에 의지하여 산업선교를 지켜야 한다는 절박감도 있었다.[45]

그리하여 기존의 예배와 성경공부 모임인 엑소더스를 대신할 '영등포노동교회'가 1977년 3월 13일 노동절 오후 4시에 당산동장로교회를 빌려 창립 예배를 드렸다. 이날 창립 멤버로 참여한 노동자

교인은 120명이었다. 창립 선언문은 다음과 같다.

- 노동자만 교인으로 등록할 수 있다.
- 자기 교회에 열심히 다니는 분은 등록을 사양한다.
- 자기가 일하는 현장에서 하나님의 말씀이 어떻게 적용되며, 어떻게 하나님의 뜻을 실천할 수 있을까에 관심을 갖고 기도하며 협력하고자 하는 노동자를 환영한다.
- 매 주일 각각의 노동 현장의 문제들을 갖고 같이 기도하며, 이 문제에 대한 하나님의 뜻이 무엇인가를 발견하고, 이를 실현하기 위해 노력하는 예배를 드린다.[46]

조지송 목사는 시카고에 연수 교육을 갔을 때 그곳의 사회선교 기관에 모인 1500~2000여 명이 예배를 드리며 찬양하는 신앙적 결단을 통해 서로 투쟁의 동력을 나누어 갖는 모습을 인상 깊게 보았다. 귀국 후 그는 영등포산업선교회도 1000명 정도의 노동운동을 하는 영적 투사들을 한자리에 모을 수 있다면 투쟁에 큰 힘이 될 것이라고 생각했다. 즉 예배 공동체를 영적인 차원으로만 묶어놓는 전통적 의미의 교회가 아니라, 노동운동의 현장에서 함께 싸울 수 있는 동지들의 신앙적 결사체를 목표로 교회를 시작한 것이다.

노동교회의 예배는 형식 면에서는 일반 교회와 다를 것이 없지만, 예배의 내용과 설교 메시지 그리고 고백은 당연히 노동자의 것으로 채워졌다. 노동자의 정서를 반영한 찬송가와 복음송, 노동가, 투쟁가를 함께 엮은 《승리의 찬송》이라는 노래책을 인쇄하여 예배와 집회에서 불렀다. 조지송 목사는 노동자가 먹고살기 위해 마음에도 없는 예배를 억지로 드렸던 오래전 공장에서의 강제 예배가 머릿속에 떠올랐다. 그는 1960년대 공장 예배에서 가졌던 갈등과 고통을 노동자가 더 이상 갖지 않아도 되게 한 것을 큰 보람으로 여겼다.

노동교회는 영등포산업선교회 회원 노동자들이 투쟁 과정에서 힘들어할 때 설교와 권면, 중보기도, 따뜻한 연대와 현장 나눔을 통해 큰 위로가 되어주었으며, 실무자와 노동자 교인들이 결의를 다질 수 있는 영적 에너지의 근원이었다. 산업선교 회원들은 노동교회의 예배에서 새로운 투쟁을 준비하거나 진행 중인 투쟁에 대한 하나님의 정의로우신 개입을 간절히 기도하고, 그들의 싸움이 하나님의 선하신 목적인 노동자 구원을 이루는 것이 될 수 있을 것으로 굳게 확신했다. 노동교회에서 예배드렸던 여성 노동자들은 회중기도(대표 기도)를 맡으면 기도문을 써서 기도하다가 울컥해지고 서러워져서 기도문의 글자가 눈에 들어오지 않아 울먹인 적도 많았노라고 회고했다.

산업선교에 대한 탄압이 극심했던 시기인 1979년 7월 넷째 주 예배의 공동 기도문을 보면 노동 탄압 과정에서 고통받던 노동자의 아픔이 절절히 드러난다.

"하늘에 계신 하나님 아버지, (…) 우리들의 부족함을 용서하시고 우리를 하나님의 일꾼으로 써주십시오. 우리 주위에는 너무나 많은 사람들이 억압에 눌려 고통을 겪고 있습니다. 피곤에 지친 사람, 굶주린 사람, 매 맞는 사람, 옥에 갇힌 사람, 기관원의 감시를 받는 사람, 회사 간부들의 미움을 받는 사람, 이렇게 피곤한 사람들뿐입니다.

하나님 아버지, 우리에게 더 많은 믿음과 더 많은 용기를 주십시오. 그리하면 우리는 나만을 위해 살지 않고 모든 사람들의 고통을 해결하는 일에 앞장서겠습니다."

같은 해 8월 12일의 공동 기도문을 보면 탄압이 몰려와도 물리치고 나아가 끝내 이기고 말 것이라는 확신에 차 있음을 알 수 있다.

"거짓과 불의가 판을 치며 의로운 자를 못살게 하는 이 비극의 현실을 언제까지 용납하시렵니까? 그들은 우리에게 욕설을 하고 발길질을 휘두르며 정의가 무엇이냐, 자유가 무엇이냐, 인권이 무엇이냐 하며 조롱하고 있습니다. 수많은 노동자들이 마귀의 종들로부터 공포를 느끼며 떨고 있습니다.

언제까지 악의 뿌리들의 난폭한 행동을 내버려두시렵니까? 우리들에게 믿음을 주시고 용기를 주시옵소서. 그리하여 주님의 정의의 병사가 되어 불의의 세력과 싸워 이기게 하옵소서. 모든 근로자들이 악의 세력을 깨고 사랑과 정의와 자유와 평화가 있는 하나님 나라를 건설하게 하옵소서."[47]

이 시기에 조지송 목사가 노동교회 주일 예배에서 한 설교는 '하나님의 공의(욥기 29:8-17)', '우리와 함께하시는 하나님(마태 28:18-20)', '부자와 빈자(전도서 5:9-16, 잠언 23:4-5)', '권력은 부패한다(미가 2:1-6, 7:1-6)', '터무니없는 말(마태 5:1-12)', '어떻게 살 것인가(야고보 4:15-17)', '지진으로 열린 감옥 문(사도행전 16:16-20)', '새 술은 새 부대에(마가 2:21-22)' 등이다.[48] 유신이 종말로 치닫고 박정희가 부하인 김재규에 의해 제거되는 와중에 하나님의 공의가 회복되고 억압받는 노동자가 평화로운 노동 환경에서 일할 수 있게 될 것이라는 희망을 선포했다.

소그룹 리더로 노동교회에 출석했던 한명희는 노동교회에서 드린 예배가 산업선교회 노동자에게 힘을 주고 위로가 되었다고 회고했다.

"돌이켜보면 영등포산선의 노동교회는 어려운 시절 나에게 큰 결단을 갖게 해준 귀한 곳이었다. (…) 여러 사업장에서 저마다 겪는 아픔과 투쟁을 안고 온 노동자들이 함께 예배하고 기도하는 과정은 모두에게 큰 힘과 위로가 되었다. (…) '앞장서서 싸우다 설령 잘못되면 한 3년 감옥에 갔다 오면 되지…' 하는 담대한 마음도 예배를 통해 생겨났다."⁴⁹

노동교회는 영등포산업선교회 회원 노동자들에게 우리도 교회의 일원이라는 자부심을 부여하면서, 한편으로는 외부의 공격자들이 산업선교회에 대한 침탈을 노릴 때 기독교의 '성소'라는 점에서 약간의 보호막이 되어주었다. 무서울 것 없었던 독재자도 기독교를 탄압한다는 인상을 주는 것에는 매우 조심스러워했기 때문이다.

당산동교회를 빌려 주일 오후에 모였던 노동교회는 1979년 7월 8일 산업선교회관이 준공되자 3층 강당에서 11시에 드리게 되면서 더욱 활기를 띠었다. 회관 개관 기념 신앙 강좌에 1500명이 운집했으며, 개관 기념 성찬 세례식에서 22명의 노동자가 세례를 받았다. 1980년 광주민주화운동 직후인 6월 1일부터 7월 10일까지는 '민족과 나라, 근로자와 산업선교를 위한 40일 연속 기도회'를 선포하고 오전 6시부터 밤 10시까지 쉬지 않고 기도했는데, 연인원 313명이 격동하는 역사의 현장을 기도와 믿음으로 밝혔다.⁵⁰

영등포산업선교회는 이렇게 제도적인 교회를 통해 탄압을 돌파하고 기존 산업선교의 모든 내용을 교회로 수렴하려고 했으나, 결과는 기대했던 것과 달랐다. 1980년부터 시작된 신군부의 탄압으로 인해 그동안 소그룹으로 결합되었던 노동자의 대부분이 해고된 후 흩어져버려 소그룹 활동은 중단할 수밖에 없었고, 교회를 중심으로 모였지만 그 수는 갈수록 줄어들기만 했다. 노동교회를 처음 시작했을 때 500명을 목표로 했으나 초기에 250~300여 명이 모였던 것을 정점으로 하여 이후에는 예배 인원이 점점 줄어들었다. 조지송 목사는 그제야 비로소 '벽 있는 교회(Church in wall)'보다 '벽 없는 교회(Church with out wall)'인 산업선교야말로 노동자에게 복음을 전하고 구원을 선포하는 데 훨씬 더 생산적이며 참 교회에 가깝다는 것을 새삼스럽게 확인할 수 있었다.

그리하여 고난의 시기에 산업선교 노동자와 실무자의 영적 안식처였던 노동교회를 시작한 일은 조지송 목사가 일생을 두고 '후회하는 일 중의 하나'가 되었다. 조지송 목사는 노동조합이 노동자의 유일한 희망일 때는 노동조합을 노동자의 교회로 여겼고, 후에 소그룹이 노동조합을 대신하게 되었을 때는 소그룹이야말로 진정한 교회라고 보았다. 그리고 산업선교를 지키기 위해 시작한 것이 노동교회였는데, 그 교회의 상부 기관인 총회가 산업선교를 품어주기는커녕 내치려 하고, 자신이 훈련한 후배들이 앞을 다투어 교회부터 세우는 현실을 그대로 받아들이기가 쉽지 않았던 것이다.

"괜히 교회를 만들었구나, 교회 만들어두니 교회로 돌아가려 하는구나 하는 회한이 컸어. 결국 산업선교 훈련을 받은 사람들이 전부 나가서 교회를 만드는 거야…. 그럼 그때 어떻게 했어야 되는가? 그때 산업선교는 죽었어야 돼. 그랬으면 제대로 살 텐데….

죽어야 할 때 죽어야 할 사람이 살아 있으면 안 돼. 성경에 분명히 있거든…. '네가 죽어서 살리라.' 예수님은 다른 길이 없었기 때문에 죽어서 살아난 거지…. 산업선교는 이미 구원을 상실한 교회를 붙잡고 따라가 보려고 애썼어. 다 내가 잘못의 씨앗을 뿌린 사람이지."[51]

조지송 목사는 자신이 그러했던 것처럼 후배들도 산업선교에 모든 것을 쏟아 붓기를 바랐지만, 1980년 초중반 신군부 정권하에서 교회라는 제도적 울타리 없이 노동자 선교를 지속하기란 쉽지 않은 상태였다. 그래서 그의 후배들은 합법적 공간인 교회의 이름으로 그동안 해왔던 1970년대 산업선교 활동과 민중선교를 수행하는 전략으로 전환할 수밖에 없었는데, 조지송 목사의 눈에는 이 전략이 산업선교보다 교회의 생존을 우선시하는 선택으로 이해되었던 것이다. 영등포노동교회는 1983년 '성문밖교회'로 이름을 바꾸었고, 산업선교 훈련을 받은 후배들은 성문밖교회를 모델로 삼아 전국의 주요 공단 지역마다 노동교회를 설립해 산업선교를 전국으로 확산시켰다.[52]

영등포산업선교회가 고난의 시기를 이겨내며 산업선교를 지속할 수 있었던 원동력은 노동자의 눈물과 땀이 배어 있는 간절한 기도의 힘에 있었다. 고된 노동으로 지친 몸을 이끌고 예배드리는 가운데 노동자들은 그리스도의 군사로서 온전히 자신을 바칠 수 있었으며, 이러한 결단은 노동투쟁 과정에서 강력한 결속력과 전체를 위한 헌신으로 나타났다. 파업과 투쟁으로 인해 연행되어 조사받던 여성 노동자들이 "도대체 누가 시켜서 이런 일을 하느냐, 너희를 사주한 산업선교 목사의 이름을 대라" 하고 다그치는 수사관들에게 "목사님들이 아니라 예수님께서 불의와 맞서 싸우라고 하셨다, 뭐가 문제냐?"라고 당당하게 대답할 수 있었던 배경에는 바로 이처럼 노동교회에서 함께 나누어 가진 생명력 있는 산업선교 영성이 있었기 때문이다.

6

서로
배우고
가르치다

노동자에게서
배우다

조지송 목사는 산업선교 노동자와 활동가로부터 '노동자의 아버지'
혹은 '산업선교의 선구자'로 불렸는데, 이는 그에게 딱 어울리는 칭
호가 아닐 수 없다. 하지만 정작 조지송 목사 자신은 "노동자들이야
말로 나의 스승"이라고 고백했고, 실제로 노동자에게서 배우는 자세
를 버리지 않고 죽을 때까지 일관되게 유지했다.

  그가 처음 산업선교에 투신하게 된 것은 1961년 여름 제1회 산
업전도연구원 훈련에 참가하여 탄광 노동을 체험했던 일이 계기가
되었다. 이 노동 체험 훈련으로 조지송 목사는 동지들에게 구원의 복
음을 전해야겠다는 소명 의식을 갖게 되었고, 이어서 예장 총회 산업
전도중앙위원회가 실시하는 기독학생노동문제연구회에 계속해서
참가하는 동인이 되었다.

  이후 조지송 목사는 총회 전도부 인턴 직원이 된 후에도 탄광
뿐만 아니라 주물공장, 시멘트 공장, 방직공장, 건축 막노동 현장 등
노동 강도가 강한 곳을 택해 학생들을 데리고 다니면서 현장 노동에

더욱 단련되어갔다. 이렇게 강도 높은 노동 훈련을 되풀이해 받으면서 혹은 주관하면서 조지송 목사가 깨달은 것은 노동이야말로 가장 좋은 스승이라는 것이었다.

"그때부터 지금까지 산업선교 훈련에서 필수적이고 가장 중요한 것은 노동이야. 노동을 하면서 무엇을 한다든지, 조사한다든지 등 선교에 대한 생각을 하면 안 돼. (…) 그냥 육체노동만 해야지. 그것도 가장 어려운 노동을 해야 해. (…) 지금도 난 훈련생들을 훈련하면서 일이 너무 가볍거나 노동 시간이 짧거나 작업도 앉아서 하고 하면 직장을 바꾸게 해요. 힘든 노동으로 인해 병이 나지 않을 정도, 일하다가 쓰러지지 않을 정도의 힘든 노동을 선택해야 돼, 철저하게. 그렇지 않으면 자리(노동 현장)를 바꿔야 해."

조지송 목사가 인턴으로 채용되어 간사로 일하던 당시 예장 전도부 산업전도중앙위원회 산하의 기독학생노동문제연구회가 실시한 노동 훈련이 신학생 교육에 매우 유익하다고 평가한 대한성공회의 데일리(한국명 김요한) 주교는 모든 신학생에게 신부 서품을 받기 전에 이 노동 훈련을 받도록 했다. 그리하여 후에 대한성공회가 독립하여 초대 관구장이 된 김성수 신부도 조지송 목사의 지도로 삼척 도계탄광에서 석탄을 캐내는 노동 훈련을 받았다.[1]

조지송 목사는 힘들고 고단한 노동을 하면서 그동안 머리로만 이해하고 표피적으로만 받아들였던 성서 말씀이 얼마나 관념적이었는지를 절실히 깨달을 수 있었다.

"일단 나 자신이 '의를 위하여 핍박받는 자는 복이 있나니' 하는 그 말을 언제 깨달았냐 하면… 산업선교 하면서 10년 후에야…. 노동자들이 의를 위해서 핍박받는 거, 내가 의를 위해서 핍박받고 나서야 무슨 말인지 알았어. 그리고 의를 위해서 핍박을 받지 않은 사람은 평생 그거 읽어도 무슨 말인지 몰라. 그건 확실해. 신학박사 학위 열 개를 가져도 의를 위해서 핍박을 받지 않고선 그 말이 무슨 말인지 알 수 없어. (…) 정말 복음을 나한테 가르쳐준 사람은 신학 교수가 아니고 노동자들이야."

"예수가 누구냐 하는 것은, 저 사람이 나한테 복음도 가르치고 정의가 뭔지 알려주고 하는 그런 엄숙한 게 있는 데서 '정말 네가 예수구나…' (하고 느끼는 것인데), 나는 이런 것을 그 천대받는 사람(노동자)들에게서 수도 없이 느꼈어."

"하늘에 계신 우리 아버지, 이름을 거룩하게 하시고 우리에게 일용할 양식을 주시고…' 하는데 평생 먹을 양식을 쌓아놓고 남의 일용할 양식까지 빼앗은 사람들이 그런 기도를 하는 것은 하나님에 대한 최대의 모독이라고 생각해요. (…) 노동자들 앞에서는 그런 기도를 못 하겠더라. (…) (평생 먹을 것, 입을 것 쌓아놓고 사는) 자기가 품고 있는 것을 주면 될 거 아냐, 왜 하나님 보고 주라 그래. 남의 것 다 빼앗고…. 이건 교회도 아니고 아무것도 아냐. 예수 믿는 그 그룹은 아니다 이거야. (…) 산업선교를 하면서 (예수 정신이 사라진) 교회 자체가 가장 먼저 구원을 얻을 대상이다, 교회가 혁신, 갱신됨으로써 산업선교가 더 잘 된다 이렇게 본 거야."[2]

조지송 목사는 노동자를 만나고 노동자가 되어 살아보지 않고는 노동자를 섬긴다는 것이 말짱 허구라고 생각했다. 노동자를 위한다는 생각 이전에 순수하게 노동자가 되어 노동자의 문제, 상황, 생활 속으로 들어가 봐야 진정한 배움이 이루어진다고 여긴 것이다.

"노동자들이 허리가 아픈가, 얼마만큼 졸린가, 인격적으로 얼마만큼 수모를 당하는가, 그런 것을 다 겪어보고…. 이런 것을 견뎌가며 살아가는 그 엄숙한 모습, 정말 저것이 예수 믿는 사람의 엄숙한 종교 행위로 보이는 그런 경지에 들어가도록 애써야 한다. (…) 노동자를 바로 아는 것이 정말 인간이 바로 되는 것이고 자기가 참 크리스천이 되는 것이고, 구원을 얻을 수 있는 기회고 회개할 수 있는 찬스지…. 그런 것을 몸으로 체험할 때까지 노동을 해야 해."

조지송이 깨달은 진짜 복음이란 노동자의 피땀과 인내와 정의를 향한 목마름 속에서 터져 나오는 엄숙한 인간 선언이며, 그 인간 선언을 한쪽 귀로 흘려듣지 않고 자신을 노동자와 동일시하는 과정 그 자체였다. 예수가 인간을 구원하기 위해 사람의 몸으로 태어났듯이 진정한 교회와 기독교인은 노동자가 됨으로써 비로소 노동자를 구원할 수 있고, 그리하여 자기 자신도 구원을 받는다는 것이다.'

"노동자들 얘기를 들어보면 그런 진실한 얘기를 세상에 할 사람이 없어요. 그 얘기를 들으면 감동을 받게 돼 있는 거지. 감동도 있고 깨달음도 있고 그 무슨 결단도 있고 그런 것이…. 그 표정, 그 말… 성경에 보면 태초에 말씀이 있었다고 그랬지. 요한복음에서 그랬던가?"

조지송 목사는 노동자의 진솔한 삶의 이야기에 녹아 있는 진실에 귀를 기울였다. 의식이 깨어나지 않은 채 자신이 겪고 있는 고통의 원인을 운명으로 받아들이기만 하는 노동자에 대해 가슴 아파했다. 문제 해결을 고민하기보다는 분노와 체념에 머물러 있는 노동자를 보면 조 목사 자신이 더 답답하고 분하고 속상할 때가 부지기수였다. 그러다가 수없는 만남과 산업선교 소모임을 통해 의식이 깨어나 스스로 이 억압의 굴레를 부숴버려야겠다고 결심하는 노동자를 볼 때의 그 희열….

주체성을 회복한 노동자가 노동법을 깨우치고 자신의 권리를 되찾기 위해 싸울 뿐만 아니라, 나아가 다른 노동자와 사회정의를 위해 싸우기까지 하는 과정이 바로 노동자 구원이며 산업선교였다. 조 목사는 "예수라는 이름을 들어보지도 못한 노동자들이 목사인 나보다 더 예수처럼 생각하고 예수처럼 행동하는 경우를 많이 보았다"라면서 그러한 노동자가 목사인 자신보다 100배는 더 낫다고 생각하고, 그런 "노동자들의 모임이야말로 참 교회"라고 했다. 이런 의미에서 조지송 목사는 그에게 산업선교를 가르친 사람은 '신학교가 아니라, 현장의 노동자'라고 주장한 것이다.

조지송 목사는 그가 처음에 가졌던 기존의 신학과 성서 해석만으로는 진정으로 노동자를 구원할 길을 발견하지 못했지만, 노동자가 당하는 고난을 예수의 십자가 고난으로 재해석할 수 있게 됨으로써 노동자 구원의 길을 깨닫게 되었다. 노동자의 시각으로 성서를 읽고 노동자와 함께 고민하며 열악한 노동 현실을 바꾸기 위해 싸움을 하는 과정 자체가 선교이며, 하나님 나라를 확장하는 일임을 확신하게 된 것이다.

거기서는 교회가 따로 있지 않고 노동자의 모임이 곧 교회가 되고, 노동자와 주고받는 이야기가 설교이며, 그들의 부르짖음이 기도가 되었다. 조지송 목사는 "그거보다 더 좋은 설교, 그거보다 더 좋은 기도가 어디 있으며, 더 좋은 회개를 어디서 일으킬 수 있느냐"라고 반문하면서 노동자의 모임이야말로 '진짜 교회'라고 강조했다. 조 목사는 교회가 노동자를 구원하려 하기 전에 먼저 교회가 구원받아야 한다고도 했다. 산업선교를 통해 변화되고 성장해 가는 노동자의 모습에서는 예수를 발견할 수 있었는데, 그에 비해 노동자보다 깨달음과 각성(회개)이 둔한 기존 교회는 어떠한지 에둘러 비판하는 말이었다.

조지송 목사는 노동자에게서 예수를 발견하고, 예수를 사랑하듯 노동자를 사랑하며, 마침내 노동자가 되는 것이야말로 진정한 산업선교임을 깨달은 것이다. '노동자에게서 배운다', '정의를 위해 싸우는 노동자가 곧 예수다'라는 생각은 이후 그의 일관된 산업선교 철학이며, 신앙고백으로 굳어져갔다.

조직은
노동자의 힘

조지송 목사가 산업선교 활동 중 가장 많은 시간을 할애했던 일이 노동자를 만나는 일이었다. 초기 산업전도위원회 시기에는 노동자를 만난다기보다 예배나 성경공부를 목적으로 접촉하는 것이어서 형식적인 만남으로 끝날 때가 많았다. 그런데 전도를 목적으로 한 공장 예배가 노동자로부터 환영받지 못한다는 것을 깨닫고 나서부터는 만남의 성격이 달라지기 시작했다. 조지송 목사는 노동자와 함께 웃고 울며 삶을 나누는 사이가 되어야만 신뢰가 형성되고, 그러한 신뢰의 기반 위에서 비로소 삶의 변화가 가능하다고 보았다.

그리하여 시작한 것이 공장 방문이었다. 예배나 성경공부가 없는 날에도 공장을 찾아가 점심시간이 되면 구내식당에서 노동자와 같이 밥을 먹으며 이야기를 나누고, 작업 시간에는 수위실에서 경비들과 이야기를 나누다가, 퇴근 시간이 되면 약속한 노동자와 함께 걸어 나오면서 만남을 가졌다. 심지어 2교대를 마치고 밤 12시에 퇴근하는 노동자를 만나기 위해 자정 무렵 공장 앞에서 기다리기도 했다.[4]

공장 방문이 비교적 자유로웠던 것은 초기 산업전도 시기에 기업주의 초대로 예배를 드리기 위해 공장을 드나들었기 때문인데, 직원들이 조지송 목사는 '우리 공장의 내빈이니 프리패스'라는 인식을 갖고 있었던 모양이다.

노동자와 자꾸 만나다 보니 그들이 살아온 이야기와 생활환경, 공장에서 하는 일, 월급과 휴가, 회사의 분위기, 노동조합, 친구 관계 등을 세세하게 파악할 수 있었다. 조지송 목사는 영등포공단 내 주요 공장마다 친분을 맺고 만나는 노동자를 몇 명씩 만들 수 있었다. 그렇게 만난 노동자와 공장의 위치를 영등포공단 지도 위에 표시해 나갔다. 차츰 방문하는 공장과 만나는 노동자가 늘어나서 많을 때는 약 300여 개에 달하는 공장이 지도에 표시되기도 했다.

"내가 저 사람을 통해 뭘 해내겠다, 이런 생각을 갖는 것이 아니라, 저 사람을 어떻게 도와줄까, 저 사람의 문제가 뭔가, 그 문제에 대해 깊이 얘기하고 같이하자, 그러면 그 사람은 나서게 돼 있어…. 그의 근본적인 문제를 집중적으로 취급해 나가면 조직은 자연히 된다는 거지. (…) 그가 필요한 아주 절실한 요구에 응한다는 거지. 사람이 자기가 관심 있는 거, 아쉬운 거 얘기하면 눈이 번쩍 뜨인다고."[5]

조지송 목사는 이렇게 만난 노동자 한 사람 한 사람을 소중히 대하면서 그들의 삶에 깊이 동화되려 애썼다.

"노동자들이 당하는 아픔, 억울함, 분노 같은 것을 모르고 살았는데, 그거를 현장에 가보니까 훤히 보이고, 만져지고, 가슴으로 와닿고. 그러니까 노동자의 분노가 바로 내 분노로 동일시됐어. (…) 어떤 때는 노동자가 당하는 것을 볼 때, 오히려 본인은 흥분도 하지 않고 분노도 하지 않는데 내가 굉장히 분노를 느끼고 참을 수 없게 화가 나."[6]

조지송 목사는 연약한 노동자를 이용해 배를 채우면서 그들의 인격을 밟아 뭉개는 기업주들의 행태에 화가 나서 견딜 수가 없었다. 게다가 경찰은 물론 노동자를 보호해야 할 노동부까지 노골적으로 기업주의 편을 들고 있었다. 조지송 목사는 이 불평등한 노동 현장을 바라보고만 있을 수 없었다. 그래서 교회와 산업선교만이라도 노동자 편을 들어야겠다고 결심했다.

기업주에게는 자본의 힘과 명령만 내리면 일사불란하게 움직이는 직원 조직이 있는데다 경찰과 노동부로 대표되는 국가권력까지 뒷받침해주고 있어 힘없고 가진 것 없는 노동자는 늘 당하고 빼앗기기만 하니 교회라도 노동자 편이 되어주어야 정의가 제대로 세워진다고 판단했던 것이다.

"노사(努社) 관계에서 사(社) 쪽이 무겁단 말이야. 이쪽이 무겁기 때문에 교회가 가운데에 설 수 없다 이거지. (…) 나는 지금 분명히 노동자 위치에 가 있을 때다, 그렇게 생각을 한다는 거지. 그런데 한국 교회는 무조건 가운데에 서라(고 해). 기울어져 있는 상태에서 가운데에 (서라고 하는 건) 그 말 자체가 중립이라고 하면서도 내용상 중립이 아니고, 가난한 자를 위한다 그러면서 사실상 부자들을 위하는 거지."

노동자가 인권과 생존권을 지키기 위해 기업주와 한 몸이 된 공권력과 싸우는 노사 갈등의 현장에서 교회가 기계적 중립에 선다면 나쁜 일을 하는 사람에게 동조한다든가 방치하는 결과를 낳기 때문에 노동자 편에 서지 않을 수 없다면서 조지송 목사는 노동자에 대한 뜨거운 애정을 드러냈다.[7] 그는 또한 성경을 머리로만 읽어서는 제대로 이해할 수 없고, 참된 기독교인은 더욱 될 수 없으며, 소외된 계층을 이해하고 가난한 노동자의 분노에 공감할 때 참 그리스도인이 되어 산업선교를 할 수 있다고 자주 말했다.[8]

조지송 목사는 힘없고 연약한 여성 노동자들이 풋풋한 꿈을 키워갈 나이에 인격적 수모까지 받으면서 고된 노동에 시달리는 노동 현실에 분노하면서 그 불의를 바로잡으려면 노동자에게 힘이 있어야 하고, 그 힘을 갖기 위해서는 노동자의 조직이 필요하다고 보았다. 그래서 시작한 것이 노동 현장에서 유일한 노동자의 조직인 노동조합을 만들고 키워내는 일이었다.

"그러니까 우리가 정당한, 인간다운 대우를 받으면서 살아가기 위해서는 조직이 필요하다고…. 조직을 통해서만 힘을 이끌어낼 수 있다고…. 그만큼 조직이 중요한데, 어떻게 조직이 되겠느냐."[9]

조지송 목사는 일찍이 경험한 노동 현장에서 조직화되지 않은 노동자의 암담한 현실이 어떤 것인지 실감했고, 나아가 그것을 벗어던질 수 있도록 이끌어내는 방법도 체득했다. 그는 노동자의 필요와 이익에 민감하게 움직여 작은 실천을 통해서 단결과 조직의 힘을 체험하는 것이 중요하다고 보았다. 어느 날 벌인 한 차례 파업으로 임금 인상도 하고 노동 조건도 향상시키는 등의 단발성 승부보다는, 소소한 일상적인 투쟁에서 시작하여 노동자의 힘의 원천인 조직을 강화해 나가는 것부터 먼저 해야 한다고 역설했다.

"조직이라는 게 다른 거 없어. 항상 뭔가(노동자의 이익)를 주장하고 관철하는 것을 해야 해. 난로 문제든, 작업대 개선 문제든 새로운 것들을 계속 창출해 나가면서 싸워 나가야 조직이야. (…) 가만히 앉아서 책이나 보고 공자 같은 얘기나 하면 조직이 강화될 수 없는 거지. 예를 들면 세미나 같은 거지. 노동조합이 이론적인 얘기, 원칙적인 얘기나 하고 앉아 있으면 조직이 될 수 없어."

그러면서 조지송 목사는 조직을 움직여 싸움에서 이길 수 있는 다양한 전술을 만들고 적용해야 한다고 역설했다. 그의 이런 생각은 미국 연수 중에 접한 '알린스키의 주민조직론'에서 영향을 받은 것이다. 정당한 주장이라도 상당한 조직력을 동원하고 전략과 전술이 수반되지 않으면 절대로 받아들여지지 않는다는 논리다. 불의를 보면 아주 미쳐버리는 사람들이 바로 알린스키 조직이라고도 말했다.

"거참, 신들린 사람 같아, 일하는 게…. 목사, 신부, 수녀, 이런 사람들이 성경 가르치는 게 아니야. 이런 유인물을 수녀, 목사들이 수천 장씩 끼고 다녀. 다른 게 아니야. 그걸 설교, 미사 이상의 거룩한 행위로 알고 있거든. 끼고 다니면서 계속 나눠주고 설명하는데, 자기들은 그게 미사다 이거야. 이렇게 훌륭한 미사가 어디 있냐 이거야."

조지송 목사는 시카고에서 알린스키의 조직론에 따라 행하는 노동자, 주민, 농민 운동을 참관하면서 큰 충격과 깨달음을 얻었다. 인간답게, 정의롭게 살려는 사람은 조직이 있어야 하고, 우리 현실에 맞는 운동 방법을 창안하여 실천해야 한다고 생각했다. 노동 현장에서 벌어지는 불의한 일을 보면 참을 수 없고 내 일처럼 분노하며, 그 불의에 대한 집단적 의사 표시와 압력 수단을 행사하여 불의를 몰아내려는 사회적 행동이 곧 산업선교라고 그는 정의했다.

조지송 목사는 노동자 조직이 제 역할을 하기 위해서는 지도자가 중요하다고 생각해 지도자 교육에도 심혈을 기울였다. 소그룹 활동을 3~5년 계속해온 경험자 중에서 조직의 리더로 육성할 사람을 뽑아 교육하기 위해 파이오니어(Pioneer, 개척자) 코스를 만들었다. 파이오니어 과정에서는 노동운동 지도자에게 필요한 전문적인 내용을 가르쳤는데, 조직 운동은 왜 필요하고 어떻게 하는가, 싸움의 기본 철학은 무엇인가, 경제학과 산업사회학의 핵심 쟁점은 무엇인가, 외국의 노동운동사는 어떠했는가, 헌법상의 노동기본권, 노사문제 사례 분석, 노동조합 운영의 실제, 조직 관리 등을 강의하고 토론했다. 강의는 박현채, 유인우, 신인령 교수 등을 초빙하여 맡겼는데, 파이오니어 코스를 수료한 사람들은 그 문제에서만큼은 대학생 수준의 지식을 갖출 수 있었다.

"이렇게 훈련받은 사람들이 실제로 노동조합 간부를 많이 했거든. 지부장도 하고 부녀회장도 하고 회계부장도 하고…. 어떤 회사의 노조 간부를 보면 거의 80~90퍼센트가 산업선교 회원들이야. (…) 훈련이 끝날 즈음 촛불 예배를 드리면서 결의까지 하는 거야."

조지송 목사는 그렇게 훈련한 노동운동 지도자들이 실무자인 자신보다 몇 배의 일을 해내는 사람들이라고 높이 평가했다. 그는 이렇게 훈련받은 노동자들이 산업선교를 이끌어간다고 했다.

"산업선교 문제를 나보다 두 배, 세 배로 걱정하는 노동자가 수백 명 있다 이거지. 내가 100을 생각하면 저들은 200을 생각한다는 마음의 확신이 있어. 그런 사람들이 몇백 명 있으면 조 목사가 1000여 명 있는 효과가 나타나지."

혼자서는 거의 힘이 없는 노동자들을 훈련해 조직으로 묶어내고 그들 속에서 리더를 키워낼 수 있게 되기까지는 많은 시간과 노력, 인적 자원과 금전, 신뢰가 투입되어야 했다. 영등포산업선교회가 실시한 파이오니어 코스에서 지도자 훈련을 받은 이들이 수행했던 노동운동은 유신 말기인 1976~1979년에 집중적으로 전개되었다. 그 대표적 투쟁 현장은 대일화학, 한흥물산, 해태제과, 롯데제과, 남영나이론, 방림방적, 대한방직, 대한모방, 원풍모방, 대협(주), 동광통상, 동양나이론, 한영섬유, 만도마네킹, 삼공기계, 서울미원, 서울통상(주), 시그네틱스코리아, 크라운전자, 콘트롤데이터 등이었다.

서로 배우고
가르치는 공동체

조지송 목사와 영등포산업선교회는 노동자 대중교육 프로그램 운영
에 많은 공을 들였다. 1964~1967년 산업전도회 시절은 주로 대학
교수급 강사들을 초청해 평신도산업전도 교육을 실시하다가, 1969
년부터 1972년까지는 노동조합 지도자를 대상으로 한 노사문제 및
노동조합 간부 교육에 집중했다. 1972년부터는 긴급조치로 인해 공
개 교육 모임을 가질 수 없게 되어 노동자 소그룹 교육으로 전환했는
데, 이때부터 밑바닥 여성 노동자의 의식화와 현장 조직 훈련을 실시
했다. 조지송 목사는 노동자가 처한 환경과 영등포산업선교회가 제
공할 수 있는 교육 내용을 감안하여 효율적인 교육 체계를 만들었다.

초기에 실시했던 평신도산업전도 교육과 노동조합 간부 교육
은 각각 노동 현장의 엘리트 그룹을 육성하여 그들을 통해 다른 노동
자에게 전도를 하든가 노동조합을 강화하는 것이 목적이었다. 이러
한 엘리트 노동자 교육에 많은 시간과 노력을 들여 상당한 효과를 보
기도 했다. 평신도산업전도 교육으로 공장에서 기독교인이 차지하

는 비율이 늘어나고 신도들이 회사의 중간 간부로 성장하여 산업전
도의 기회가 더욱 확대되었다. 노동조합 간부 교육은 노동조합의 역
량 강화와 민주화에 상당히 기여한 것으로 평가되었다.

그러나 엘리트 교육만으로 노동자의 궁극적인 변화와 지속 가
능한 성장을 이끌어내기에는 한계가 있었다. 교육받은 평신도산업
전도회원들은 교회에서는 유능한 신도이기는 했으나 노동자의 권리
를 확대하는 노동운동에 헌신적으로 임하는 사람은 드물었다. 교육
받은 노동조합 지도자들 역시 탄압과 회유에 쉽게 무너져 어용화되
거나 적당히 타협하는 직업적 노동운동가로 안주해버리는 경우가
생겨났다.

이러한 이유로 이제까지 실시해왔던 엘리트 위주의 하향식 교
육만으로는 노동 현장을 정의롭게 변화시키기 어렵다는 판단을 하
게 되어 교육, 훈련 방법의 전환을 모색할 수밖에 없었다. 게다가 유
신정권이 긴급조치를 선포하여 집회, 결사를 원천적으로 봉쇄하는
바람에 더욱 더 기존의 교육 형태를 지속할 수 없게 된 물리적인 요
인도 있었다.

조지송 목사는 밑바닥 노동자를 의식화하여 그들을 노동 현장
의 주체로 성장시켜야 산업사회를 정의롭게 변화시킬 수 있다고 생
각했다. 이런 생각의 전환은 그가 1970년 9월부터 8개월간 미국에서
연수 교육을 받을 때 알린스키의 주민조직론을 적용한 도시빈민투
쟁과 농민운동 현장을 경험하고, 노동조합교육원에서 실무 교육을
받으면서 시작되었다. 즉 운동의 성패는 기본적으로 조직의 힘과 대
중의 자발적 참여, 헌신적인 리더, 이 세 가지 요소가 핵심이라고 깨

달은 것이다. 그는 기업주와 공권력이 합쳐진 거대한 압력을 노동자 조직이 이겨내기 위해서는 그들 못지않게 강한 결속력과 실천력, 공통의 이해(욕구), 도덕적 우위(정당성)를 갖추어야 한다고 여겼다. 그뿐 아니라 이 싸움에서 이겨야만 인간답게 살 길이 열린다는 절박함이 더해져야 한다고 생각했다.

조지송 목사는 해외 연수에서 돌아와 여성 노동자가 생산 현장의 주력이 된 경공업단지인 영등포 지역 공장들의 현실을 고려하여 여성 노동자 소그룹 조직과 의식화 작업에 착수했다.

"종업원 100명이 일하다가 한 사람이 불만을 토로하고… 나 일 안 할란다, 해봐도 회사는 꿈쩍 안 해. 콧방귀를 뀐다는 거지. (…) 근데 100명인데 90명이 한꺼번에 일 안 하겠다 하면 (회사는) 겁낸다는 거야. (…) 인간적인 대우를 받으려면 조직이 필요하고, 조직을 통해서만 힘을 이끌어낼 수 있어."[10]

여성 노동자를 조직하는 데는 그가 산업전도 시절 수없이 만났던 노동자와의 관계가 중요한 출발점이 되어주었다. 조지송 목사는 이미 300여 개나 되는 공장과 그곳 노동자들로 구성된 네트워크를 갖고 있었다. 이들을 기반으로 삼아 공장별로, 라인별로 동일한 작업을 하면서 평균 연령대인 동성의 노동자를 7~8명씩 모아 모임을 만들게 하고, 그룹이 형성되면 민주적인 원리에 따라 리더를 뽑고 조직 활동을 하도록 했다. 산업선교 실무자들은 구체적인 운영에는 관여하지 않고 요청이 있거나 필요할 때만 도움을 주었다.

여성 노동자 소그룹이 얼마나 유지되느냐는 그룹원들의 주도적인 참여에 달려 있었다. 각 그룹은 '프레이리의 의식화 교육' 원리를 일부 원용하여 운영되었다. 즉 학생은 스스로 문제를 제기하고, 토론을 통해 해결 방법을 도출해낸 후, 그것을 삶 속에서 실천함으로써 올바르게 성장하게 된다는 원리다. 그룹이 제일 먼저 시작하는 활동은 실무자와 그룹 회원 노동자가 같이 생활하면서 그들의 정체성을 깨닫는 일이었다.[11] 노동자들은 각자 살아온 이야기를 나누는 동안 서로 격려하고 화내며 울고 웃으면서 자신들의 삶의 궤적을 뒤돌아보았다. 그러면서 어떤 사람으로 살 것인지 고민하는 기회를 가졌다.

그룹원들은 그들의 수준에 맞는 활동을 하게 되는데, 처음에는 초보 노동자의 욕구와 관심사에 맞게 취미 활동이나 가벼운 교양 학습을 한다. 꽃꽂이, 자수, 수예 등과 여성 노동자들이 궁금해하는 인문학적 주제에 대해 학습하기로 합의하면 영등포산업선교회는 그룹별로 담당 실무자를 배치하여 필요한 물품과 교재를 준비해주어 노동자가 시간을 효과적으로 활용할 수 있도록 돕는다. 장소를 준비하고 강의를 하는 것도 실무자의 일이다.

그룹원의 교육 내용은 여성 노동자에게 필요한 결혼, 출산, 돈 관리나 시간 관리 같은 생활 상식, 여성의 권리, 문화 활동, 인간관계, 근로기준법, 노동 관련법, 산업선교란 무엇인가, 사회문제 등으로 이루어졌다. 여타 주제는 그룹원들의 선택에 맡겨졌지만, 근로기준법만은 필수였다. 그룹의 학습은 토론 형태로 진행되었는데, 선행학습을 경험한 노동자가 진행을 맡았다. 소그룹 활동은 JOC가 적용하던 소그룹 원리인 '보라, 판단하라, 행동하라'는 슬로건과 크게 다른 점이 없었다. 남영나이론 노동자였던 박송아(박점순)는 소그룹 활동을 이렇게 기억했다.

"우리는 마음만 먹으면 무엇이든 배울 수 있고 같이 나눌 수 있었다. 나에게 제일 도움이 되었던 것은 서로 처지가 같아서 마음이 편안하다는 것이었다. 따뜻한 공기, 사랑, 삶의 모든 것이 그곳에서는 싹트고 있었다. 그 작은 공간이 많은 여성 노동자들의 안식처로, 교육기관으로 손색이 없었다."

그룹 활동을 하면서 노동자는 스스로 변화하고 성장해 나갔다. 조지송 목사는 노동자가 제대로 알고 가슴으로 느끼며 스스로 문제 해결을 함으로써 삶의 변화를 가져오는 것을 중시했다. 그는 "삶이 변화된 노동자라야 행동할 수 있고 행동해야만 성장한다"[2]라고 하면서, 이전의 노동조합 간부 교육이나 평신도 전도 교육에서는 이 삶의 변화와 행동이 뒤따르지 않아 어정쩡한 상태에 머물렀다고 진단했다.

소그룹 활동을 통해 성장한 노동자의 변화가 어느 정도였는지 남영나이론 노동자였던 김연자의 이야기를 들으면 짐작할 수 있다. 탄압 시기에 예장 총회에서 산업선교를 그만둬야 한다느니, 실무자인 목사들을 제명해야 한다느니 하는 말이 나올 때 "산업선교를 꼭 목사님들이 해야 하나? 그냥 노동자들끼리 하면 안 되나?" 하는 이야기를 노동자들이 하기도 했다고 한다. 그만큼 노동자의 주체성과 자신감이 대단했다. 소그룹 활동이 활발하게 진행되던 1970년대 후반기에 실무자들의 일손이 달리자 소그룹 노동자들이 회비를 모아 실무자를 채용했는데, 1976년에는 노동자가 인건비를 부담하는 실무자가 세 명이나 되었다. 이러한 주체성은 회관 건축 과정에서도 발현

되어 회관 대지 마련이 어렵다는 것을 알게 된 노동자들은 십시일반으로 돈을 모금해서 기부하기도 했다.

노동 현장 문제를 해결하기 위해 행동을 개시하려면 그룹원들이 일하는 공장에서 해결해야 할 최우선 과제가 드러나고, 문제점과 해결 방법에 대한 충분한 토론이 이루어질 때까지 기다려야 했다. 거의 모든 그룹이 이 단계에 이르면 산업선교 내의 전체 그룹원들이 한자리에 모이는 수련회를 갖고 집중 토론을 하여 최종적으로 쟁의에 돌입할 것인지 여부를 결정하여 행동에 들어갔다. 영등포산업선교회는 소그룹들의 내부 합의 외에 세 가지 외부 조건을 고려하여 노사 문제를 실행할 것인지를 결정했는데, 그 외부 조건은 다음과 같다.

① 해당 회사 외에 다른 회사의 소그룹이 100개가 넘는가(지원 세력 확보 여부).
② 정치사회적 여건은 어떤가(여론, 정치적 압박 유무).
③ 노동투쟁을 지원할 수 있는 바깥 세력의 형편은 어떠한가(학생, 청년, 교회 등).

이 세 가지 중 어느 하나라도 미비하다고 판단되면 행동은 일단 보류했다.

소그룹 육성과 관리를 담당했던 인명진 목사는 당시의 소그룹 활동에 대해 이렇게 증언하며 평가했다.

"우리들은 노동자들과 함께 먹고, 같이 살고, 같이 소리치고, 웃고 화내면서 그들을 깨우치는 데 온 힘을 다 기울였다. 무엇을 가르치는 것이 아니라, 그들과 함께 삶을 나누는 것이다. (…) 우리는 얼마 후 놀라운 사실을 발견했다. 우리와 함께 살면서 그들은 변하기 시작했던 것이다. 하나님의 형상대로 지음 받은 인간으로서, 노동자로서 그들은 자각하고 자기 권리를 주장하기 시작했던 것이다. 그들은 자기들을 억압하고 있는 구조적인 악에 용감하게 도전하기 시작했고, 피나는 싸움을 통하여 그들에게 고통을 주던 구조적인 악을 변화시키는 데 어느 정도 성공하게 되었던 것이다."[13]

영등포산업선교회의 소그룹 조직은 1969년 무렵 실무자들이 공장 접촉 활동을 통해 공장별 노동자 모임을 만들었던 것이 시초다. 조지송 목사가 미국 연수를 마치고 귀국한 이듬해인 1972년부터 본격적으로 조직되어 1979년까지 약 10년간 소그룹 활동에서 핵심적인 교육, 실천이 이루어졌다. 초창기인 1972년 한 해 동안 그룹 수 105개가 1722회에 걸쳐 모였으며, 참가한 연인원이 2만 2545명이었는데, 가장 왕성하게 활동했던 1979년은 150여 개 그룹이 5200회 모이고, 참가 연인원은 6만 2400명에 달했다. 또한 이 시기에 영등포산업선교회의 가장 중요한 노동투쟁이 집중적으로 이루어졌다.[14]

소그룹 활동이 노동자 스스로 배우고 함께 실천하면서 인간적인 삶의 소중함을 깨닫는 주체적 성장을 도모했다면, 야학은 세상을 보는 창으로서의 학습 공동체였다. 야학은 많은 여성 노동자가 시골에서 초중등 과정만 마치고 공단 지역에 취업하여 배움에 목말라하던 현실을 고려한 교육 과정이었다. 1975년 새문안교회 대학생회의 도움으로 시흥교회와 문래동교회를 빌려 각각 12명, 22명의 노동자 학생을 모집하여 개강했는데, 주 5일 수업을 10주간 받으면 수료증을 주었다.

　야학의 학습 목표는 "근로자들이 정치, 사회, 경제, 문화 각 분야의 현실을 알고, 발언하며 참여할 수 있도록" 하는 데 있었다. 당시 공문서와 신문은 국한문 혼용이었는데, 노동자들은 신문을 읽고 공문서를 해독하는 데 어려움을 겪고 있었다. 학교 교육과정에는 한자 교육이 없었는데 사회생활을 하려면 한자를 알아야 했기에 야학은 '시사한문반'과 '생활야학반'으로 나뉘어 운영되었다.

　1978년에는 염천교회 대학부가 강사단에 합류하고 '역사반'이 추가되어 한국사를 비롯한 기초 역사 교육을 시행했는데, 이 무렵에는 강좌당 수료자도 100여 명 수준으로 늘어났다. 산업선교회관이 준공된 1979년 하반기부터는 몇 개의 강좌로 나뉘어 실시되던 야학을 '노동학교'로 통합하여 노동 관련법, 노동운동사, 역사, 경제, 기초 철학, 인문학을 주된 내용으로 하는 노동자 대중교육 프로그램으로 진행했다.

　조지송 목사는 야학뿐 아니라 현대 사회를 살아가는 노동자가 건강과 교양을 함양하고 문화 시민으로서의 자질을 갖추도록 하기 위해 일회성 특별 강좌도 자주 열었다. 구강 위생, 여성 건강, 의상, 음악 상식, 인간관계 등을 주제로 한 강좌는 산업선교 회원 노동자뿐 아니라 누구든지 참여할 수 있도록 개방하여 초보 노동자의 유입 통로로도 활용되었다. 단순히 강좌에 참석했다가 소비자협동조합원이 되거나 노동교회 교인으로 등록하는 노동자도 많았다.

　여성 노동자와 대학생 자원봉사자가 공동의 관심사를 놓고 대화하는 좌담회를 열기도 했는데, 1972년 여성 노동자 소그룹인 '꿀

벌'은 '현대 직장 여성의 진로'라는 주제를 놓고 장시간 저임금 노동에 시달리는 여성 노동자의 대응 방안에 대해 의견을 나누었다. 조지송 목사는 대학생이 더 많이 배웠다고 우월의식을 갖고 노동자를 대하는 것을 철저하게 경계하면서, 여성 노동자에게도 대등한 위치에서 당당하게 처신할 것을 주문하고 리더십을 발휘할 수 있도록 세심하게 배려했다.

노동자 스스로 주체가 되어 배우고 가르치는 공동체 학습은 일방적으로 주어지는 피동적 학습으로는 결코 이룰 수 없는 인간화와 인격적 성장을 가져왔다. 조지송 목사는 노동자가 일만 잘해서 돈 잘 버는 것이 최종 목표여서는 안 되고, 인격적인 존재여야 한다고 자주 역설했다.

"인격이란 베를 짜는 씨줄과 날줄이다. 실이 고울수록 고운 비단이 나온다. (…) 또 참외밭의 잘 익은 참외와 같다. 덜 익은 참외는 잡아당겨도 안 떨어지지만 잘 익은 참외는 건드리기만 해도 뚝 떨어진다. 그리하여 다른 사람에게 맛있는 것을 준다. 그게 인격이다.'"[5]

조지송 목사는 이렇게 쉽게 비유로 설명하며 인격을 갖추지 않고는 어떤 일도 해나갈 수 없다고 말했다.

영등포산업선교회에서 민중교육, 평등교육, 인간화 교육을 경험한 노동자의 놀라운 변화를 목도한 실무자들은 여성 노동자들의 지난한 싸움 과정에서 예수의 십자가 고난과 부활의 기쁨을 맛볼 수 있었다면서 감격해했다. 노동자의 삶이 녹아 있는 생생한 증언과 눈물 어린 기도, 속에서부터 우러나오는 진심 어린 실천이 바로 예수 신앙이며 산업선교였다고 그들은 한결같이 고백했다. 실무자들은 노동자에게서 참 믿음과 예수를 배우고, 노동자는 실무자와 함께 뒹굴며 자아 정체성을 확립하여 그룹을 통해 서로 배우고 가르치는 공동체가 형성되어갔던 것이다. 민중교육가이면서 신학자인 문동환 박사는 '새벽의 집'이라는 교육·신앙·생활 공동체를 만들어 실천했는데, 서로 배우고 가르치며 세상을 바꾸는 민중교육이 노동자들에게서 실현되는 산업선교 소그룹 활동을 보고 매우 놀라워했다.[16]

노동자를 섬기는 사람
'산업선교 실무자'

조지송 목사는 일찍이 1957년 8월 기독학생노동문제연구회에 연구생으로 참여했고, 이후 총회 전도부 간사가 되어 신학생 산업전도 체험 훈련을 진행했다. 그리하여 산업선교 실무자 훈련에 필요한 노하우를 확립할 수 있었다. 조지송 목사가 실시한 노동 훈련이 매우 효과적이어서 개신교는 물론 가톨릭과 성공회에서도 신학생, 목회자의 노동 훈련을 의뢰했다. 1972년 3월 초교파 산업선교 단체인 한국도시산업선교실무자협의회가 도시산업선교훈련원을 설립하여 조지송 목사에게 훈련 책임을 맡긴 것이다. 수료자는 성공회 두 명(김성수, 안주용), 예장 두 명(김정국, 황태준), 기장 두 명(고재식, 정태기), 구세군 두 명(성명 미상) 등인데, 이들은 1970년대 중반 한국교회사회선교협의회(사선협)가 사회선교 실무자 훈련 과정을 시행하기 이전에 훈련을 받았다.

조지송 목사는 실무자가 단순히 산업전도를 잘하는 기능인이 아니라 그 이상의 역할을 해야 하는 영적 지도자여야 한다고 보았다.

따라서 인간성을 매우 중요시했다. 그래서 1960년대 초중반에 진행했던 본격적인 전임 실무자 훈련은 능력 있고 똑똑한 사람보다는 인간적이고 진실한 자세를 가진 목회자와 신학생을 선발하여 진행하는 과정으로 심화되어갔다.

조지송 목사의 실무자 훈련은 현장 중심이면서 노동문제에 대처하는 실무 능력을 키우고 지도자 품성을 갖도록 하는 데 매우 유익하다고 정평이 났다. 이를 잘 알고 있던 예장통합 총회 전도부는 조지송 목사를 예장통합의 도시산업선교중앙위원회 책임자로 영입하려 했으나, 영등포를 떠날 수 없다는 조지송 목사의 고집을 꺾지 못해 1972년 7월부터 총회 중앙도시산업선교훈련원 간사를 겸직시키며 실무자 훈련만 맡겼다. 조 목사는 중앙위원회의 일반 행정 업무에는 관여하지 않고 오로지 산업선교 실무자를 훈련하고 지역에 배치하여 정착하기까지 지도하는 일을 하면서 영등포산업선교회 일을 병행했다.

조지송 목사는 기본 원칙을 갖고 체계적으로 실무자를 훈련했다. 가장 우선하는 원칙은 실무자는 노동자의 근본적인 문제에 직면할 줄 알아야 하며, 종국적으로는 노동자가 되어 노동자의 언어로 말하고 노동자의 고통을 가슴으로 느끼면서 살아야 한다는 것이었다.

"노동자를 만나면서 노동자들의 표정을 정확하게 읽고 내 가슴에 와 닿는 그들의 말, 그들의 태도, 그들의 행동, 그들의 용기, 이 모든 것이 내 선생이 되는 것이… 가장 좋은 훈련을 나에게 시키지."

"노동자들의 문제, 노동자들의 생활, 그 현장에 정확하게 들어가서 서보아야 해. 그 위치에 한번 내려가 봐야 해. 어떻게든 그 위치에서 살려는 노력이 없이는 안 돼요. (…) 그런 것이 없이 선교한다, 노동자를 섬긴다는 생각이 사실 허구거든. (…) 순수하게 노동자가 돼본다는 자세 같은 거, 그런 태도가 꼭 있어야 해."[17]

그는 〈산업선교 실무자 훈련 지침서〉를 만들어 시행했는데, 그 내용은 다음과 같다.

① 노동자의 언어로 말하고 종교적 언어를 사용하지 마라.

② 예수 이야기를 하지 말고 노동자 이야기만 하라.

③ 책상 앞에 앉아 있지만 말고 거리로 나서라.

④ 머리로 일하지 말고 몸으로 일하라.

⑤ 교회가 원하는 것을 요구하지 말고 노동자가 원하는 것에 관심을 기울여라.

⑥ 노동자의 고통을 머리로 분석하지 말고 가슴으로 느껴라.

⑦ 사회정의는 이론이나 종교 사상으로 성취되지 않으며 불의에 항거하는 집단의 힘으로 된다.

⑧ 노동은 예배다. 노동 속에 진정한 기도가 있고, 노동 속에 찬송이 있다. 노동은 하나님께 드리는 고귀한 제물이며 이웃에 봉사하는 사랑의 실천이다.

⑨ 맹렬한 자세로 총력을 기울여라. 산업선교가 아닌 일에 시간을 소비하지 말고 100퍼센트 이 일에만 매달려라.

⑩ 노동 체험은 산업선교 일꾼의 기본 훈련이다.[18]

제10항의 노동 체험은 구체적인 세부 시행 방법이 10여 개 따

라붙을 정도로 중시되었다. 실무자가 될 사람은 가능하면 힘들고 어려운 노동 현장에 취업하도록 했다. 오늘날로 말하자면 '3D(Difficult, Dirty, Dangerous)' 직종과 같은 개념인데, 일할 공장을 찾아내고 취업하는 과정부터 도움 없이 혼자서 하도록 했다.

훈련생이 나이가 많을 경우 취업 과정에서부터 애를 먹었다. 40대 초반이었던 정진동은 유령 회사의 취업 사기에 걸려들기도 했는데, 보름 만에야 겨우 시내버스 계수원으로 취직했고, 조순형도 여섯 살 연하의 시누이 이름으로 취업할 수 있었다.

조지송 목사는 훈련생이 취직이 되면 순수하게 노동자로서 살도록 했다. 일부 훈련생의 경우 훈련을 의뢰한 기관에서 생활비가 나왔기 때문에 취업해서 받은 월급은 훈련원 경비로 반납하게 했다. 그 외에는 오직 공장에서 받은 월급만으로 생활하도록 했다.

주일에 교회 예배에 출석하는 것도 금지되었고, 퇴근 후와 공휴일에는 가족과 직장 동료 외에는 접촉하지 않아야 하며, 경조사도 직장 동료와 친인척에 한해서만 참석할 수 있었다. 목사나 신학생이라는 신분을 드러내지 말고 예수 이야기하는 것도 피하면서 노동자의 언어와 문화를 따라 살도록 했다. 기존의 사회적 관계를 단절해 노동자로서의 정체성을 습득하는 데 집중하도록 하기 위함이었다.

6개월에서 1년 정도 노동에만 충실하며 노동자로서의 삶을 체득하고 그 삶이 익숙해지기를 기다렸다. 이 기간 동안 매일 노동 일지를 쓰게 했는데, 일지의 목적은 관찰과 현장 파악을 통해 분석 능력을 키우고 얼마나 노동자로서의 생활에 충실했는지를 되돌아보도록 하기 위함이었다. 공장에서의 노동과 일상생활, 생각과 느낌, 인간

관계 등 모든 것은 일지에 기록하여 검증받으며 노동자의 삶과 일치하는지 평가받게 된다. 조지송 목사는 훈련생을 일주일 단위로 토요일 저녁에 만나 피드백을 했다.[19]

> 조지송 : 이번 주는 어땠어?
> 고애신 : 아유, 저더러 새파랗게 어린 조장이 막 "얘!", "야!" 하잖아요. 뿔따구가 나서… 내 참.
> 조지송 : 거봐, 공장에 들어가면 다 그러는 거야. 그건 아무것도 아냐.
> 고애신 : 이래봬도 교회서는 전도사님인데….
> 조지송 : 공장에서는 공순이잖아….

조지송 목사는 훈련생이 힘든 노동과 모멸적인 대우를 받으면서 노동자의 고통 밑바닥까지 내려가 보아야 산업선교 실무자가 될 자격이 생긴다고 생각했다. 훈련생이 처음 해보는 육체노동으로 손바닥에 물집이 생겼어도 '고생했다'면서 등을 두드려주지 않았다. 노동자는 1년을 매일같이 그렇게 살고 있으니 우리도 당연히 겪어야 한다는 것이었다. 훈련생은 노동하는 삶에 익숙해질수록 노동자에게 뭘 어떻게 해주겠다는 오만한 자세가 깨어져 나가고 노동자로서의 자의식이 생겨날 수밖에 없었다.

훈련은 현장 노동 체험과 이론 학습으로 구성되었는데, 공장 체험이 끝나면 노동관계법을 공부하고 노동자 소모임을 조직하는 과정이 뒤따랐다. 노동 체험을 했던 공장이나 새롭게 물색한 공장의 노동자를 만나 정기적으로 대화 모임을 시작하는 것이었는데, 이 소모임을 조직하는 과정이 제일 힘들었다. 소모임은 실험적으로 끝나는 경우가 대부분이지만, 노사분규로 일이 커져서 훈련생의 첫 현장조직 경험이 되기도 했다. 정진동 목사가 조직한 청주시청 청소부 소모임이 그런 경우였다.

노동 훈련이 끝나면 이론 학습이 약 3개월간 이어졌다. 조지송 목사는 훈련생이 전문 식견을 갖추도록 대학 부설 연구소에 위탁 교육을 맡겼다. 주로 연세대학교 도시문제연구소, 고려대학교와 서강대학교에 설치된 노동문제연구소에 보내어 수준 높은 교육을 이수하게 했다. 이들 연구소에서는 최근 노동운동의 흐름과 사회 정세 분석, 노동운동의 국제적 교류와 외국의 산업선교 역사, 노동관계법, 산업선교 정책 등을 대학원생 수준으로 공부할 수 있었다.

훈련의 최종 마무리는 산업선교기관에서 실무 행정을 익히는 것이었다. 조지송 목사는 훈련생에게 회계 서류와 일지, 보고서, 진정서, 탄원서, 고발장, 기자회견문, 성명서 작성 등 소소한 행정 일과 함께 노동자 상담 과정을 직접 겪어보도록 했다. 그뿐 아니라 진행 중인 노동쟁의에 합류하여 투쟁 감각을 익히는 것도 중요시했다. 훈련은 상당히 세부적이어서 수료한 훈련생이 어느 지역에 배치되더라도 자력으로 산업선교를 할 수 있도록 하는 데 목표를 두었다. 조지송 목사는 훈련을 위한 훈련을 배격하고 앞으로 일할 산업선교 기관(지역)이 정해진 예비 실무자만 훈련했다. 훈련을 마치면 곧바로 산업선교에 착수할 수 있는 맞춤 훈련이었다.

훈련을 마치고 산업선교 실무에 배치된 후에도 3년마다 한 번씩 다시 노동 훈련을 하도록 하는 것이 조지송 목사의 훈련 원칙이었다.[20] 이는 노동 현장에 대한 감각을 되찾고 노동자다운 품성을 유지토록 하기 위한 재훈련 장치였다. 정진동, 인명진 두 초기 훈련생은 워낙 얼굴이 널리 알려지고 나이가 있어 재훈련 취업이 쉽지 않아 청주에서 넝마주이를 했다. 조지송 목사는 실무자가 다수일 경우 늘 노동하는 실무자가 한 명씩 있는 것이 좋고, 그렇지 않으면 짧은 기간 동안이라도 노동에 집중하는 시간을 가질 것을 권했다. 마치 불가에서 동안거와 하안거를 가지면서 재충전을 하듯, 산업선교 실무자는 노동을 하면서 재충전해야 한다는 지론이었다.

조지송 목사는 이러한 훈련 과정을 거친 목회자를 각 지역의 산업선교 실무자로 보냈는데, 그들은 배치된 현장에서 뛰어난 역량을 발휘했다. 예장통합의 제1기 훈련생은 1971~1972년에 훈련받은 정진동, 인명진 두 사람이었다. 정진동 목사는 조지송 목사와 신학교 동기였는데 소속 노회인 충북노회가 기관의 압박을 받아 산업선교를 중단하려 하자 노회를 탈퇴하기까지 하면서 청주도시산업선교회를 일관되게 지켜내 청주 지역의 노동운동과 민중운동의 중심이 되게 했다. 인명진 목사는 원래 경북노회의 청빙을 받아 훈련을 시작했으나 경북노회가 대구 지역 산업선교를 포기하면서 조지송 목사의 발탁으로 영등포산업선교회로 왔다. 그는 신학생 때 김진수 사망 사건 수습에 관계하면서 영등포산업선교회와 인연을 맺었다. 조지송 목사가 조용한 사상가이면서 전략가였다면, 인명진 목사는 강한 추진력으로 영등포산업선교회의 엔진 역할을 담당했다.

1976~1977년에 실시된 제2기 훈련생은 여성인 명노선, 고애신, 조순형 세 명이었다. 명노선은 실무자 강행님의 후임으로 영등포

산업선교회의 실무자로 일하던 중 훈련을 받게 되었다. 고애신은 망원동에서 빈민선교를 하다가 구미 지역 산업선교 실무자로 조지송 목사가 추천하여 훈련을 받았다. 그녀는 유신 말기 대탄압 시기에 구미가 박정희의 선산이 있는 곳이라 산업선교를 발도 못 붙이게 해야 한다는 경찰과 기업의 집요한 탄압과 거짓 공세에 시달렸고, 다니던 교회에도 출입이 금지되는 수모를 겪으며 버티다가 구미를 떠나야 했다.²¹ 조순형은 정진동 목사의 처제인데, 형부의 산업선교 일을 돕다가 실무자 훈련을 받고 공식 배치되어 정진동 목사 사망 후 청주도시산업선교회를 이어받아 현재까지 운영하고 있다.

1982년 조지송 목사가 건강 악화로 휴직하자 각 교단은 산업선교 실무자 훈련을 맡길 곳이 없게 되었다. 그래서 초교파로 산업선교 실무자를 양성하고자 한국교회사회선교협의회(사선협) 산하에 훈련원을 설치하고 조지송 목사에게 원장을 맡겼다. 1983~1984년 사선협 훈련원은 예장통합뿐만 아니라, 한국기독교장로회와 기독교대한감리회, 가톨릭농민회까지 4개 교단에 소속된 훈련생을 받아 1년 코스로 2회 산업선교 훈련을 진행했다. 이때 훈련받은 이들은 대한예수교장로회의 이근복, 손은하, 김영락, 박진석, 김규복, 유재무, 안기성, 한국기독교장로회의 임흥기, 기길동, 기독교대한감리회의 윤인성, 박일성 등이다. 예장 훈련생의 일부는 영등포산업선교회의 실무자가 되었고 일부는 노동교회를 개척했으며, 기장의 임흥기 목사는 기독교장로회 도시산업선교회 총무로, 감리교 윤인성 목사는 부천에서 민중교회를 개척했다.

노동 체험을 통해 노동자의 고통에 깊이 동참하며 노동자를 예수 섬기듯 하는 것이 실무자의 본분임을 강조한 조지송 목사의 훈련 철학에 따라 산업선교 훈련을 받은 후배들에 의해 운영되어온 영등포산업선교회와 청주도시산업선교회는 2021년 현재에도 산업선교를 지속하고 있다. 제3기 훈련생은 주요 공단 지역에서 산업선교형 노동교회를 시작했고, 1988년 예장노동목회자연합을 결성했다. 1991년에는 도시빈민 교회들과 결합하여 예장도시민중목회자연합으로 개칭했다가 현재는 '일하는 예수회'로 존속하고 있다. 조지송 목사로부터 실무자 훈련을 받은 예장 민중목회자들은 '노동 체험과 현장을 중심으로 한 실무 능력 배양'이라는 산업선교 실무자 훈련의 전통을 후배 민중 목회자 훈련에도 그대로 적용하려고 노력하고 있다.

민중신학의 텃밭,
민중교회의 젖줄

1970년대 한국 기독교의 모습은 '빌리 그레이엄 전도대회'나 '엑스
풀로 74'로 대표되는 대형 집회와 심령대부흥회가 동전의 한쪽 면이
라면, 다른 한쪽 면은 민주화, 인권운동에 앞장서는 진보적 기독인의
투쟁과 산업선교가 차지하고 있었다.

교회의 성장과 물질적 축복을 구가하는 보수 기독교는 군사독
재에 순응하는 대신 교회의 면세 혜택을 받고, 대형 집회를 개최할
때마다 정권의 협조를 얻어가며 교세 확장에 열을 올렸다.[22]

그러나 진보 기독교는 군사독재와 노동자, 농민, 도시빈민의 생
존권을 압살하는 개발지상주의 경제를 비판하며 민주화운동 세력과
한 몸이 되어 저항했다. 해직되어 학교로부터 쫓겨나 민주화운동에
참여한 신학자들은 '고난받는 민중과 함께하시며 민중의 고통을 혁
파하고 구원하시는 하나님'을 깨닫게 된다. 신학자들이 선교의 목적
을 인간 해방과 사회적 해방으로 인식하게 된 계기는 1970년 11월
전태일의 분신 사건이었다.

서남동 교수는 농민 오원춘 탄압 사건과 YH 여성 노동자 김경숙의 죽음 등 민중 사건에 개입하시는 하나님의 구원 행동을 고백하면서 이러한 민중 사건이 있는 곳을 찾아가 함께 기도하고 연대하는 모임을 '현장교회'라고 했다. 그는 "교회는 기존 교회 형태의 건물이나 제도가 아니라, 성령의 인도를 따라 사건으로 발생하고, 일어날 때 일어나고 꺼질 때 꺼지며… 자발적으로 명멸하면서 하나님의 선교를 수행하는 것"[23]이라고 정의했다.

안병무 박사는 하나님은 농민, 노동자, 도시빈민의 투쟁 속에서 역사의 사건으로 활동하시며, 이들 민중운동 자체가 곧 예수운동이라고 해석했다. 즉 민중신학에서 말하는 민중 사건이란 당시 한국 사회의 모순을 드러내며 국가권력과 기득권으로부터 소외된 노동자, 농민, 도시빈민 등 약자들이 고통받으며 저항하는 현장이며, 그 현장과 연대하는 것이 곧 예수 신앙이라는 것이었다.[24]

김용복 박사는 〈산업선교의 성서적 배경과 근거〉라는 소논문에서 하나님 백성으로서의 민중을 이야기했다. 곧 "하나님의 통치를 역사 속에 구현하는 메시야 예수는 민중과 불가분리의 관계에 있으며 민중의, 민중에 속한, 민중에게 봉사하는 자다. 민중은 메시야를 대망해왔고, 메시야의 정치는 민중이 주체가 되게 하는 활동, 즉 민중운동, 해방운동이며, 산업선교는 메시야 정치와 노동자의 인간화와 평화를 동일시하여 이를 믿고 실천함으로써 메시야 왕국에 참여한다"라고 하면서 산업선교 실무자의 눈에는 노동자가 틀림없는 하나님의 백성이었고, 하나님은 투쟁하는 노동자를 통하여 역사적 목적을 이루신다고 설명했다.[25]

조지송 목사는 1960년대 후반, 그러니까 이들 신학자들이 민중신학을 이야기하기 훨씬 오래전부터 소외된 노동자와 함께하면서 묵묵히 현장교회를 실천하고 있었다. 조지송 목사가 노동자의 고통 밑바닥까지 내려가 예수를 만나고 그들의 모임인 노동조합과 소모임이 곧 교회라고 한 것은 산업선교 현장에서 참 교회를 발견했다는 뜻이었다.

신학자들은 산업선교가 가난하고 힘없는 노동자와 함께 울고 웃으면서 어떤 교회의 예배보다 진실하고 뜨겁게 예수를 증거하는 모습에 깊은 감동을 받았다. 그들에게 노동자가 스스로 인간됨을 주장하며 빼앗기고 유보된 노동 인권을 되찾기 위해 투쟁하는 싸움에 함께하는 산업선교 현장은 2000년 전 갈릴리의 예수 사건에 버금가는 민중 사건이요, 지금 눈앞에서 일어나고 있는 하나님의 구원 사건이었던 것이다.

성공회대학교의 권진관 박사도 "민중신학이 시작되기 이전에 이미 민중과 동고동락했던 소수의 기독교인들의 실천적 활동이 있었다. 민중신학은 그 실천을 신학적으로 그리고 신앙적으로 성찰하는 과정에서 태동된 것이다. 이 실천은 산업선교에 종사했던 목회자, 평신도 그리고 노동자들에 의해 이루어졌고, 여기에 기독학생들이 동참했다"[26]라면서 산업선교로부터 민중신학이 태동했다고 언급했다.

군사독재 정권으로부터 탄압을 받으면서도 굴복하지 않고 민주주의와 노동 현장의 정의를 부르짖으며 투쟁하는 산업선교 활동은 민주화운동 세력에게는 든든한 우군이었으며, 진보적 신학자에게는 민중신학이 자라나는 텃밭과 같았다. 그래서 그들은 산업선교와 연대해 투쟁하는 것을 무한한 영광으로 여겼다. 산업선교회가 해고자 복직 싸움과 노동투쟁에 연대해달라고 요청하면 기꺼이 대책위원회에 이름을 올리고 성명에 동참했다. 조지송 목사는 서남동, 안병무, 김정준, 문익환, 문동환, 김용복, 서광선, 현영학 등 민중신학자들과 김찬국, 민경배, 한완상, 이우정, 이삼열, 이재정, 김동길, 이문영, 고영근, 박형규, 권호경, 조성기, 조화순 등 진보적인 학자, 목회자를 1970년대와 1980년대 초 노동교회의 예배와 기도회, 노동 강연, 신앙 강좌 강사로 초청하곤 했다.

산업선교가 신학자에게 영감을 주어 민중신학을 꽃피울 수 있도록 했다면, 민중교회는 산업선교로부터 자양분을 받아먹고 성장했다고 할 수 있다. 민중교회의 원형은 산업선교회가 주관했던 노동자의 신앙 활동인 각종 기도회와 예배였다. 산업선교가 시작되기 이전 한국 기독교는 일제의 신사 참배 강요에 반대한 목사들의 투옥 외에는 권력에 저항해본 경험이 거의 없었다. 그런데 산업선교가 국가권력과 자본이라는 기득권을 신랄하게 비판하고 물리적인 탄압에도 굴복하지 않는 순교적 신앙을 보여줌으로써 양심적인 기독교 세력에게 강렬한 인상을 심어주었다. 이들은 산업선교뿐만 아니라 인권탄압, 농민 생존권 위협, 도시빈민의 소외 문제에 대해서도 저항하는 것이 예수 정신임을 깨닫고 본격적으로 산업선교회와 연대하기 시작했다. 그 결과 1971년 9월 23일 신·구교를 망라하여 '크리스챤 사회행동협의체'가 조직되기에 이른다. 교회들은 이 협의체를 통해 사회문제에 공동으로 대응하며 민중선교 운동가를 본격적으로 양성하기 시작했다.[27] 신학생을 포함한 학생 활동가와 젊은 목회자가 이 훈련 과정을 거치면서 실천적, 진보적 신앙인으로 변화되어갔다. 이들 진보적 신앙인은 자기가 소속된 교회, 기독교 단체를 통해 산업선교 회와 연결망을 구성하고 민주화운동, 인권 투쟁의 최전선을 형성했다.

1980년 신군부의 제3자 개입 금지를 골자로 한 노동법이 적용되면서 센터를 중심으로 산업선교 활동에 제약이 심해지자, 조지송 목사로부터 실무자 훈련을 받은 예장 목회자들은 각자 교회를 설립하여 산업선교를 이어가려고 했다. 이러한 연장선에서 예장 훈련생이 대거 배출된 1983년부터 1985년까지 성수(삼일교회, 유재무), 안양(한무리교회, 박진석), 대전(빈들교회, 김규복), 대구(달구벌교회, 안기성), 구로(디딤돌교회, 강우경) 등 주요 공단에 노동교회가 설립되었다.

설립된 교회들은 노동교회를 표방하고 예배 문화와 선교 프로그램도 노동자 정서에 맞도록 운영했다. 대부분의 교회가 노동 상담, 노동 야학, 탁아 프로그램을 기본적으로 운영했으며, 후배들은 조지송 목사의 산업선교 활동을 목회의 모델로 삼으려 했다.[28]

비슷한 시기에 한국기독교장로회와 기독교대한감리교에서도 노동교회와 빈민교회를 다수 설립해 3교단 소속 노동·빈민교회가 서로 교류하기 시작했다. 1987년 노동 대투쟁기를 거치면서 노동계의 성장과 함께 노동운동의 자율화가 진행되어 노동교회의 노동자 프로그램이 가졌던 효용성이 떨어지기 시작했다. 그러자 교회들은 자신들을 포괄적 명칭인 '민중교회'로 규정하고, 1988년 7월 영등포 산업선교회 회관에서 '한국민중교회운동연합'을 결성하기에 이르렀다. 예장 측은 노동교회로만 조직된 예장노동목회자연합을 결성했

으나, 도시빈민교회가 가입하면서 단체 명칭을 '예장도시민중교회연합'으로 개칭했다.[29]

민중교회는 그들의 출발이 산업선교인지라 노동 친화적 정서를 유지하려는 일관적인 움직임을 보였다. 그들은 매년 노동절에는 노동주일을 지켰고, 여러 노동 현안에 공동으로 대응했으며, 지역의 노동운동과 유기적으로 연대했다. 예장 민중교회는 영등포산업선교회와 함께 총회 전도부 산업선교 세미나를 중심으로 노동 선교 정책을 수립하고 노동 선교 현황을 공유했다. 총회에 중앙노동상담소 설치를 건의하여 노동자 상담 창구인 '희망의 전화'를 전국 공단 지역 11곳에 설치하여 지역 노회의 공인 아래 운영하기도 했다.

이런 활동을 할 수 있었던 것은 민중교회 목회자들이 노동 체험이 주가 된 실무자 훈련을 받았던 경험과 산업선교로부터 세례를 받은 노동 영성이 밑바탕이 되었기 때문이다. 현재 센터형 산업선교는 영등포산업선교회와 청주도시산업선교회 두 곳에서만 존속되고 있다. 하지만 산업선교를 젖줄로 삼아 공단 지역에 뿌리내린 민중교회 역시 후기 산업사회 속에서 새로운 모습으로 산업선교를 이어 나가는 그루터기가 되었다.

7

멈추지 않는
바보들의
행진

'하나의 집'

조지송 목사가 영등포산업선교회 일을 공식적으로 그만두게 된 시점은 약간 애매하다. 1978~1979년 대탄압 과정을 거치면서 조지송 목사는 건강이 크게 나빠져 원인을 알 수 없는 심한 편두통에 시달렸다.

"머리가 막 아프고 팽팽 어지러운 거야. (…) 그래서 세브란스병원, 한강성심병원, 성모병원(에 가고) 또 한의원에서 침 맞고 일본서 한 달 동안 입원까지 했어. (…) 병원에서는 괜찮다고 하는데 난 머리가 계속 아프거든. (…) 나중엔 마비가 와서 입이 굳어지고….'"

사람들은 잡혀가서 고문을 받은 후유증일 것이라고들 생각했다. 하지만 조지송 목사는 자주 연행되어 수사를 받긴 했으나 구속되거나 고문을 받지는 않았다. 박정희 정권 때는 산업선교 목사들이 자주 구속되고 시국사범으로 투옥되기를 되풀이했는데, 산업선교를 가장 치열하게 지속적으로 해온 영등포산업선교회의 지도자였던 조지송 목사가 투옥되지 않았던 것이 의외라고 여긴 산업선교 연구자 정영철이 인터뷰를 하면서 물었다.

"목사님은 연행되거나 연금당한 것 외에 구속되신 적은 없으세요?"

"나는 구속은 안 됐어. 감옥 생활도 안 하고…. 잡혀가서 그저 사흘 있다 나오고, 일주일 있다 나오고, 길게 살면 두어 주일 있다 나오고, 가도 조사할 땐 뭐 어마어마하게 조사해도 한 이틀 조사하면 더 할 게 없어. (…) 왜냐하면 열 시간 일을 시키고 여덟 시간분 노임을 줬는데, 우리가 계산해보니까 근로기준법에 따라 3년 치까지 미지급분이 16억이더라. 16억 원을 노동자들에게 더 줘야 되는 거 아니냐고 한 것이 무슨 잘못이냐 그 얘기하지, 조사할 게 더 있어야지."

"정권에 반대하는 사람이면 교수든 국회의원이든 막 잡아다 고문했지만, 목사들은 그렇게 (심하게) 못했어. 내가 그렇게 고문당했으면 일찍 산업선교를 떠났을 거야. (…) 나는 굉장히 나약한 사람이거든."(웃음)

온갖 병원의 치료로도 차도가 없고 몸이 계속 아팠기 때문에 조 목사는 이제 산업선교에서 손을 떼야 할 때가 되었다고 느꼈다.

1983년 산업선교를 눈엣가시처럼 생각하는 반산업선교 세력의 공세에 의해 제68회 예장통합 총회가 교회와 사회문제대책위원회를 통해 내놓은 6개 항의 대책이 교단 내에서 큰 논란을 일으켰다. 그 내용이 산업선교라는 명칭을 산업전도로 바꾸고, 외국의 원조를 일체 받지 않으며, 영등포산업선교위원회를 해체하고, 실무자는 전원 교체하는 등 교단의 산업선교 정책을 20년 전으로 되돌리려는 것이었기 때문이다.

예장통합 교단의 개혁, 진보 세력은 산업선교를 포기하라는 움직임이라면서 강하게 반발했다. 이듬해 9월에 영락교회에서 열린 제 69회 총회장에서 소장 목회자들과 신학생들이 시위를 벌이고 영등포산업선교위원회 관계자들이 결사 반대한 결과, 1항만 겨우 통과되었다. 결의된 1항은 '산업선교'라는 명칭을 '산업전도'로 변경한다는 것이었다.[3]

이러한 과정을 지켜본 조지송 목사와 실무자들은 허탈하기가 이루 말할 수 없었다.

"나는 그때 '아, 이제 몸에 병도 났고 산업선교를 이렇게 하는 게 아닌데… 이제 내가 산업선교에 기여할 수도 없고 내 기능이 다 끝났구나…' (하고 생각했어). 그러니까 두 가지 병이 난 거야. 육체적으로도 병이 났고 정신적으로도 실망이랄까, 좌절이라고 할까."

그렇지 않아도 탄압으로 인해 육체적으로 지쳐 있는데, 총회까지 실무자를 쫓아내려 하자, 조지송 목사는 이제 산업선교를 떠날 때가 되었다고 마음을 굳혔다. 그는 이미 1982년 7월 17일 건강상의 이유로 사임서를 제출했지만 영등포산업선교위원회가 사표를 반려하고 유급 휴직으로 처리하여 요양하면서 노동교회 예배에만 참석하고 있었다. 위원회는 산업선교의 지도력이 단절되는 것을 우려해 조지송 목사가 2선에서 자리라도 지켜주기를 원했던 것 같다.

이듬해 봄 한국교회사회선교협의회(사선협)가 조지송 목사에게 산업선교 실무자 훈련을 담당해달라고 요청해왔다. 조지송 목사는 병으로 휴직 중인 처지라 힘들다고 거절했으나, 당신밖에는 이 훈련을 해줄 사람이 없으니 한국 교회를 위해 맡아달라고 간곡하게 부탁하는 사선협 회장 권호경 목사의 간청을 이길 수 없어 영등포산업선교위원회의 허락을 얻어 공식적으로 파송 절차를 밟기로 했다. 그리하여 1983년 3월 18일 영등포산업선교위원회는 3월 말 조 목사의 휴직을 종료하고 사선협으로 파송하기로 결의했다.

1983~1984년 2년간의 사선협 훈련 과정을 마무리한 조지송 목사는 틈틈이 은퇴 생활과 요양을 겸할 수 있는 조용한 시골을 물색하기 시작했다. 조 목사는 전 산업선교 실무자였던 고애신, 박영혜와 청주도시산업선교회의 정진동, 조순형 등에게 산업선교 동지들로 이루어진 공동체를 만들자고 제안하여 다섯 명이 함께 논의를 시작했다. 논의가 거듭되면서 공동체의 운영 방향이 회원들의 친목과 수양에 그치지 않고 기독교 사회선교의 영성과 교육, 훈련까지 담아내려면 학계의 도움과 참여가 꼭 필요하다고 판단되었다. 그리하여 김용복, 이삼열, 손덕수 교수를 영입했고, 이삼열 교수의 추천으로 한완상 교수도 가세하게 되었다.

조지송 목사와 공동체는 협동조합 형태로 조그마한 집 한 채를 지어 수양원 겸 훈련원으로 사용하기로 했다. 산업선교 과정에서 가난한 노동자일지라도 조직과 운영만 잘하면 얼마든지 단결된 힘으로 대안적 경제 활동과 소비 생활을 할 수 있음을 직접 경험했기에 협동조합이야말로 자본이 없는 그들에게는 유일한 방법이었다. 조합원 열세 명이 공동으로 출자하여 건축 비용을 마련하고 정관을 만들었으며, 조합명을 '옥화대 수양원'으로 짓고 조 목사가 직접 관리인 겸 원장을 맡았다. 옥화대 수양원의 조합원은 모두 열세 명이었는데, 산업선교 실무자 다섯 명과 교수 네 명에 기혼 조합원 네 명의 부인이 더해진 수다.[4]

조지송 목사는 정진동 목사에게 충청 지역에서 수양원을 지을 만한 곳을 추천해달라고 부탁했다. 조지송 목사와 조합원들은 휴일이 되면 정진동 목사가 물색한 수양원 후보지를 답사하면서 공동체의 보금자리를 만들 꿈을 키워갔다. 그 후보지 중에 청주 근교의 옥화리가 있었다. 옥화리는 '옥화구곡'의 아홉 절경 중 제4경인 옥화대가 위치한 곳으로, 조선의 유학자들이 은거하며 제자를 길러내던 옥화서원과 추월정, 만경정, 세심정이 달천을 가운데 두고 서로 마주보는 동네였다. 근처에서 목회하던 기독교장로회 한사섭 목사가 소개한 곳인데, 다 쓰러져가는 농가 주택 한 채와 밭 한 뙈기가 붙어 있는 땅으로, 처음 방문한 조지송 목사와 조합원들은 그곳이 마음에 쏙 들었다. 그리하여 즉석에서 매매 계약을 체결했다. 주인은 도시로 나가 살기 위해 집을 처분한다고 했다.

건축은 1985년 3월부터 6월까지 조 목사가 옥화리에 상주하며 직접 설계 도면을 그리고 현장을 관리하면서 추진했다. 특이한 것은 마을을 향한 쪽으로 현관을 만들지 않고 산이 있는 뒤쪽으로 빙 돌아서 출입하도록 현관을 배치해 드나드는 외지인을 보면서 동네 사람들이 위화감을 느끼지 않게 배려한 것이었다. 건물의 외장도 장식이나 불필요한 구조물을 배제하고 농촌에서 흔히 볼 수 있는 블록조 벽체에 시멘트 기와를 얹어 단순하게 지었다. 조지송 목사는 영등포회관 건축을 했던 경험을 활용해 꼼꼼하게 공정별 자재 구입과 인부 조달을 직접 하며 최소한의 경비로 3개월 만에 준공하여 6월에는 건축물 대장에 등재할 수 있었다.

옥화대 수양원은 1985년 12월에 개원했다. 정관에 수양원 운영의 목적을 선교와 사회발전 사업 기관 종사자들의 재충전을 위해 비영리적으로 운영한다고 규정하고, 더불어 조합원들의 친목과 수양도 할 수 있도록 했다.[5] 그리고 '하나의 집'이라는 나무 현판을 걸었다. 현판은 흰돌 강희남 목사의 글씨체로 새겨졌는데, 조지송 목사 서거 2주기를 앞두고 필자가 영등포산업선교회 관계자들과 함께 옥화리를 찾았던 2020년 12월 말까지 현관 처마 밑에 그대로 걸려 있었다.

하나의 집은 산업선교 현장에서 함께 일한 동지들이 만날 수 있는 공간이면서 여러 사회선교 분야의 일꾼들이 재충전을 할 수 있는 수련장으로 개방되었다. 하나의 집을 찾은 기독교 사회운동 단체들과 민중교회 관계자들은 조지송 목사로부터 1970년대 산업선교의 영성을 배우거나 사회운동에 대한 전망과 토론을 하며 새로운 시대의 기독교운동 방향을 설정해 나가는 데 도움을 받았다. 조지송 목사가 시작한 산업선교 목회자 훈련을 받은 후배들의 모임인 '일하는 예수회'는 조지송 목사에게서 민중선교가 산업선교의 가치와 전통을 이어받으려면 어떻게 할 것인가를 경청했다.

그 외에도 하나의 집은 조합원들을 중심으로 기독교노동운동, 사회선교 정책을 토론, 연구하고, 탁월한 역량을 가진 차세대 노동운동가를 키워내는 일도 추진하기로 했다. 그러나 이 계획은 조지송 목사의 건강이 악화되고 노동운동가를 외부에서 육성하는 일이 당시 노동운동의 상황과 지역적 한계 등으로 인해 어려워지자 별 진전을 이루지 못했다. 다만 정진동 목사의 청주도시산업선교회가 지원하던 청주 신신택시, 중원택시 등과 청주염색, 대전의 한우노동조합 등이 조합원 연수 교육을 실시하는 등 충북 지역 일부 노동운동 세력의 연수와 교육은 간헐적으로 이루어졌다.[6]

연구 조사 사업으로는 1960~1970년대의 영등포 지역 산업선교 활동에 대한 조지송 목사의 증언을 채록하는 작업이 있다. 이 작업은 민중신학자 김용복 박사가 WCC 도시농어촌선교부로부터 연구비를 지원받아 1986년부터 2011년까지 진행했다.[7] 김용복 박사의 지도로 이화여대 기독교학과 대학원생 유승희 연구원이 채록한 36개의 녹음테이프를 영등포산업선교회 실무자들이 풀어서 12권의 녹취록으로 정리했다. 이 기록물은 한국 산업선교 역사에 대한 생생한 현장 증언으로서 매우 귀중한 자료다. 영등포산업선교회가 몇 번씩 압수 수색을 받은데다 조지송 목사 자신도 글로 남기는 것을 꺼려하여 공식 서류인 회의록과 활동 보고서 외의 자료가 거의 남아 있지 않은 상황에서 조지송 목사의 육성이 담긴 이 자료들은 앞으로 산업선교 연구에 유용하게 쓰일 것이다. 본 평전에서도 가장 많이 참고한 자료가 이 녹취록이다.

그 외에 조지송 목사의 후배 영등포산업선교회의 실무자들도 하나의 집을 자주 찾아와 산업선교를 개척해낸 대선배와 함께 산업선교의 어제와 오늘 그리고 내일에 대한 이야기를 나누고, 산업선교를 활성화할 지혜를 얻으려 했다. 조지송 목사는 산업선교 현장을 떠난 입장에서 그가 활동하던 1970년대와 상당히 다른 상황에 놓인 후배들의 산업선교 이야기를 경청하고 공감하며 격려했다. 그러나 구체적인 각론에 대해서는 말을 아꼈다.

1970년대에 영등포산업선교회에서 소그룹 운동을 함께했던 여성 노동자들은 가족과 함께 옥화리의 조 목사를 찾아와 그들의 인생에서 가장 치열했던 순간을 회고하며 뒤늦게 감격에 젖어들곤 했다. 여성 노동자들이 방문하면 조 목사는 하나의 집 앞 달천에서 직접 잡은 다슬기로 자주 수제비를 끓여 대접했는데, 그것을 먹어본 여성 노동자들은 그 맛이 절대로 잊히지 않는다고 이구동성으로 말한다.

하나의 집 공동체를 제안한 지 10년이 지나고 건축을 완료한 후 8년이 흐른 1992년 10월경 조지송 목사는 조합원들에게 하나의 집 향방을 논의하자고 편지를 보내 전원 회의를 소집했다. 시작했던 때의 계획과는 달리 수양원 기능 외에는 뚜렷한 사업의 진척이 없는 데다 운영도 갈수록 어려워지고 있었기 때문이다. 하나의 집 운영비는 조합원 열세 명이 월 1만 원씩 내는 회비와 수양원 이용료로 충당해왔는데, 이용료가 자율적인 감사 헌금 형태여서 이용자들의 식비를 제하고 나면 오히려 적자가 되기 십상이었다. 그래서 회원을 추가로 받거나 기존 회원들의 출자를 늘리거나 후원을 받아서 동력을 보충하고 재정의 어려움을 덜어야만 했다.

조지송 목사는 월급을 한 푼도 못 받아도 물 맑고 공기 깨끗한 옥화리에서 전원생활을 하면서 요양을 할 수 있는 것에 만족해하고 충분히 감사해했으나, 수양원 유지는 또 다른 현실 문제일 수밖에 없었다. 게다가 회원들이 고령화되어 활동력이 갈수록 저하되고 학계에 있던 교수들은 공직을 맡아 하나의 집 운영에 시간과 관심을 쏟기가 불가능해진 상황도 겹쳤다. 한완상 박사는 장관으로 입각하고, 김용복 박사는 한일장신대학교 총장으로, 이삼열 교수는 유네스코 아태국제이해교육원장과 한국위원회 사무총장으로 일하느라 매우 분주했기 때문이다.

소집된 전원 회의에 참석자가 과반에 미달되어 결론이 내려지지는 않았다. 하지만 연구, 교육 사업을 이전처럼 수행하기가 어려워진 현실을 인정하고, 당분간은 회원 친교와 수양원 기능만 유지해 나가기로 했다. 그러던 중 2005년 1월 가까운 청주에서 산업선교 일을 하면서 수시로 하나의 집 운영에도 힘을 보태고 있던 정진동 목사가 뇌경색으로 쓰러지고 조지송 목사마저 건강이 악화되어 하나의 집 조합원들은 어쩔 수 없이 공동체의 해산을 결의할 수밖에 없었다. 2007년 하나의 집과 딸린 밭을 처분하여 투자 지분대로 공평하게 분배하고, 조지송 목사는 딸이 살고 있는 성남시 판교로 이사하기로 했다.

24년간 공단 지역이 아닌 옥화리라는 생활 전선에서 또 다른 산업선교의 삶을 살게 해준 하나의 집을 뒤로하고, 조지송 목사가 판교로 이사한 것은 2009년 7월 17일이었다.

옥화리의
추억

조지송 목사에게는 옥화리에서 생활한 시기가 그의 인생에서 가장 행복한 때였다. 옥화리에 정착한 처음 몇 년 동안은 영등포산업선교 회에서 그랬던 것처럼 기관원(경찰 정보계 형사)들의 감시를 받았다. 정보 당국은 서울에서 산업선교로 정권의 간담을 서늘하게 만들던 그가 시골에 내려가서도 골치 아픈 일을 벌일까 봐 동네 어귀 구멍가 게나 집 근처 산에서 동정을 살폈다. 하지만 우려와 달리 조지송 목 사가 소박하게 전원생활을 즐기면서 시골에 동화되어 살며 이따금 찾아오는 방문자와 담소하는 일 외에는 별다른 사건이 없음을 알게 되면서 사찰 강도가 느슨해졌다.

옥화리 주민들은 조지송 목사를 '서울에서 은퇴 생활하러 내려 온 조용한 목사 양반'으로 기억하고 있다. 시골 마을에 살다 보면 이 런저런 일로 사람들의 입방아에 오르내리기 쉽지만, 조지송 목사는 순박한 시골 사람들에게 폐를 끼쳐서는 안 된다는 원칙에 따라 하나 의 집을 운영했다. 하나의 집에 수련하러 오는 노동단체나 기독교 관런 기관들로 인해 동네 사람들이 소란스러움을 느끼지 않도록 원두막과 야외 조리실을 집 뒤꼍 산 밑으로 돌려서 만들고 조용히 지낼 수 있도록 했다.

조지송 목사는 하나의 집을 찾아오는 이들이 노동자들이면 푹 쉬었다 가라 하고, 실무자들이면 일을 만들어서라도 노동을 시켰다. 노동자에게는 휴식이 필요하지만, 육체노동에서 멀어져 있는 실무자와 목사에게는 땀 흘리는 것이 유익하다는 생각이었다고 하나의 집 총무였던 조순형 전도사는 말한다.[8]

옥화리에서 조용하게 살던 조지송 목사지만 주민들을 조직한 일이 딱 한 번 있었는데, 마을길 포장을 추진할 때였다. 당시 옥화리 진입로는 포장이 되어 있지 않아 비만 오면 질척거리고 길이 자주 패어 통행이 불편했다. 하지만 아무도 손을 쓰지 않고 있었다. 그것이 안타까웠던 조지송 목사는 마을길을 포장해달라는 진정서를 작성하여 주민들의 연서명을 받아 군청에 제출하여 콘크리트길로 포장하는 일에 팔을 걷고 나섰다. 관의 통제와 처분에 순응하기만 하고 권리를 주장해본 적이 없던 옥화리 사람들에게는 새로운 경험이었다.

마을길 포장을 추진하는 과정에서 하나의 집으로 이어지는 고샅길 포장은 제일 나중에 진행했는데, 자신의 이익을 앞세우지 않는 조 목사의 인품을 알게 된 주민들은 조 목사에게 감사패를 전달하면서 고마워했다. 이를 계기로 몇몇 주민은 조지송 목사가 일했던 영등포산업선교회 회관을 방문하고 서울의 다른 명소들도 구경하는 기회를 갖기도 했다. 그때 일을 기억하고 있던 옥화리교회의 집사인 마을의 한 노인은 조지송 목사가 2년 전 돌아가셨다는 말을 듣고 "워낙 조용하고 겸손하셔서 그렇게 큰일을 하신 유명한 분이신 줄 모르고 살았는데, 돌아가셨다니 서운하다. 분명히 하나님으로부터 큰 상을 받으셨을 것"이라면서 추억했다.[9]

조지송 목사는 옥화리에서 전원생활을 하면서 건강이 차츰 호전되어 2년 후에는 약을 먹지 않아도 견딜 수 있을 정도로 몸이 좋아졌다. 농사에도 재미를 붙여 하나의 집에 딸린 작은 밭에서 직접 채소와 곡식을 가꾸었다. 그것으로 밥상을 차리고 옥화리 냇가의 깨끗한 공기를 마시면서 지친 몸과 마음을 쉬며 자연 속에서 서서히 치유되어갔다. 하나의 집을 방문한 사람들은 뒤뜰 원두막에서 삼겹살을 굽고 조 목사가 텃밭에서 키워낸 쌈 채소와 옥수수, 감자, 고구마를 먹으면서 촌로가 된 옛 산업선교 선구자와 담소하는 것이 큰 즐거움이었다.

조지송 목사는 원두막에 스피커를 달아놓고 클래식 음악을 들으며 마당을 가꾸거나 텃밭 일을 했다. 그 외에도 옥화리의 자연과 생태를 사진으로 찍어 액자로 만들기도 하고, 그림을 그리든가 붓글씨를 쓰기도 하며, 주변 산야에서 주워온 나무를 다듬어 목공예 작업을 하기도 하면서 젊었을 때 즐기지 못했던 예술적 열정을 뒤늦게 발산했다. 조지송 목사는 소일거리로 만든 목공 작품과 표주박, 그림이나 사진 액자 따위를 하나의 집을 찾은 옛 산업선교 동지들과 후배들에게 선물로 주는 것을 무척 즐거워했다. 그것을 받은 이들도 두고두고 조지송 목사의 따스한 손길과 정성이 담긴 작품을 보며 산업선교를 추억할 뿐만 아니라, 그들의 삶 속에 산업선교 정신이 살아 움직이고 있음을 느끼곤 했다.

조 목사는 가끔은 치열했던 1970년대를 회고하면서 시를 쓰거나 컴퓨터그래픽을 배워 직접 성탄 카드와 연하장을 만들어 옛 동지들과 후원자들에게 보냈는데, 그것들엔 해학과 위트가 넘치고 때론 심오한 철학이 담긴 내용의 그림이 담겨 있었다.

그중 직접 농사지은 못생긴 감자를 늘어놓아 예수의 최후의 만찬 장면을 구성한 〈뜨거운 감자들〉이라는 제목의 사진 작품은 아마추어의 솜씨라고는 믿기 힘들 정도로 탄탄하고 기발한 구성력을 보여준다.[10] 하나의 집 거실에 걸린 〈뜨거운 감자들〉을 보고 고개를 갸웃거리는 방문자들에게 조 목사는 말하곤 했다.

"거기에서 유다를 찾아보시게."

"고개를 돌린 것처럼 보이는 게 유다인가요?"

"아니야, 다시 찾아봐."

"많이 먹어 뚱땡이가 된 요것이요."

"잔을 보라고."

예수를 제외하곤 모두 유다 같기만 한데, 자세히 살펴보면 도토리 껍데기로 만든 잔들이 유다 앞에서만 엎어져 있다. 조지송 목사의 작품 메시지는 고통(고난)의 잔은 거부하면서 안위(물질적 축복)만 찾는 기독인들은 유다와 다를 것 없다는 것이었다.

조지송 목사는 자신이 월남하지 않고 이북에 그대로 있었거나 산업선교를 만나지 않았더라면 틀림없이 음악가나 화가가 되었을 것이라고 말하곤 했는데, 특별한 예술 교육을 받지 않았음에도 풍부한 상상력과 미적 감각 그리고 특유의 집중력을 보면 정말로 일찍이 예술 계통으로 나갔다면 작가나 화가로 두각을 나타냈을지도 모른다.

옥화리에서 지내는 동안 조지송 목사는 교계와 산업선교 현장에서 일하는 후배들을 만나도 그들의 현장 일에 대해서는 되도록 이야기하지 않고 피했다. 그가 일했던 1970년대와 엄청나게 달라진 상황이니만큼 현장을 떠나 있는 자신이 오늘의 산업선교를 이야기해서는 안 된다는 신념 때문이었다. 이는 산업선교 활동이 노동자가 일하는 산업 현장을 떠나서는 존재할 수 없다는 그의 기본 원칙에 따른 것이었다.

그러나 가까운 청주도시산업선교회에서 일하는 정진동 목사와는 자주 만나 노동운동과 민중운동의 흐름을 이야기하곤 했다. 주일에는 청주로 가서 청주도시산업선교회의 청주노동교회에서 예배를 드렸고, 가끔 절기 예배와 기념일에는 설교를 하기도 했다. 정진동 목사는 조 목사와 신학교 동기여서 막역한 사이인데다 청주 지역의 민주민중운동의 대부로서 뇌경색으로 쓰러지기 직전까지 산업선교를 놓지 않아 조지송 목사가 각별하게 여겼다.

조지송 목사는 옛 산업선교 시절 그를 아버지처럼 따랐던 여성 노동자들이 가정을 꾸려 자녀들과 함께 찾아오면 친정아버지가 외손자들을 본 듯이 기뻐하곤 했다." 1991년 7월 회갑에 이어 2001년 12월 칠순을 맞아 산업선교 동지들과 후배들이 옥화리를 찾아와 조촐한 생일잔치를 마련했는데, 이날은 옛 동지인 박형규 목사가 설교를 했다. 그 자리에는 1970년대에 소모임 활동을 했던 여성 노동자들도 많이 참석하여 회포를 나누었다.

걸어온 길,
걸어갈 길

조지송 목사는 그가 청춘을 바쳐서 20여 년간 일해온 현장인 영등포 산업선교회가 한국 기독교 역사에서 갖는 의미와 민주화운동사적 가치에 대한 자부심으로 넘쳤기에 산업선교 역사를 잘 정리하여 남기는 것을 여생의 유일한 과제로 생각했다. 유신체제에 이어 신군부 독재가 계속되는 상황인지라 1970년대 산업선교에 대한 객관적인 평가를 내리기엔 아직 때가 무르익지 않았지만, 그 당시의 기억이 사라지기 전, 특히 함께 산업선교 운동을 해온 동지들이 건재할 때 제대로 기록하고 회고하는 것이 소중한 일이라고 여겼다.

하지만 조 목사는 자신의 이름으로 책을 쓰지는 않겠다고 마음 먹었는데, 그 이유는 자신은 오직 산업선교 실천가일 뿐 그 역사를 기록하는 일은 다른 사람의 몫이라고 여겼기 때문이다. 그래서 은퇴 후 글을 써달라는 요청을 완곡하게 물리치면서 일회적인 강의와 인터뷰에만 간간이 응했다. 젊은 연구자들이 1970년대 산업선교에 대한 논문이나 리포트를 쓰기 위해 조지송 목사를 찾아와 증언을 들은 적이 있고, 민주화운동기념사업회가 과거사 정리 차원에서 시작한 '민주화운동 관련자 구술사료 수집' 사업의 일환으로 1970년대 산업선교에 대한 인터뷰를 진행한 일이 있었다.

가장 체계적이고 방대한 자료는 김용복 박사가 1986년부터 20여 년간 진행한 산업선교에 대한 연속적인 대담 기록이다. 김용복 박사는 산업선교를 신학적으로 정리, 평가하려는 장기적 관점에서 영등포 지역 산업선교뿐 아니라, 세계와 아시아의 산업선교 역사를 포괄하는 큰 밑그림을 그리면서 자료 수집을 진행했다.

김용복 박사의 이 연구에서 화룡점정은 역시 조지송 목사가 일했던 시기의 영등포산업선교회가 될 것이다. 그만큼 김용복 박사는 1970년대의 산업선교 활동을 높이 평가하는 신학자다. 그는 자신의 민중신학에서 핵심 주제인 '민중의 사회 전기(傳記)'와 관련해, 유신정권의 탄압으로 인한 고난과 그것을 이겨낸 한국의 산업선교 활동을 갈릴리 예수 사건 이후 가장 강렬한 민중 사건의 한 전형으로 해석한다.

한국의 산업선교가 이룩해낸 업적에 대한 찬사는 기독교계뿐만 아니라, 산업선교의 진실을 접한 대부분의 신학자와 역사학자들의 공통된 관점이기도 하다. 세계적인 역사학자로서 한국사에 정통한 시카고 대학교의 브루스 커밍스는 그의 책《브루스 커밍스의 한국현대사》에서 노동운동으로서의 도시산업선교가 가졌던 폭발적 잠재력이 유신의 종말을 앞당긴 것으로 기술함으로써 산업선교의 의미를 높이 평가했다.

"기독교인들이 운영하는 조직인 도시산업선교회는 오랜 세월

동안 노동자들의 권리를 일깨우기 위해 노력해왔다."[12]

성공회대학교에서 한국 근현대사를 강의하는 한홍구 교수도 〈한겨레〉(2013년 1월 18일) 기고문에서, 유신체제의 파탄을 가져온 1970년대 여성 노동자의 투쟁은 산업선교 및 가톨릭노동청년회와 긴밀한 관련을 맺고 있었다고 했다. 그러면서 "최근의 한국 기독교가 '개독교'란 모멸적인 소리를 듣는 와중에서도 여전히 일반 대중으로부터 신뢰를 받은 일이 있었다면, 그것은 낮은 곳에 임하신 예수처럼 살고자 했던 산업선교 덕분일 것이다"라고 했다.

또 한국의 2세대 민중신학자인 김진호 박사는 산업선교를 '성공한 소수의 개신교운동'으로 규정했다.

"전후 최초의 개신교 사회운동이라 할 수 있는 산업선교운동은 한국 주류 교회들의 외면과 공격에도 아랑곳하지 않고 그 영향력에서는 대형 교회들에 비해 결코 모자라지 않았다. 그것은 소수의 산업선교운동이 개신교와 비개신교를 아우르는 전 세계적인 저항의 네트워크를 가질 수 있었기 때문이다. (…) 이것은 종종 한국 정부와 기업에 의미 있는 압력이 되었다."[13]

고려대학교 한국사연구소에서 다수의 산업선교 관련 논문을 쓴 소장학자 장숙경 박사는 산업선교 활동은 일반적인 개신교회들이 유신정권과 밀접한 유대 관계를 맺으면서 성장을 추구했던 것과 매우 대비된다고 주장했다.

"1970년대 산업선교와 노동운동은 '이음동어' 혹은 '일심동체'로 인식되곤 했다. 이들의 투쟁은 당연히 공권력의 탄압을 받았고, 그 지속성으로 인해 반체제운동으로 확대되었다. 산업선교는 유신

체제라는 특수한 시대 상황 속에서 이처럼 종교와 정치, 사회의 경계를 넘나들며 1970년대 노동운동과 민주화운동에서 괄목할 만한 업적을 남겼다."[14]

물론 산업선교가 지지와 찬사만 받았던 것은 아니다. 오히려 그보다 몇 배 더 많은 비난과 탄압의 고통을 감내해야만 했다. 권위주의적 군사정권은 산업선교를 모함하기 일쑤였다. 그들은 공산주의자가 종교의 옷을 입고 노동자를 앞세워 정치투쟁을 일삼는 것이 산업선교라고 거짓 선전했지만, 조지송 목사는 시종일관 노동자 사랑으로 버텨냈다.

"우리가 공산주의자가 아니라는 것은 그들이 우리보다 잘 알아. 그따위 헛소리에 신경 쓸 시간에 노동자 한 사람이라도 더 만나자."

조 목사는 이렇게 말하며 부당한 공격을 초연하게 받아넘겼다. 또한 정의로우신 하나님을 내 편으로 삼아 탄압의 파고를 넘었다.

"탄압 때문에 산업선교가 망한다, 이거 말이 안 되지. 탄압 때문에 망한다 하면 기독교는 벌써 없어졌어야지. (…) 너희(나쁜 정권, 기업)가 탄압하는 것이 우리에겐 플러스 요인이다. 내가 너한테서 욕먹는 건 얼마나 영광스러운 거냐."[15]

조지송 목사는 이 지난한 투쟁에 임하면서 산업선교를 거룩한 영역으로 간주하며 일체의 정치적 요소를 배제하고 오직 노동운동의 발전과 노동자의 삶의 질이 향상되는 것에만 집중했다. 즉 순수하게 노동운동만을 지원하고 정치적 교육이라든가 노동자의 정치 참여 자체는 엄격히 경계했던 것이다.

"나중에 보니까 직선제가 이루어지니 김영삼, 김대중 지지파로 나뉘어 서로 싸우는데, 저희(운동권)가 막 분열하잖아. (…) 같이 노동운동, 인권운동 했던 사람들이 멱살 잡고 싸우게 됐어. (…) 우리끼리 그거 맹랑하잖아. (…) 난 그 따위 싸움에 가담해본 적이 없어. (…) 내가 무슨 데모를 해? (…) 뭐 독재정권 물러가라고 하기라도 해? (…) 단지 노동자한테 일 시킨 만큼 줘라 이거야. (…) 왜 열 시간 일 시키고 여덟 시간분만 주냐? (…) 왜 때리고 욕하냐. (…) 그 욕하는 과장 내보내든지 노동자가 일 거부하든지 둘 중 하나다, 이랬던 거지."[16]

조지송 목사는 자신의 활동 범주를 지역적으로는 영등포로, 대상은 노동자(현장 근무자와 해고자)로, 활동 내용은 철저히 노동문제로 한정짓고, 그 범주를 벗어나는 활동은 경계했다. 아무리 옳은 일이고 필요한 일이더라도 산업선교와 직결된 문제에만 매달리고 그 외의 일에는 엄격한 거리 두기의 원칙을 지키려 했다.

부산 미국문화원 방화 사건 후 1982년 4월에 있었던 사선협의 반미성명 사건도 총무였던 조 목사는 반미적인 내용을 빼고 노동 탄압과 인권 침해에 대해서만 다루어야 한다는 입장이었지만, 결과적으로 반미적인 내용이 그대로 포함됨으로써 당국이 탄압할 빌미를 주었다고 평가했다. 조지송 목사의 주장대로 반미를 비롯한 정치적인 내용을 성명에 넣지 않았더라면 상황은 다르게 전개되었을 가능성이 없지 않았다.

영등포산업선교회는 이러한 지도자의 방침에 따라 대학생이 회관에서 노동자를 만나 어설픈 정치의식을 심어주려 하는 것을 적극적으로 차단하고, 불필요하게 노동문제를 정치 문제화하는 것도 바람직하지 않다고 여겼다. 그래서 조지송 목사는 유신 말기의 YH 무역 노조가 신민당사 점거 농성을 한 것에 대해서도 노동부도 있는데 굳이 당사를 찾아가야 했느냐면서 마뜩지 않게 생각했다.

1978년 여의도 부활절 연합 예배 때 여섯 명의 산업선교 회원(장남수, 김현숙, 정명자, 김복자, 김정자, 진해자)이 단상을 점거하고 구호를 외치는 돌발 사건이 발생했다. 조지송 목사와 영등포산업선교회 측은 사건이 가져올 파장보다는 회원들이 영등포산업선교의 노선을 벗어나 정치 지향적인 노동운동 그룹의 지도에 따라 움직였다는 이유로 호되게 야단을 쳤다. 그런 연장선에서 실무자인 신철영이 1980년 서울의 봄 시기에 노동자 정치 세력화를 위한 '전국민주노동자연맹' 결성을 주도하다가 구속되었을 때 조 목사는 신철영을 그만두게 하려고 마음먹었다. 하지만 막상 그가 형기를 마치고 석방되자 누그러져 실행을 하지는 않았다.

영등포산업선교회가 정치권과 만나는 예외적인 경우는 노동 정책을 세우거나 노동 관련법을 만들 때 또는 공동의 노력을 통해 탄압에 대처해야 하는 경우처럼 사안별로 접촉과 연대의 필요성이 있을 때뿐이었다. 정치적 입장을 갖고 정치인을 만나거나 특정 정치 세력을 지지하는 행위를 해서는 절대로 안 된다는 것은 영등포산업선교회의 실무자와 간사, 회원 노동자에게는 불문율이나 마찬가지였다. 이는 정치색을 초월하여 선교한다는 예장통합 교단의 문화적인 배경 요인도 있었겠지만, 초기부터 일관되게 정치와는 일정하게 거리 두기를 해온 영등포산업선교회의 전통 때문이기도 했다.

조지송 목사가 정치를 경계했던 이유는 정치는 기본적으로 가진 힘(조직, 자본)을 반영하는 제도인데, 노동자의 힘이 주체적으로 성장하기 전에 노동자가 정치에 참여한다는 것은 이용당한다는 것에 다름 아니라는 생각에서였다. 그는 노동자의 정치의식을 향상시키는 것에 반대하거나 무관심한 것이 아니라, 외부로부터 주입되거나 강요되는 정치의식이 아닌 노동자의 진정한 정치적 성장이 이루어지려면 노동자의 힘을 키우는 일이 우선되어야 한다고 본 것이다. 정치 구호를 앞세우는 일부 노동운동 진영을 비판하면서 그는 이렇게 반문했다.

"노동자가 자신의 현장에서 계장 하나 쫓아낸 경험 없이 장관이나 대통령을 물러가라 하는 것이 (노동자의 정치적 성장에) 무슨 도움이 되느냐."[7]

"나는 민주주의 하자고, 독재정권 내쫓으려고 산업선교 한 사람이 아니야. (…) 그래서 인명진 목사가 긴급조치 반대 성명에 참여할 때도 하지 말라고 그랬어. (…) 나는 정치적인 문제에 관여하지 말라고 처음부터 끝까지 주장한 거야. (…) 노동자들의 문제로 잡혀가야지, 정치문제로 잡혀가지 마라. (…) 학생들이 욕하면 어떠냐."[8]

이것이 정치 참여에 대한 조 목사의 기본 입장이었다. 그래서 조지송 목사는 노동운동과 산업선교를 하다가 정치에 발을 들여놓은 이들을 못마땅해했다.

그는 또한 1980년 서울의 봄 시기에 김영삼 신민당 총재가 정권을 잡게 되면 노동 정책만큼은 조 목사의 말을 듣고 실행하겠다고 했으나 당선된 후 일언반구도 없었다고 회고하면서 노동자가 스스로 성장하여 쟁취한 권력이 아닌 한 정치에 지나친 기대는 하지 말아야 한다고 역설했다.

원풍모방 민주노조위원장 출신으로서 후에 새정치국민회의 비례대표 의원과 국민의 정부 시절 노동부 장관을 지낸 방용석도 예외가 아니었다. 어느 날 장관이 되어 옥화리로 인사차 찾아온 방용석에게 조지송 목사는 "나는 '방 장관'이라고 부르지 않겠어. (…) '방 지부장'이라고 부르는 게 더 편해"라고 솔직한 심정을 내비쳤다. 조 목사가 보기엔 국회의원이나 장관직보다 노동조합의 지부장이 방용석에게 훨씬 어울리고 더 가치가 있다고 여겨져서 하는 말이었다.

조지송 목사는 모든 것을 쏟아 부어 산업선교를 한 것에 대해 전혀 후회가 없지만, 한 가지 아쉬운 점이 있다고 김용복 교수와의 인터뷰에서 토로했다. 한창 싸울 때는 엄두도 내지 못했던 일이었는데, 옥화리로 내려와 영등포에서 있었던 일을 찬찬히 복기해보니 무릎을 치게 되더라는 것이었다.

발단은 원풍모방 노동조합원들이었다. 원풍 민주노조원들은 기가 막히게 노동운동에 눈을 떴는데, 900여 명의 조합원이 전부 다 지부장 감이었다는 것이다.[19] 노동운동에 대한 정권의 탄압이 극으로 치닫던 즈음 원풍모방 핵심 민주노조원들은 제 공장을 버리고 조직이 없는 공장으로 가서 노동운동을 확산하려는 시도를 했다. 부지부장 박순희는 자신과 그의 동료 해고자들은 "제2, 제3, 제4의 원풍모방 같은 민주노조를 만들어야 한다는 의무감을 갖고 못자리에서 논으로 모내기되듯 우리도 모내기를 해야 한다고 누누이 얘기하고 실천운동을 했다"라고 말한다.[20]

실제로 그들은 이리, 대전 등 지방으로 옮겨 다니면서 노동운동 선배로서 디딤돌 역할을 하려고 노력했다. 조지송 목사도 이러한 원풍 노조의 시도를 높이 평가하여 원풍 사외 노보에 〈원풍아 불어라!〉라는 격려사를 보내주기도 했다. 그러나 1983년 당시 조지송 목사는 몸이 좋지 않아 산업선교 일선에서 물러나 있던 시기여서 실행 과정까지는 못 보고 말았다. 조지송 목사는 원풍모방 민주노조가 깨지고 노조원들이 뿔뿔이 흩어지게 되자, 조합원 900여 명 전부는 아니어도 적어도 그들 중 400명 정도는 다른 곳에서 조직가로 뛸 수 있으리라 생각했는데, 그때가 절호의 기회였다고 아쉬워했다.

"초대 교회에서 예루살렘에 모여 있던 제자들을 잡으려고 쳤어. (…) 치니까 다 사방으로 도망가서 예루살렘 밖에다 복음을 전했잖아. (…) 그처럼 원풍이라는 못자리는 있고 우리는 모를 낼 힘이 없는데 정부가 원풍을 쳐준 거지. 그런데 불행히도 산업선교와 원풍의 관계가 틀어지니, 되겠어?"[21]

해산되어 흩어지는 원풍 노조원들과 결별하는 순서를 밟고 있었던 영등포산업선교회로서는 그저 바라보고만 있을 수밖에 없었다는 것인데, 조지송 목사는 그것이 안타까웠던 것이다. 그 후 원풍 민주노조가 그들 나름대로 '한국노동자복지협의회'라는 사외 노동운동 단체를 만들기는 했으나, 이는 조지송 목사가 생각하던 그런 조직이 아니었다. 어쩌면 원풍모방의 마지막 지부장이었던 방용석에게 "나는 방 장관보다 방 지부장이 더 좋아"라고 한 조지송 목사의 말 속에는 노동운동의 진짜 알짬에는 다가가지도 못했는데 장관 노릇이 다 뭐냐는 뜻이 들어 있었는지도 모른다.

조지송 목사는 산업선교 활동을 했던 노동자를 한 번 만나면 평생을 만나야 한다는 생각을 가지고 있었다. 마찬가지로 산업선교에 일단 발을 들였던 여성 노동자라면 평생을 노동운동가로 살아가게 될 것이라고 보았다. 나중에 시집을 가든 외국으로 나가든 도시에 살든 시골에 묻혀 살든 간에 남편, 시동생, 조카, 시아버지, 큰아버지, 큰어머니 등등 누구한테라도 산업선교를 이해시키고 노동운동 지지자로 끌어들일 사람은 그들뿐이라고 조 목사는 강하게 확신했다.

그래서 노동 현장을 떠난 산업선교 회원들을 전국적인 조직으로 묶어낼 수만 있다면 엄청난 사회적 압력을 만들어내게 되어, 노동 현장뿐 아니라 사회 구석구석을 변화시키게 될 것이라고 조지송 목사는 생각한 것이다. 조 목사가 젊은 시절을 돌아보며 한 가지 아쉬운 점이 있다고 한 것은 바로 이것을 두고 한 말이었다. 퇴직하거나 현장을 떠난 노동자가 이전의 노동운동과 단절되고 파편화된 개인으로만 살아가게 되는 것을 안타까워하는 조직가로서의 회한이었다. 조지송 목사에게 산업선교란 공장을 떠나 생활 현장이 바뀌더라도 노동자의 가슴을 뜨겁게 하고 뛰게 만들던 소그룹 활동(노동운동)을 죽을 때까지 멈추지 않는 것이었다.

'거룩한 땅'에
세워진 돌 하나

77세를 전후해서 조지송 목사는 노환으로 기력이 쇠해지면서 건강
이 나빠져 병원에 자주 가야 하는 상황이 되었다. 일정한 근력과 활
동력이 요구되는 옥화리 시골 생활에도 무리가 느껴져 성남시 판교
의 아파트로 2009년 여름에 이사했다. 이후 서울 근교에 살고 있는
오재식, 조화순, 박형규, 김용복, 김경락 등 오랜 산업선교 동지들과
가끔 만나 서로 늙어가는 모습을 확인하며 옛 산업선교의 추억을 되
새기곤 했다.

조지송 목사가 산업선교 활동을 그만둔 지 25년이 된 2010년,
영등포산업선교회는 1980년대 초 대탄압 시기에 불편해진 교단과
의 관계를 새롭게 하고 산업선교의 명예를 회복하기 위한 일련의 노
력을 하고 있었다.

교단과의 관계는 1984년 제69회 총회가 정부의 탄압과 용공
매도로 어려움을 겪고 있던 영등포산업선교회에 산업선교 명칭을
산업전도로 바꾸게 하는 등 좀 더 온건한 방법으로 선교할 것을 요구

하면서 나빠지게 되었다.

1987년 산업선교라는 명칭은 제72회 총회에서 다시 되찾을 수 있었지만, 예장 교단 내에서 산업선교의 위상이 회복되기까지는 아직도 많은 난관이 남아 있었다. 외국의 지원을 받지 못하게 된 이후 재정적 어려움이 상존했고, 무엇보다도 정권의 왜곡 선전으로 뒤집어쓰게 된 '산업선교는 비복음적이며 노동자를 선동해 노동투쟁을 일삼는 문제 집단'이라는 오해를 씻어내야 했다.

8대 총무 손은정 목사와 영등포산업선교위원회는 산업선교 역사 제자리 찾기의 일환으로 역사자료실 설치와 한국 기독교 사적 지정, 민주화운동 기념비 건립 등을 추진하기로 했다. 역사자료실은 산업선교 활동 관련 자료를 발굴, 전시, 연구, 출판함으로써 산업선교에 대한 기록을 보존하고 연구 및 정책 자료로 활용할 수 있게 하려는 것으로, 오래전부터 계속해오던 일이었다.

일찍이 영등포산업선교회의 문서 기록물을 민주화운동기념사업회 사료실에 일부 기증한 바 있고, 그동안 조지송, 인명진 두 전직 총무의 1970년대 산업선교와 민주화운동 증언 채록 작업이 이루어져왔기에 민주화운동 기념비 건립도 별 어려움 없이 진행될 수 있었다. 이는 영등포산업선교회가 교회의 노동자 선교의 본질에 충실하면서 민주화운동 세력과 연대하여 민주화를 위해 헌신한 것을 사회적으로 공인받은 것으로, 그 의미가 크다.

이와 함께 영등포산업선교위원회는 회관 건물과 땅을 한국 기독교 사적으로 지정해달라고 총회 역사위원회에 헌의했다. 총회 역사위원회의 심의를 거쳐 2010년 9월 9일 제95회 총회에서 영등포산업선교회관을 '한국 기독교 사적 제8호'로 지정한다는 결의가 통과되었다. 총회 역사위원회는 예장통합 교단이 다 함께 기념하고 기억해야 할 역사적 상징성이 큰 장소와 건물을 한국 기독교 사적으로 지정해왔는데, 2010년까지 총 일곱 곳이 지정되었다. 역사위원회는 현지 실사를 마치고 제출한 조사 보고서에서 영등포산업선교회관이 가진 무형의 역사적 가치를 인정하며, 사적 지정을 총회에 청원한다고 밝혔다.

"산업선교회 건물은 1979년에 지어져 30년밖에 되지 않고 건축 양식상의 특이한 점은 없으나 당시 시대적으로 하나님의 평화와 정의, 산업사회 선교에 헌신했던 무형의 가치가 충분히 인정되고, 대사회적으로도 민주화운동 기념 사적지로 지정되는 등 동 선교회의 활동과 역사를 공식 인정했기에 산업선교의 발상지로서 그 가치를 인정하고, 이를 '한국 기독교 사적'으로 지정한다."[22]

민주화운동 기념비 건립과 한국 기독교 사적 지정은 군부독재 정권과 언론으로부터 집중적인 거짓 왜곡 선전을 받는 와중에 교단 총회로부터 버림받다시피 하면서 한때 이름마저 바꿔야 했던 쓰라린 과거의 상처를 아물게 하고, 실추된 명예를 회복하는 첫 발걸음이라고 할 수 있다. 한동안 총회와 노회로부터 따돌림과 배척을 받고 사회로부터도 제대로 평가받지 못한 채 묻혀 있던 영등포산업선교회가 예장통합 교단의 자랑스러운 신앙 유산이요, 민주화운동과 인권운동의 상징으로 자리매김된다는 데 의미가 있었다.

그리하여 2010년 11월 25일 '총회 역사유적지 지정 감사 예배와 민주화운동 기념비 제막식'이 회관 3층 예배실에서 영등포노회

산업선교위원회 주관으로 열렸다.[23] 이날 예배에서 예장통합 총회장 김정서 목사는 "이 돌들은 무슨 뜻입니까?"(여호수아 4:19-24)라는 제목으로 설교했다. 그는 이렇게 증언했다.

"산업선교가 예수 사랑으로 힘없는 노동자를 섬기고 진리와 정의를 위해 고난받은 일을 잊지 않기 위해 기독교 사적지로 지정하고 민주화운동 기념비를 세우게 되었습니다. 오늘 세우는 기념비와 표지는 하나님께서 산업선교와 함께하셨던 역사를 우리 후손들에게 보여주려는 증표입니다. 우리 후손들은 이곳에서 고통당하는 노동자들과 함께했던 교회의 자랑스러운 역사를 기억할 것…."

민주화운동기념사업회 이사장 함세웅 신부는 축사를 통해 유신의 엄혹한 시기에 투쟁했던 영등포산업선교회와 노동자들의 줄기찬 저항을 회고하며, 고통받는 여성과 비정규직 노동자를 위해 힘써달라고 부탁했다. 단병호 민주노총 초대 위원장도 영상 축하 메시지로 최저생계비 이하의 생활을 강요받는 비정규직 노동자에 대한 관심을 요청했다.

1980년대 초중반 호주 연합교회에서 파견되어 한국에 와 영등포산업선교회를 도왔던 안도선(앤터니 데이비드 프랜시스 도슨) 선교사는 호주에서 축하 메시지를 보내왔다. 그는 영등포산업선교회에서 일했던 경험을 이렇게 떠올렸다.

"가난하고 억눌린 사람들의 존엄과 자존감을 회복하고 일으켜세우며, 모든 사람들이 하나님의 형상으로 창조되었다는 것을 일깨우는 산업선교의 경험은 단지 사람들을 '위해서' 일하는 것이 아니라 '함께' 일하는 것을 제가 배우게 된 값진 기회였습니다."[24]

조지송 목사는 그때 마침 수술을 한 직후여서 이 뜻 깊은 행사에 참석하지 못했으나, 영상 메시지를 통해 나직한 목소리로 기념비의 참 의미를 일깨워주어 참석자들에게 깊은 감동을 주었다.

"이 비석을 보는 사람마다 노동자들이 얼마나 큰 아픔을 겪었는가를 기억해야 해요. (···) 또 영등포산업선교회 실무자들이 어려운 환경 속에서도 모든 역경을 물리치고 산업선교를 지탱해온 그 고난의 현장을 보아야 합니다. (···) 이 비석을 볼 때 돌만 보지 말고 노동자의 피땀과 실무자들의 노고가 있었음을 기억했으면 좋겠어요."[25]

1970년대에 조지송 목사와 함께 실무자로 일했던 인명진 목사와 신철영이 탄압과 고난의 시기를 증언하며 눈물을 훔쳤고, 마지막 순서로 예장 총회장, 전도부장, 경기노회장으로 재직하며 산업선교의 울타리 역할을 끝까지 감당했던 102세의 방지일 목사가 "십자가 복음을 안고 끝까지 전진하라"라고 축도했다.

기념비 제막에 참석한 주요 내빈과 산업선교회 관계자들은 1층 현관 벽면에서 기독교 사적지 동판을 제막하고, 이어서 마당으로 나와 민주화운동 기념비에 씌워진 흰 천을 걷어냈다. 진회색 자연석으로 된 기념비에는 굵은 글씨로 이렇게 쓰여 있다.

"노동선교의 요람, 민주화운동 사적지."[26]

그리고 그 아래엔 1968년 이후 산업선교의 상징이 되는 성구인 '가난한 이들에게 복음을, 억눌린 이들에게 자유를'(누가복음 4:18-19 요약)이 새겨졌으며, '영등포노회 산업선교위원회'와 '민주화운동 기념사업회'가 공동 건립자로 기록되어 있다.

이듬해 1월 17일 기독교방송(CBS 라디오)은 기독교 사적 지정

겸 민주화운동 기념비 제막식과 관련해 산업선교의 개척자 조지송 목사가 나오는 〈CBS 초대석〉을 방송했다. 앵커가 1960~1970년대 산업선교 활동에 대해 묻고, 52년 만에 기독교 사적 지정과 민주화운동 기념비가 세워진 것에 대한 감회와, 오늘의 한국 교회에 주는 의미가 무엇인지 물었다. 조 목사는 이렇게 대답했다.

"교회는 고통당하는 사람들의 편에 있어야 해요. 나는 고통당하는 사람들 가운데 가면 예수님이 살아 움직이는 게 보여요. 그러다가 화려한 교회에 가면 정말 예수님이 있는가 하는 의심이 가요. (…) 민중과 함께 아픔을 나누고 노동자들의 고통을 해결하기 위해 고통을 당해본 체험을 가진 교회라야 참다운 그리스도의 구원을 이룰 수 있는 교회라고 생각해요."[27]

영등포산업선교회는 이날 방송 출연을 위해 모처럼 상경한 조지송 목사와 후배 노동 목회자들이 환담하는 자리를 마련했다. 회관 2층의 사랑방에서 후배들과 담소하면서 1970년대 산업선교를 되새기던 조지송 목사는 마당으로 나가 기독교 사적 지정 동판과 민주화운동 기념비를 둘러보았다. 그 당시 여성 노동자들의 울부짖음과 저항이 떠올랐는지 기념비를 쓰다듬던 조지송 목사의 눈시울이 잠깐 붉어졌다. 수많은 노동자의 희생을 치르고 실무자들이 피땀을 쏟아부은 거룩한 땅에 돌 하나 세워진 것으로 위로받기엔 산업선교의 지난 고난의 역사가 너무 무거웠던 것이 아닐까.

멈추지 않는
바보들의 행진

민주화운동 기념비 제막식이 있은 지 2년쯤 후인 2012년 10월 6일 조지송 목사의 팔순 축하 모임이 영등포산업선교회관에서 있었다.[28] 평소 공과 사를 엄격하게 구분해 장인상 때와 장녀의 결혼식 때도 산업선교회에 알리지 않고 치렀던 조지송 목사인지라 팔순 잔치도 당연히 거부해왔다. 하지만 그를 존경하고 사랑하는 제자들과 후학들은 노투사의 팔순 생일을 그냥 넘길 수 없어 '우리 바보들은 행진을 멈추지 않습니다'라는 제목으로《조지송 평전》중간 보고를 겸한 팔순 축하 잔치를 조촐하게 준비해 조지송 목사의 참석을 요청했다.

　주최자는 영등포산업선교회, 영등포산업선교회 동문회, 성문밖교회, 일하는 예수회였으며, 이들은 조지송 목사로부터 직접 또는 간접적으로 산업선교를 배웠거나 함께 일했던 사람들로, 예장통합 산업선교의 맥을 이어온 후배들이었다. 조지송 목사는 후배들의 강권에 못 이겨 불편한 몸을 이끌고 참석했고, 산업선교계의 동료, 후배들과 지금은 초로의 할머니가 된 당시의 여성 노동자들도 대거 참석하여 그의 팔순을 축하했다.

팔순 감사 예배 설교를 맡은 영등포산업선교회 2대 총무 인명진 목사는 "우리의 손이 행한 일을 견고하게 하소서"(시편 90:10-17)라는 제목으로 강론했다. 그는 평생을 노동자만 알고 산업선교로만 일관한 조지송 목사의 삶을 다음과 같이 되짚었다.

"조 목사님의 교회 비판을 단편적이고 피상적으로만 바라보고 반교회주의자라고 단정 짓는 사람들이 있지만, 내가 아는 조 목사님은 오직 예수 때문에 신학교에 들어가시고 산업선교를 시작하셨으며, 예수의 길을 따라서 노동자를 섬기는 삶을 사신 분이다. '네 이웃을 사랑하라'는 성서의 가르침대로 평생 동안 일관되게 노동자 섬기기를 하나님 섬기듯 하신 조 목사님이야말로 교회의 본질을 그대로 실천하신 것이 아닌가. 그런 조 목사님이시기에 사람들이 만들어낸 변질된 예수상, 엉터리 신앙이 아닌, 제대로 된 예수를 믿는 참 믿음을 실천하는 교회라야 진정한 교회라는 것을 역설적으로 말씀하시기 위한 교회 비판인 것이다.

조 목사님은 회장이나 총무 등 다른 칭호를 한 번도 사용하지 않으시고 오직 영등포산업선교회 실무 목사로만 만족하셨다. 목사 외에는 돈도, 명예도, 다른 아무것도 쓸데없다는 믿음인데, 우리 시대 한국 교회에 이런 목사가 조 목사님 외에 또 누가 있을까?

우리가 조 목사님으로부터 배운 산업선교의 알짬은 '노동자 섬기기를 하나님 섬기듯이 하라'는 것이었다. 목사님의 《타임》 인터뷰 기사 제목도 〈그들(노동자)이 분노할 때 나도 분노한다〉였다. 노동자의 아픔이 목사님의 아픔이었고, 노동자의 분노가 곧 목사님의 분노였다. 이렇게 노동자를 하나님 섬기듯 하신 조 목사님의 산업선교가 우리 후배들에게도 견고하게 이어지고 계속되기를, 진정 하나님은 원하실 것이다."

팔순 감사 예배에 이어서 필자가 2011년부터 집필 중이던《조지송 평전》의 중간 보고와 방향에 대한 좌담회를 가졌다. 이 좌담회에서 성공회대학교 노동사연구소의 이재성 박사는 이렇게 기대감을 표명했다.

"'좋은 질문'을 던지는 것은 가장 명석한 대답보다 위대하다. (…) '좋은 질문'들이 사라져버린 이 시대에 조 목사님의 평전이 우리 사회와 교회에 던져지는 '좋은 질문'으로서 영혼을 비춰보는 거울이 되기를 바란다."

영등포산업선교회 3대 총무였던 이근복 목사는 옆에서 지켜본 조지송 목사의 삶을 증언했다.

"조 목사님의 삶은 재물과 성공의 유혹에 빠져가는 교회와 그리스도인들에게 거울이자 나침반이다. (…) '노동자가 교회보다 낫다'고 하시며 자본과 권력 앞에서 변질되어가는 교회에 대해 회의하셨지만, 자신은 교회의 본질을 온몸으로 실천하셨다."

1970년대 후반부터 1980년대 초반까지 평신도 실무자로 일했던 신철영은 이렇게 회고했다.

"무엇보다도 산업전도를 산업선교로 전환시킨 것에 조 목사님의 위대한 역할이 있었다. (…) 이 전환은 익숙하고 편안한 것으로부터의 이별이고, 가시밭길로 들어서는 전환이었다."

한국모방(원풍모방)에서 일하면서 조지송 목사를 도와 초창기 평신도 산업전도 사역을 했던 김갑준 권사는 다음과 같이 그때 일을 떠올렸다.

"죽으면 천당 가려니 했는데, 조 목사님은 예수님은 여기에도 계시다고 하셔서 예수님이 (옆에) 계신가 보다 하고 꾀를 부리지 못하고 열심히 했다. 조 목사님을 가까이 모시고 있으니 어느새 닮아가더라. (…) 퇴근하면 노동법이 담긴 산업전도지를 가방에 넣고 다니며 모임이 있는 사람에게 한 바퀴 뿌리고 나왔다."

유신정권의 탄압으로 인해 영등포산업선교회가 국내 교회와 소원해졌을 때 발 벗고 나서서 해외 교회의 지원을 연결해주며 도왔던 오재식 전 월드비전 회장은 조지송 목사와 영등포산업선교회가 탄압으로 어려웠던 시기에 함께했던 순간을 떠올리며 이렇게 위로했다.

"하나님께서는 한국 사회가 가장 암울했던 시기에 조 목사님과 영등포산업선교회를 사용하셔서 교회가 민주화와 노동인권의 보루가 되어 빛과 소금의 역할을 하도록 인도하셨다. 이 놀라운 역사에 함께한 것이 일생의 보람이며 영광이었다."

이날 팔순 잔치는 조지송 목사의 시 〈바보들의 행진〉을 현 실무자들이 나누어 낭송하고, 조 목사가 만든 노래 〈자유 찾아가는 길〉을 다 함께 부르는 것으로 끝이 났다.

이후 조지송 목사는 84세를 넘기면서 평소 앓던 편두통에 노환이 겹치고 파킨슨병 증세가 더해져 외출을 거의 하지 못하고, 집 안에서도 휠체어에 의존해 생활했다. 혀가 굳어져 발음이 다소 어눌해지고 가벼운 수전증이 있었지만, 방문하는 제자들과 산업선교 후배들에게 흐트러진 자세를 보이지 않고 "진리는 절대 패배하지 않는다"라며 당시 진행되던 촛불 퇴진 탄핵 정국의 향방과 그에 따른 노동자의 삶의 변화에 대해 관심을 보였다.[29]

　와병 생활 중에도 전 실무자들인 고애신, 조순형, 손은정이 병문안 삼아 찾아가면 조지송 목사는 평소와 다름없이 반갑게 제자들을 맞고 농담도 했다. 병 수발을 돕는 요양보호사의 근무 시간, 조건에 편의를 배려해주려고 하는 부부의 모습을 보면서 제자들은 여전한 조 목사의 노동자 사랑을 확인할 수 있었다고 한다.

　조지송 목사는 노환이 심해져 86세가 되던 2019년 1월 22일 성남시 판교의 집에서 부인과 딸이 손을 잡고 지켜보는 가운데 조용히 눈을 감았다. 장례가 끝나고 100여 일 지나 협동조합 다람쥐회 회장이며 남영나이론 노동자였던 박송아 성문밖교회 권사에게 조 목사의 부인 박길순 여사로부터 전화가 왔다. 조지송 목사가 생전에 장기 연체 등으로 운영난을 겪고 있던 다람쥐회와 어려운 노동자를 위해 사용해달라면서 5000만 원을 기부했으니, 받아가라는 전갈이었다. 박송아 권사는 손은정과 함께 조 목사의 집으로 찾아가 '노후 생활비로 쓰셔야지, 이러시면 안 된다'고 간곡히 만류했지만, 박길순 여사는 "내가 이걸 목사님 뜻대로 전달해야 천국 가서 기쁘게 만날수 있다"라면서 듣지 않았다.

8

회상
回想

조지송 목사를 기억하는
35인의 회상

1960년대 산업화 초기에 청년 조지송은 공장 노동자들에게 복음을 전하기 위해 파송된 한국 교회 최초의 산업전도 목사였다. 억압과 착취의 구조를 파악한 그는 산업사회의 정의와 노동자의 인간화를 외치는 산업선교의 투사가 되었다. 조지송은 한국 교회사에서 산업전도를 가장 먼저 산업선교로 발전시킨 선구자로 기억될 것이다.

- 이삼열/ 전 숭실대학교 교수, 전 한국철학학회 회장, 전 유럽산업선교협회 총무, 대화문화아카데미 이사장

"아, 좀 내려와요. 나랑 이런저런 얘기 나누며 쉬었다 가라고…." 여러 번 말씀하셨지만 끝내 가지 못했습니다. 당신은 내려가시곤 했습니다. 마냥 내려가실 수 있는 분입니다. 당신은 매이지 않는 분입니다. 그랬기에 당신은 맑았습니다. 교회 언저리를 맴도는 나도 우리도 당신을 배웁니다.

- 김상근/ 전 한국기독교장로회 총회 총무, 현 KBS 이사장

조지송 목사는 비전 있는 지도자이자 창시자다. 나는 신학교를 졸업하자마자 영등포산업선교회로 부임했는데, 호주에서는 보일러공, 용접공, 배관공으로 일하며 노조 활동을 하기도 했다. 조지송, 인명진 두 목사와 같이 일했던 것을 기쁘게 생각한다. 그때의 경험은 내 인생 전체와 호주 및 세계교회협의회에서 일할 때 항상 함께했다.

– 리처드 우턴/ 1960~1970년대 호주 교회 선교 동역자

산업화가 민중의 삶을 희생의 대가로 지불하며 비인간화의 길을 걸어갈 때 조지송 목사님께서는 고난받는 노동자의 삶 가운데 현존하시는 그리스도의 발자취를 따라 사셨습니다. 자본은 생명을 위해 존재해야 하며, 노동은 사랑의 행위여야 함을 온몸으로 증언하시며 노동자 예수의 삶을 사셨습니다.

– 이홍정/ 한국기독교교회협의회 총무

조 목사님은 '도산이 들어오면 기업이 도산한다'는 유신의 마타도어에 저항하여 "영산이 들어가면 천산이 강림한다"라고 격려하셨다. 산업 현장에서 천산, 곧 '하나님의 선교'를 몸으로 체화하신 노동 사제의 모범이셨다. 압박과 고난의 현장을 신령한 '미소'와 새 하늘, 새 땅의 비전으로 승화하는 헌신을 한국 교회에 교훈으로 주셨다.

– 박종화/ 경동교회 은퇴 목사, 평화통일연대 이사장

고 조지송 목사님은 우리 교단이 산업 현장의 노동자를 위하여 파송한 목사입니다. 최초의 산업전도 목사로 시작한 목사님의 사역은 한

국 교회가 산업선교와 민주화, 인권운동을 향해 나아가는 마중물이 되었습니다.

- 변창배/ 대한예수교장로회 총회 사무총장

그분께 가까이 다가갈수록 느끼는 것은 그분은 사랑꾼이었다는 것이다. (…) 그분은 하나님을 깊이 사랑했다. 하나님이 함께하는 세상을 사랑하고, 주위에 연결된 사람들을 사랑하고, 가족을 깊이 사랑했다. 가난한 자와 그 가난을 넘어서려는 자들을 사랑하고, 주변의 자연을 사랑했다.

- 고애신/ 1970년대 구미 지역 산업선교 실무자

조지송, 정진동 목사님의 깊은 우정과 신뢰, 두 분의 참 삶을 가까이에서 보며 두 분을 통해 민중의 하나님을 만날 수 있었던 것은 내 인생에서 가장 큰 복이었습니다. 조 목사님의 올곧은 삶과 정신을 감히 흉내 낼 수는 없지만, 늘 닮고 싶은 내 삶의 이정표이셨습니다.

- 조순형/ 청주도시산업선교회 실무자

"하나님께서 이 세상에 오신 것은 섬김을 받으러 온 것이 아니라 섬기려고 오신 것이다"라고 하신 목사님의 말씀은 나의 남은 삶을 가난하고 소외된 여성 노동자와 동고동락하며 헌신하도록 이끄셨고, 나의 삶을 변화시킨 몹시도 소중한 말씀이셨다.

- 명노선/ 1970~1980년대 영등포산업선교회 실무자

조 목사님은 우리에게 노동운동과 투쟁만 가르치신 분이 아니다. 여성으로서 갖춰야 할 교양과 잘못된 허위의식을 버리도록 가르쳐주셨다. 고등교육을 받지는 못했지만, 인간으로서의 자긍심과 일하는 사람이 사회 발전의 동력이라는 역사 의식을 가르쳐주셨다.

― 장석숙/ 1970년대 원풍모방 노동자

천국이 있느냐고 여쭈었는데 "진짜로 천국이 있다면 목사님들이 빨리 죽어서 그 좋은 천국 가야지, 왜 죽지 않고 병원으로 가겠느냐. 우리가 사는 세상을 천국 같은 세상으로 만들어야 한다"라고 말씀하셨어요.

― 송효순/ 1970년대 대일화학 노동자

예수님의 참 제자이신 조지송 목사님을 만나뵙고 산업선교를 통한 하나님의 의, 사랑, 믿음의 역사를 보며 실천적 신앙을 배웠다. 돌이켜보면 조 목사님과의 만남은 하나님의 큰 은혜와 사랑이 함께하신 내 생애 최고의 시간들이었다.

― 박영혜/ 1970년대 한국모방 노동자, 전 신용협동조합 실무자

"너희들 유치장에서 나왔을 때 같이 짜장면이 먹고 싶었는데 못 먹었다"라고 까맣게 잊고 살았던 40년 전 일을 웃으면서 말씀하시네요. 웃고 울며 힘들었던 시절 목사님의 큰 사랑과 배려가 생각납니다. 목사님의 가르침을 잊지 않고 생각하면서 성실하게 살겠습니다. 목사님, 보고 싶습니다.

- 이경수 / 1970년대 남영나이론 노동자

"인간은 인간답게 살아야 한다. 인생을 돈 때문에 살면 안 되고 돈의
노예가 되어서는 더더욱 안 된다"라고 하셨죠. 희망 없는 삶의 현장
에서 하루하루를 버티면서도 인간답게 살아보겠다며 온몸으로 저항
하고 절규하며 투쟁했던 우리 노동자들의 아버지, 그리운 목사님.

- 박송아(박점순) / 1970년대 남영나이론 노동자

날카로우면서도 인자하고 냉철함이 필요할 땐 단호하셨던 목사님이
생각납니다. 목사님과의 그 시절이 없었다면 내 인생에 무엇이 남았
을까요. 깊은 마음으로 한 사람의 빈자리를 크게 느끼시고 그 사람의
상황을 살피며 마음 써주셨던 목사님의 따스함 덕분에 그 시절이 좋
은 기억으로 남아 있습니다.

- 박덕순 / 1970년대 대일화학 노동자

지금껏 살아온 삶을 되돌아보니 산업선교 회원이던 때는 어리기도
하고 너무 바쁘기도 해서 잘 몰랐다. 그러나 이제는 점점 분명해지고
있는 것이 몇 가지 있는데, 그중 하나가 조지송 목사님은 나의 삶의 스
승님이시라는 것이다.

- 장금숙 / 1970년대 대일화학 노동자

처음 회관에 갔을 때 목사님께서 감자 샐러드를 만들어주시던 생각
이 납니다. (…) 결혼식 주례도 해주신 목사님을 떠올리면 언제나 든

든하고 인자하시며 우리를 잘 키운 자식 보듯 행복해하시던 모습으로 남네요. 인생의 길잡이가 되어주신 목사님, 사랑하고 존경합니다.

– 김미순/ 1970년대 해태제과 노동자

친정아버지 같은 느낌으로 힘겨울 때 위로가 되어주신 목사님, 여리면서도 질경이같이 강인하신 분…. 1970년대 그때 그랬지. 노동 현장이 그때보다 더 나빠졌다. 그땐 비정규직이란 게 없었는데…. 지금도 영등포산업선교회는 끊임없이 잘하고 있다고 본다.

– 문계순/ 1970년대 원풍모방 노동자

모든 주류 종교는 초창기의 이상을 잃어버리고 기득권의 종교가 됐죠. 그런 속에서도 초기 정신을 이어가려던 작은 노력이 있었지요. 한국 교회는 어느 편에 서 있는지 스스로를 돌아보아야 합니다. 그리고 산업선교는 낮은 자리를 계속 유지해야 합니다.

– 신철영/ 1970~1980년대 실무자, 경실련 공동대표

노동 훈련을 받을 때 걸어 다니며 일자리를 구하라 하셨고, 주일에도 특근을 하여 교회에 나가지 못하는 노동자의 심정을 온몸으로 느껴보라 하셨지요. 훈련을 마치고 사역을 시작할 때 나무 십자가를 손수 만들어주시며 십자가를 묵상하며 평생 가장 낮은 자리에서 섬기라고 부탁하셨습니다.

– 안기성/ 전 달구벌교회 목사, 거리의 천사들 대표, 월간《길벗》발행인

조지송 목사님은 제사 공동체로서의 교회 모습보다는 자신들과 노동자의 권익을 위해 단결하고 희생하는 노동조합이나 협동조합의 모습에서 참된 교회를 보시는 것 같았습니다. 노동조합이 교회요, 협동조합이 교회입니다. 함께하는 사람들 안에서 진리를 찾고 학습하고 투쟁하고 희생하는 공동체는 교회입니다.

– 김규복/ 대전 빈들장로교회 원로목사, 전 녹색연합 공동대표

조지송 목사님은 자신을 바보라고 하시며 함께했던 이들을 '바보들의 행진'에 참여한 이들이라 하셨다. 그렇다, 산업선교는 바보가 아니고는 할 수 없는 일이다. 그 일은 출세를 하고 명예를 얻고 돈을 버는 일이 아니기 때문이다. 목사님을 기억하면서 지금 '바보의 길'을 걷고 있는지 자문해본다.

– 유재무/ 전 성수삼일교회 목사, 《예장뉴스》 편집인

조 목사님이 보여주신 산업선교의 개척 정신과 사역의 일관성, 산업선교 정신의 지평 확대(전도에서 선교로)는 사회선교 영역에 참여하는 이들이 지녀야 할 방향과 기본 정신이 아닌가 생각합니다. 가장 어려운 이들과 함께 세상을 바꾸고자 하는 예수 정신을 실현하고자 하신 분이셨지요.

– 안하원/ 부산 새날교회, 새날노동상담소 소장

조지송 목사님, 약자가 되어 조용한 혁명을 이루신 분. 앞으로 우리 사회에는 다양한 문제를 안고 사는 어르신들과, 이분들과 함께하는

돌봄 노동자인 요양보호사가 계속 늘어날 것이다. 어르신들과 돌봄 노동자들의 보람 있는 삶과 권리를 위해 조용한 혁명을 이어가야겠다.

– 신순철 / 1980년대 영등포산업선교회 실무자

성품이 항상 조용하시고 부드러우셨어요. 큰 소리 내시는 것을 보지 못했어요. 자기 주장이나 의견을 앞세우지도 않는 겸손한 어른이셨지요. 훌륭한 목사님이 계셔서 감사한 마음으로 선교 활동에 온몸을 던져 일할 의지와 용기가 났던 것 같습니다.

– 송진섭 / 1980년대 영등포산업선교회 실무자, 전 안산시장

영등포산업선교회에는 훌륭한 목회자, 선생님, 친구들, 선후배가 있었다. 그곳은 세상과 나를 이어주는 공간이었고, 앞날에도 내 인생에서 오래된 미래로 존재할 것이라 믿는다. 이런 산업선교회를 만드는 데 기초를 놓으신 분이 조지송 목사님이었다.

– 박노숙 / 1990년대 다람쥐회 실무자, 목동실버복지문화센터장

너무 일찍 건강을 잃으셔서 현장 사역을 내려놓으시고 속리산 자락에 '하나의 집'을 만들어 손수 지은 농산물로 후배들을 맛나게 먹이시던 모습이 지금도 눈에 선합니다. 무엇보다 노동자를 가장 먼저 생각하셨고, 누가복음 4장 18~19절 말씀이 살아 움직이는 산업선교의 현장으로 우리를 이끌어주셨지요.

– 손은하 / 제5대 영등포산업선교회 총무, 전 기독여민회 회장

실무자 훈련을 마치면서 "무엇이든지 정확하고 완벽해야 하며 동시에 하나의 아름다운 예술, 창조적 작품을 만드는 아티스트여야 한다. 그 모든 것의 중심은 노동자이며 노동자로서의 주인의식이다. (…) 어디서 무엇을 하든지 너의 일을 하라" 하셨죠.
- 박진석/ 제6대 영등포산업선교회 총무, 가스펠투데이 상임이사

가끔 생각한다. 목사님은 슬퍼하는 자들과 함께 슬퍼하고, 그들과 동지가 되고 투사가 되어 아낌없이 생을 불살라 살아가신 분이시라고…. 예술가의 감성으로 깊고 고요하게, 섬세하면서 예리하게 그리고 부드럽고 여린 시선으로 세상을 바라보는 분이셨다.
- 신승원/ 제7대 영등포산업선교회 총무, 일하는 예수회 회장

후배 산업선교 훈련생들을 데리고 인사차 옥화대에 들르면 "투쟁하러 가야지, 뭣 하러 오냐. 고난과 투쟁의 현장을 찾아가라. 사적인 정으로 공의가 흐트러짐은 안 된다" 하셨다. 조 목사님의 살아 있는 산업선교 역사와 정신은 내 가슴속에서 늘 부활하고 있다.
- 장창원/ 1990년대 실무자, 오산이주민센터 대표, 예장외국인선교협의회 회장

조지송은 기록자다. 1960년대 초부터 1970년대 중반까지 쓴 그의 세심한 회의록과 보고서, 서신을 보면 초기의 산업선교가 어떤 의식과 사명을 가지고 일했는지 잘 나타나 있다. 그는 기록자였으나 스스로는 기록되기를 원치 않는 자였다. 임종의 마지막 순간까지 자신에 대한 사진첩이나 책이 나오는 것을 거부했다.

"산업선교의 주인공은 노동자들이야. 그러니 내 얘기는 하나도 중요하지 않아. 책 나오는 게 달갑지 않아"라고 여러 번 말씀하셔서 늦어졌지만, 목사님 인터뷰 녹취 작업에 참여할 수 있었던 것은 큰 행운이었습니다. 목사님 말씀의 의미를 곱씹으면서 활동하겠습니다.
- 홍윤경/ 현 영등포산업선교회 쉼힐링센터 소장

2014년 상록수 그룹 언니들을 모시고 찾아뵈었을 때 황해도 사투리로 "저 사람들 처음에는 자기 월급 받았다고 싸우고… 나중에는 다른 사람 월급 받아주겠다고 싸우고 그리고 나중에는 다른 공장 사람들 월급도 받아주겠다고 싸우는 사람이 됐드랬어"라고 하셨지요.
- 김희룡/ 현 성문밖교회 목사

"한 사람의 고통을 여러 사람이 나누는 즐거움을 아는 사람이 있어야 세상은 밝아지고 협동운동은 잘 된다"라는 조 목사님의 말씀을 선배님들로부터 전해 듣고 목사님이 어떤 분이신지 짐작하게 되었고, 지금 내가 어떤 자세로 협동운동을 해야 하는지를 가다듬습니다.
- 정광숙/ 현 협동조합 다람쥐회 실무자

"내 인생의 90퍼센트는 산업선교였어. 지금은 드라마나 보고 음악이나 듣고 지내지…." 목사님의 인생 90퍼센트가 담긴 시 〈바보들의 행진〉과 이 평전을 읽는 동안 어느새 지금 여기서 다시 시도해보고 싶은 것들에 빨간 밑줄을 긋게 되고, 마음에 힘이 차오르는 것을 느낀다.

- 손은정/ 제8, 10대 영등포산업선교회 총무

갈릴리로 달려간 사람 (막 16:1-6)

조지송 목사 장례 예배 설교/ 2019년 1월 24일

인명진 목사
제2대 영등포산업선교회 총무, 갈릴리교회 원로목사

오늘은 조지송 목사님께서 마지막 가시는 날입니다. 조 목사님께서 그렇게도 사랑하시던 영등포산업선교회의 이름으로 장례를 하게 된 것은 조 목사님께서 가장 기뻐하실 일이라고 여겨집니다. 그분은 이곳 이외에서는 일절 본 적이 없습니다. 한 번도 다른 곳에 적을 둔 적이 없습니다. 그가 땀과 눈물을 흘렸던 곳, 노동자와 같이 울고 분노하고 그의 삶이 흠뻑 배어 있는 곳이 이곳입니다.

오늘 이 자리는 저희들이 그동안 그분에게 다하지 못했던 어떤 것들에 대한 후회와 아쉬움을 조금이나마 면제받는 자리가 아닌가 싶습니다.

제가 조지송 목사님을 만난 것은 1969년쯤, 장신대학교 1학년 목회 실습 때의 일로 기억됩니다. 영등포산선에 갔는데, 조그마한 몸집, 날카로운 눈매, 회색빛 작업복을 입고 계셨습니다. 10여 년 넘게 그 옷만 입으셨던 것으로 기억됩니다. 한 달 동안 가르쳐주는 것도 없고, 뭐 그냥 보고 가라고 했습니다. 그때 저는 어차피 산업선교에 큰 관심이 없었습니다. 실습하면 학자금을 준다 해서 간 것이었으니까요.

그런데 그분을 다시 만나게 된 건 신학대학원 졸업반 때 김진수 사건이 일어나고 나서였습니다. 1972년에 일어난 노동자 김진수 사건은 여러분도 아시다시피 노동조합을 와해시키려는 회사의 기획과 맞물려 일어난 사망 사건이었습니다. 20대의 젊은 노동자가 참 어이없이 비참하게 살해되었습니다. 노동자가 처한 어두운 현실을 목도하며 저는 졸업할 그즈음에 사실 심각한 고민에 빠졌습니다. 예수는 왜 믿는가, 목사는 뭐하는 사람인가?

그전까지 제 꿈은 큰 교회에 가는 것이었습니다. 그런데 신학교를 다니는 중에 삼선개헌, 전태일 분신, 김진수 사건을 직간접적으로 겪으면서 큰 충격을 받고 그런 근본적 질문을 하게 된 것이지요. 그 질문 끝에 내려진 답은 '결국 예수 따라가는 거다!'였습니다.

그러면 '예수가 어디 있나'였고, 마가복음을 보니 부활절 후 갈릴리로 먼저 가셨다고 나왔습니다. 예수는 갈릴리에 있구나. 그를 만나려면 갈릴리로 가야 하는구나. 한국의 갈릴리는 어디인가, 찾았습니다. 그곳을 찾다가 온 곳이 영등포산업선교회였습니다.

영등포산업선교회로 온 것은 예수 만나러, 예수 따라가려고 온 것입니다. 당시 저는 사회과학도 모르고 이론 서적도 읽지 않았습니다. 그런데 갈릴리로 와보니 나보다 먼저 온 분이 계셨는데, 바로 조지송 목사님이셨습니다. (8년 전에) 이분이 저에게 하신 말씀이 "노동자가 예수다. 노동자를 예수 대하듯이 해야 한다"였습니다. 신학교에서 배우지 못한 것이었습니다. '가난한 노동자가 예수다. 노동자를 예수 대하듯이 해야 한다.' 사실 이것은 성경이 증언하고 있습니다. 마태복음 25장에 예수님이 직접 하신 말씀이 나옵니다.

예수를 사랑하는 길은 가난한 노동자를 보살피는 것이며, 그 길에서 구원에 이를 수 있습니다. 우리는 그렇게 성경대로, 정통 신학대로 일했는데, 빨갱이, 좌파, 비복음적 등등 온갖 비난을 받았습니다. 그래도 조 목사님은 신나게 인생을 사셨습니다. 누가 뭐라 해도 당당하셨습니다. 추워도 추운 줄 모르고 행복하게 사셨습니다. 더워도 더운 줄 모르고, 배곯아도 배곯은 줄 모르고, 돈 없어도 돈 없는 줄 모르고, 빙긋이 웃고 꿋꿋하게, 매를 맞아도 빙긋이 웃고 꿋꿋하게 목숨을 내놓고 사셨습니다. 예수하고 사니까 행복과 보람을 느끼고 신나게 미친 듯이 사셨습니다. 예수가 있으니 다 필요 없으셨던 것입니다. 돈도 노동자 월급만큼만 받으셨고, 집도 단칸방이었고, 옷도 단한 벌이었습니다.

조 목사님의 독특한 점은 총무, 사무총장, 위원장 직함을 사용하지 않으신 것입니다. 노회, 총회, 어떤 단체, 어떤 직책에 연연하지 않으셨습니다. "예수가 언제 위원장, 총장 했나"라고 하시면서 직함을 사용하지 않으셨습니다. 초대 총무라고 많은 사람들이 이야기하지만, 본인은 한 번도 그렇게 사용하지 않으셨습니다. 평생을 실무자, 스태프라고만 하셨습니다.

조 목사님에게는 다만 노동자가 왕이었습니다. 그들이 울면 같이 울고, 분노하면 같이 분노하고, 밤을 새우면 같이 새우고, 굶으면 같이 굶고, 10원 한 장을 허투루 쓰지 않으셨습니다. 노동자 말고는 친구도 친척도 가까이하지 않으셨습니다. 심지어 자식에게도 크게 신경을 쓰지 못했습니다. 자식의 돌, 백일, 졸업도 그냥 지나가고, 자녀들 결혼식도 알리지 않으셨습니다. 명절이 되면 집에 못 가는 노동자를 모아놓고 같이 지내셨습니다. 조 목사님은 실무자에게 항상 말씀하셨습니다. 일과표(시간표)에서 누구를 더 많이 만나고 있는지 체크하라고. 산업선교 목회자 훈련 때도 이것을 강조하셨습니다.

노동자가 제일이고, 왕이고, 주인이라고. 그렇게 사셨습니다. 노동자만 생각하고, 노동자를 위해 사셨습니다. 20년이 지난 후 머리가 이유 없이 아프다고 하셨습니다. 왜 안 그러셨겠습니까? 이렇게 갈릴리에서 가난한 갈릴리 사람들과 한평생을 사셨던 분입니다.

조지송 목사님의 위대한 점 한 가지만 더 이야기하겠습니다. 조 목사님은 갈릴리에 달려가서 갈릴리 사람들하고 같이 사셨는데, 그 갈릴리에서 빠져나오지 않고 끝까지 그곳에 머무르다가 삶을 마치셨습니다. 사실 갈릴리에서 짧게 살다 간 사람들은 많습니다. 갈릴리에 가서 예수를 만나고, 예수와 함께 삽니다. 그러나 오래가지 못하고 이런저런 이유로 빠져나옵니다. 그러고는 이젠 몸과 생활은 아니고 머리로만, 입으로만, 글로만 갈릴리에 있는 것인 양 행세를 하게 됩니다. 말과 생각만 민중적이고, 생활은 극히 자본주의적인 사람들이 많습니다. 말과 생각만 진보적이고 생활은 수구적인 사람들도 많습니다. 잠시 갈릴리에 갔다가 나온 사람 중에는 그런 사람이 많이 있습니다.

우리가 능력이 안 되어 못해서 그렇지, 자본주의가 추구하는 길을 열심히 추구합니다. 자본주의가 추구하고자 하는 것을 갖고 싶어 하고 누리고 싶어 합니다. 생각과 삶의 현실이 다른 위선자의 모습이지요. 조 목사님의 존경스러운 점은 끝까지 시종일관하셨다는 것입니다. 나는 이 점에서 조 목사님께 머리를 숙이고 사는 사람입니다.

조지송은 영원한 갈릴리 사람이었습니다. 한 별이 떨어졌습니다. 수많은 이야기를 남겼습니다.

진정한 그리스도인, 그는 예수의 참 제자, 참된 목사, 신학자였습니다. 예수처럼 바보로 사셨습니다. 저는 이런 분과 한세상을 살았고, 같이 일했습니다. 그 축복에 하나님께 감사드립니다. 아마 여러분도 그러하리라 생각합니다.

조 목사님은 하나님 나라에 가서도 정진동, 김동완, 조승혁, 안광수, 박형규, 오재식, 조지 토드(George Edward Todd), 조지 나이난(A. George Ninan), 조지 오글(Geoge E. Ogle), 헨리 존스(Henry D. Jones)와 함께 시끌벅적할 것 같습니다. 하나님이 골치 아프실 듯합니다. 왜냐하면 하나님 나라에 무슨 문제가 있으면, 이분들이 가만히 있겠어요? 조직하고 투쟁하겠지요. 조 목사님이 천국 가셨으니 천국의 생활 조건이 더 좋아질 것입니다. 그러니 우리가 가는 날, 더 좋은 천국이 기다리고 있을 것입니다.

존경하는 노동자의 벗,
조지송 목사님을 떠나보내며

조지송 목사 장례 예배 조사 / 2019년 1월 24일

안재웅 목사
한국YMCA전국연맹유지재단 이사장

오늘 우리는 존경하는 조지송 목사님(87세)을 떠나보내는 예배를 드리기 위해서 이곳에 모였습니다.

이곳은 목사님께서 친히 터를 잡으신 곳입니다. 이곳은 목사님께서 '영등포산업선교회'를 세우신 곳입니다. 이곳은 목사님이 평생 정열을 쏟아 일하신 곳입니다. 이곳은 노동자들의 요람이요, 민주주의 교육장인 동시에 노동조합과 생협 그리고 신협의 산실입니다.

이곳은 목사님께서 예배를 드리던 곳이요, 노동자들과 성경공부를 하시던 거룩한 집입니다. 이곳은 한국기독교 사적 제8호 산업선교 발상지입니다. 이곳은 노동선교의 요람, 민주화운동 사적지라는 역사적인 큰 돌이 마당에 우뚝 서 있는 곳입니다. 목사님은 이곳에서 산선 동지들과 노동자들, 청년 학생들, 지역 주민들, 소외 계층 사람들의 권익과 복지를 위해 불철주야 일하셨습니다. 이곳은 온 세계 산업선교 종사자들의 메카이기도 합니다.

마치 꿀 송이를 찾는 벌과 나비처럼 목사님은 가만히 앉아 계

셔도 전국에서 그리고 아시아와 전 세계에서 사람들이 찾아와 연대하던 곳입니다. 목사님은 이제 그토록 사랑하시던 이곳을 떠나 영원한 하나님 나라로 입성하셨습니다. 우리는 한편 섭섭한 마음 금할 수 없지만 천국 백성이 되신 목사님을 기쁜 마음으로 환송하며 예배를 드리고 있습니다.

조지송 목사님은 성품이 겸손한 신사로 존경을 받으며 평생 청빈한 삶을 사신 분입니다. 목사님은 노동자들과 같이 지내면서 고난받는 예수의 모습을 똑바로 보신 분입니다. 억압받는 이들에게 해방을 선포하신 예수의 가르침이 복음의 핵심이라는 사실을 분명하게 파악하신 분입니다. 목사님은 처음부터 부와 명예는 관심 밖이었습니다. 오로지 힘없는 사람들, 가난한 사람들, 소외된 사람들, 고난받는 사람들이 사람답게 사는 정의로운 사회를 만들기 위해 힘쓰신 분입니다.

그렇다면 이런 힘이 어디서 나왔을까요? 아마도 "두려워 말라, 내가 세상을 이겼노라"라고 말씀하신 예수 그리스도를 믿는 믿음 또는 신앙의 힘에서 나왔다고 봅니다. 목사님은 유신독재 시절 마치 골리앗을 상대하던 다윗처럼 세상을 이기신 그리스도 예수와 함께 우리를 싸움터로 나서도록 독려해준 분입니다.

고수는 통한다고나 할까요? 프랑스 사람들로부터 존경받던 피에리스 신부는 이런 말을 남겼습니다. "저들은 사자요, 우리는 벼룩이다. 사자는 벼룩을 물 수 없지만, 벼룩은 사자를 물 수 있다. 우리가 이긴다." 목사님도 비슷한 생각을 가지고 부지런히 노동자들에게 학습을 시키고 벌 떼처럼 달라붙어 갑질 하는 정계, 재계, 노동계, 교계를 바꾸도록 힘을 보태신 분입니다.

　이제 우리는 이 모든 일을 아름다운 추억으로 마음에 간직하고 목사님의 뒤를 묵묵히 따르도록 해야 하겠습니다. 이런 다짐이 유족 박길순 사모님과 자녀·손은 물론, 영등포산업선교회 동지들과 이 자리에 모인 우리 모두를 묶는 끈이 되어 하나님의 공의와 평화, 생명과 사랑이 넘쳐나는 사회를 만드는 일에 앞장서게 할 것입니다. 조지송 목사님 장례 예배에 참석하신 조객 여러분에게 하나님의 크신 위로와 축복이 함께하시기를 바랍니다.

　감사합니다.

노동자의 참된 친구이며 스승이신
우리 목사님

조지송 목사 장례 예배 추모사 / 2019년 1월 24일

박송아
전 다람쥐회 회장

목사님, 우리 목사님. 사랑하고 존경하는 우리 목사님.

우리의 삶을 따스하게 감싸 안아 주시던 노동자의 아버지. 어둡고 암울한 참으로 어려웠던 시절 가난하고 소외된 노동자들과 함께하셨는데, 이제는 하나님 품으로 가셨습니다.

당산동 5층 아파트 1층에 자리해 반지하 좁은 공간에 쉴 새 없이 찾아오는 노동자들과 함께 울고 함께 웃으며 그렇게 사셨던 우리 목사님. 작은 체구에 조용하고 차분한 목소리, 늘 회색 점퍼를 입으시고 조금은 차갑고 냉정하게 보이셨지만 언제나 따뜻하고 친정아버지처럼 우리를 기다려주시던 목사님.

"난 늘 머리가 아파"라고 말씀하시면서도 산선으로 찾아오는 수많은 노동자들에게 세상을 살아가는 이치를 일깨워주시고, 노동법이 있다는 것을 알게 해주시고, 신용조합도 알려주시며 노동자들의 의식을 일깨워주시려고 그리도 애를 쓰시던 우리 목사님.

인간답게 살아보겠다고 절규하며 투쟁하던 우리 노동자들과

함께 세상의 부당한 권력에 맞서 온갖 억압과 핍박을 받으신 우리 목사님. 그런 고난의 와중에도 변함없이 정의의 한길을 걸으셨던 당신은 노동자의 참된 친구이시며 스승이십니다.

시대의 불의에 맞서 하나님의 정의를 외치며, 고통당하는 이들에게 하나님의 위로를, 억눌린 노동자들에게 자유를 찾게 해주시려는 당신의 가르침은, 이 땅을 살아가는 오늘의 우리들뿐만이 아니라 후대에까지 영원히 기억될 것이며, 검소하고 청렴결백한 삶 또한 영원한 발자취로 남을 것입니다.

목사님, 우리 목사님, 참으로 감사합니다.

"바보, 행진을 마치다"

조지송 목사 장례 예배 추모시 / 2019년 1월 24일

서덕석
시인, 열린교회 목사, 일하는예수회 회원

노동자를 공돌이, 공순이로 부르며
공장 기계의 부속품쯤으로 여기던
6~70년대 척박한 초기 산업현장에서
노동자들이 예수를 만나게 하려면
노동의 고단함과 고통과 기쁨을
그들과 함께 똑같이 겪으며
울고 웃어야 한다는 평범한 진리를
그는 온몸으로 깨달았다.

그리하여 노동자를 위한다는
얄팍한 우월감과 종교적 온정주의를
내던져 버리고
노동자와 함께 밑바닥으로부터
복음전도의 주춧돌을 놓기 시작했으니

거기서부터 산업선교가 시작되었다.

성서를 이야기하기 전에
기도와 예배를 드리기 전에
노동자 스스로가 존중받아야 할
인간임을 깨닫고
노동자의 권리에 눈을 뜨는 것이
곧 복음이며
노동조합이 곧 노동자들의 교회라고
그는 굳게 믿었다.

노동법이 있는 줄도 모르던 노동자들이
하나 둘, 너도나도 소모임을 만들어
유신정권의 탄압과 폭압을 이겨내며
조합원은 내팽개치고
은근슬쩍 회사에 빌붙어 사장을 편들기에 바쁘던
어용노조를 몰아내고
민주노조를 우후죽순처럼 일으켜 세웠다.

조지송 목사가 지켰던 영등포산업선교회는
소외받는 노동자들에게 내밀은
교회의 따뜻한 손길이며
포근한 품이었다.

허름한 점퍼 차림을 한 오빠 같고 형님 같은
조지송 목사가 기다리고 있던 그곳은
노동자들의 갈증을 풀어주는 우물가요
기대어 쉴 수 있는 그늘이었다.
가난한 노동자들은
단결과 투쟁뿐만 아니라
협동조합과 공동생활을 하면서
하나님 나라의 삶을 맛보았다.

노동자들을 눈뜨게 하고 일으켜 세우는
산업선교를 눈엣가시로 여긴 독재정권이
"산업선교가 들어오면 기업이 도산한다"면서
산업선교 목사들을 빨갱이라고 했지만
노동자들의 투쟁은 멈추어지지 않았다.
해고당하고 투옥되며 마침내 예수처럼
불온 분자로 블랙리스트에 이름이 오르지만
탄압은 오히려 단발마가 되어
독재정권의 가슴을 겨누었다.

노동자들과 함께한 산업선교를
'바보들의 행진'이라고 불렀던 조지송 목사는
십자가를 내걸지 않고서도
복음을 전하였으며

성경 말씀을 입에 달고 살지 않았어도
수많은 노동자들에게 예수의 삶과 사랑을
증거하였다.
'바보들의 행진'을 마친 조지송 목사를
하나님께서 웃으시며
따뜻하게 품에 안아주시리라

조지송 목사 약력

1933년 8월 28일	황해도 황주군 인교면 능산리 출생
1945년 8월 15일	소학교 3학년 중퇴, 인민학교 3학년 편입
1947년	인민학교 졸업
1950년 12월 5일	한국전쟁(6·25전쟁) 발발로 남쪽으로 피난
1951년	미군부대(제8사단 제865고사포 대대) 노무자, 군목실 근무
1954년	장로회총회신학교 입학(후 휴학)
1955년 5월 7일	박길순과 결혼(1녀 1남을 둠)
1958년	미군 제24사단 제6전차대대 군목실 근무
	장로회총회신학교 복학, 경기대학교 국문학과 입학
1961년 2~3월	경기대학교 초급대학 국문학과, 장로회총회신학교 졸업
1961년 8월	헨리 존스 목사의 강연을 듣고 산업전도연구원 훈련 지망
1961년 12월	장로회신학대학(원) 별과 졸업
1962년	탄광, 철광, 제철공장, 방직공장 노동 체험
1962~1963년	총회 중앙산업전도연구원 근무
1963년 11월 21일	경기노회에서 산업전도 목사로 안수 받음
1964년 2월 14일	영등포 지구 산업전도위원회 취임
1965년 2월 22일	제1회 평신도산업전도 지도자훈련과정 개설
1965년 3월	제1회 평신도산업전도 교육 시작
1965년 8월	한국노총 노동조합지도자교육과정 이수
1966년 7월 23일	한국노총 영등포 지역 노동조합 간부교육 특강
1966년 10월 7일~12월 22일	아시아노동교육원 노동조합 간부교육과정 수료
1968년 1월	한국산업전도실무자협의회 회장
1968년 1월 24~29일	동아시아교회협의회 도시산업선교연구협의회 참가(방콕)

1968년 1월	대만, 일본 산업선교 견학
1969년 4월 29~30일	제1회 도시산업지구 목회자연구회 개최
1969년 6월 19~20일	제1회 노사문제 세미나 개최
1969년 8월 11일	신용협동조합 창립으로 노동자협동사업 시작
1969년 10월	공장별 그룹 모임 시작
1970년 10월 25일	그룹 지도자(파이오니어) 훈련 시작
1970년 9월 14일~1971년 4월 20일	미국, 독일, 프랑스 산업선교 연수

- 시카고 지역사회조직활동 본부(Alinsky's Industrial Area Foundation) 견학
- 시카고 루스벨트 대학교 노동조합 간부교육과정 이수
- 시카고 도시문제연구소 연구과정 이수
- 시카고 오스틴 지역 주민조직운동 참가
- 미국 전국에 산재한 지역사회 주민조직 단체들 견학
- 미국 장로교 산업문제연구원 아시아 노동문제 세미나 참가
- 미국 농민노동조합운동(United Farm Workers) 참가
- 독일 프리드리히 에베르트 재단 초청으로 독일 노동운동 견학
- 독일 개신교해외개발처와 영등포산업선교회관 건립 협의 및 결정
- 프랑스 파리 빈민가 주민조직운동 견학

1972년 3월	도시산업선교실무자훈련원 원장 겸직
1973년 2월 9일	대한모방, 동아염직 노사문제로 연행 조사
1974년 8월 26~29일	한·일 국제도시산업선교연합회 연구회 참석
1975년 3월 31일	영등포산업선교연합회(장/감 연합) 총무 선임
1975년 8월 31일	대한예수교장로회 총회산업선교위원회 훈련 담당 간사 겸직
1976년 10월 1일	한국교회사회선교협의회 총무
1977년 3월 13일	영등포노동교회 창립
1978년	신용협동조합법 위반으로 입건
1978년 10월~1979년 7월	영등포산업선교회관 건축
1980년 5월 3일~6월 19일	세계교회협의회 선교대회(World Council of Churches, 호주) 세계교회협의회 산업선교 자문위원회의 참가
1980년 7월 13일	계엄사령부 합동수사본부로 연행(1주일 조사)
1982년 7월 17일	영등포산업선교회 사임(병가 휴직)
1983년 3월 31일	영등포산업선교회 퇴임(휴직 종료)
1983~1984년	한국교회사회선교협의회 훈련 담당
1985년 12월	충청북도 청원군 미원면 옥화리에서 '하나의 집' 시작

1990년	아시아 산업선교 정책협의회 참가(대만)
2007년 2월	하나의 집 해산
2009년 7월 17일	경기도 성남시 판교로 이주
2019년 1월 22일	별세(86세)

화보

1960년대 초중반, 전국을 순회하며 산업전도연구회를 지도하던 헨리 존스와 조지송 목사.

1960년대 중반의 조지송 가족. 왼쪽부터 조지송, 딸 향숙, 부인 박길순, 아들 성철.

1960년대 초반, 평신도산업전도연합회 월요예배 후. 가운데 줄 맨 오른쪽이 조지송.

1960년대 중반, 영등포지구 산업전도위원들. 앞줄 세 번째 계효언 목사(초대산업전도위원장), 네 번째 조지송 목사.

1960년대, 사무실에서 서류를 검토하는 조지송 목사.

1965년 3월 14일 영등포교회에서, 노동주일 축하예배 후. 맨 앞줄 왼쪽부터 세 번째 계효언 목사, 오철호 전도사. 두 번째 줄 첫째 유병관 목사, 두 번째 김요한 주교, 네 번째 김동혁 평신도회장. 세 번째 줄 첫째 조지송 목사, 세 번째 김용백 장로, 네 번째 방지일 목사, 뒤 오른쪽 강경구 전도사. 네 번째 줄 두 번째 김려성 장로. 맨 뒷줄 두 번째 우택인(Richard F. Wootton) 호주 선교사.

1960년대, 노동자들에게 협동조합 교육을 진행하는 조지송 목사(흑판 앞).

1972년 4월 23일 행주산성에서, 신용협동조합원 야유회. 뒷줄 첫 번째가 감리교 실무자 김경락 목사, 두 번째 박영혜, 맨 오른쪽 조지송 목사.

1975년경 당산동 시범아파트 회관 앞에서 실무자들과 함께. 왼쪽부터 인명진, 명노선, 박영혜, 조지송, 우택인(호주 선교사).

1970년대 후반, 노동자 소모임에서 대화하는 조지송과 인명진.

TIME
THE WEEKLY NEWSMAGAZINE

Founders: BRITON HADDEN 1898-1929
HENRY R. LUCE 1898-1967

Editor-in-Chief: Hedley Donovan
Chairman of the Board: Andrew Heiskell
President: James R. Shepley
Group Vice President, Magazines: Arthur W. Keylor
Group Vice President-International: Charles B. Bear
Vice Chairman: Roy E. Larsen
Corporate Editor: Ralph Graves

MANAGING EDITOR
Henry Anatole Grunwald
EXECUTIVE EDITOR
Edward L. Jamieson
ASSISTANT MANAGING EDITORS
Ray Cave, Murray J. Gart, Jason McManus

SENIOR EDITORS: Edwin Bolwell, Ruth Brine, George J. Church,
Martha M. Duffy, John T. Elson, Timothy Foote, Otto Friedrich,
Marta Goldman, Timothy M. James, Leon Jaroff, Ronald P. Krist,
Marshall Loeb.
Diplomatic Editor: Jerrold L. Schecter
International Editor: Jesse L. Birnbaum
Associates: William F. Doerner, Frederick Painton.

ART DIRECTOR: David Merrill

SENIOR WRITERS: Michael Demarest, Robert Hughes, T.E. Kalem,
Stefan Kanfer, Ed Magnuson, Lance Morrow.

ASSOCIATE EDITORS: James Atwater, William Bender, Gilbert
Cant, Gerald Clarke, Jay Cocks, Spencer Davidson, Jose M. Ferrer
III, Frederic Golden, James Grant, Philip Herrera, Frank B. Merrick,
Mayo Mohs, Burton Pines, R.Z. Sheppard, Peter Stoler, David B.
Tinnin, Marylois Purdy Vega, Edward W. Warner.

STAFF WRITERS: Patricia Blake, Andrea Chambers, John S. De-
Mott, Joan Downs, Elizabeth Frappollo, Neil G. Gluckin, Lenny
Glynn, Roberta Grahame, Paul Gray, Marguerite Johnson, John
Leo, Gary Maltes, Donald M. Morrison, Richard N. Ostling, John
Quirt, George Russell, Stephen Schlesinger, Stuart Schoffman, An-
nalyn Swan, Iran Webster, Roger Wolmuth.

CONTRIBUTORS: A.T. Baker, Thomas Griffith, Melvin Maddocks,
Richard Schickel, John Skow.

REPORTER-RESEARCHERS: Leah Shanks Gordon (Chief)
Department Heads: Maria Luisa Cisneros (Letters), Maria Fitz-
gerald Dossin, Dorothy Haystead, Ursula Nadasdy de Gallo.
Senior Staff: Mary Cronin (Deputy), Audrey Ball, Patricia Beckert, Jean
Bergstrad, Peggy T. Berman, Nancy McD. Chase, Patricia N. Chi-
el, Anne Hopkins, Sara C. Medina, Nancy Newman, Sue Raffety,
Brigid Shearman, Betty Suyker, F. Sydnor Vanderschmidt, Nancy L.
Williams, Rosemarie T. Zadikov
Anita Addison, Bernh Bedol, Sarah Sutton, Regina Cahill, Janice Cas-
tro, Oscar Chiang, Glenn Chu, Rosamond Draper, Cassie F. Full-
gardel, Georgina Barbour, Helen M. Adelajene Jiao Lee, John Kohan,
Alejandro McIntosh, Elsie McGrath, Gaye McIntosh, Hilary Ostlere,
Gail Perlick, Susan M. Reed, Alexandra Henderson Rich, Joy Ro-
venstein, Victoria Sales, Marion N. Sanders, Barbie Sloand, Zona
Sparks, Mary Themo, Edward Tivnan, Susanne S. Washburn, Hey-
den A. White, Genevieve A. Wilson-Smith, Paul A. Witteman, Linda
Young.

CORRESPONDENTS: Murray J. Gart (Chief), Richard L. Duncan
(Deputy)
National Political Correspondent: Robert Ajemian
Senior Correspondents: John L. Steele, Ruth Mehrtens Galvin.
Washington: Hugh Sidey, R. Edward Jackson, Bonnie Angelo, John
M. Berry, Stanley W. Cloud, Simmons Fentress, Dean E. Fischer,
Hays Gorey, Jerry Hannifin, Joseph J. Kane, Neil MacNeil, Mar-
guerite Michaels, Bruce W. Nelan, Christopher Ogden, Don Sider,
Sandy Smith, John F. Stacks, Strobe Talbott, Philip Taubman, Arthur
White. Chicago: Benjamin W. Cate, Anne Constable, Patricia De-
laney, J. Madeleine Nash, Gregory H. Wierzynski. Los Angeles: Jess
Cook, Edward J. Boyer, David DeVoss, Leo Janos, William P. Mar-
mon Jr., Benjamin W. Cate. New York: William Rademaekers, Peter
Ross. Atlanta: Gregory H. Wierzynski, Joseph H. Boyce, John J.
Austin, James Wide. Houston: George Taber. United Nations: Cor-
nelis Zwart.
Foreign: William Rademaekers, London: Herman Nickel, Christo-
pher Byron, Lawrence Malkin, Pierre Gregory H. Wierzynski, Syn-
dro Burton. Paris: B. William Mader, Gisela Balte, Barrah Seaman.
Brussels: Henry Muller. Rome: Jordan Bonfante, Erik Amfitheatrof.
Madrid: Gaston Finger. Jerusalem: Donald Neff, David Halevy.
Cairo: Wilton Wynn, David Beckwith. Moscow: Marsh Clark. Hong
Kong: Roy Rowan, David Aikman, Richard Bernstein, William Mc-
Whirter. Bonn: W. Wong. Nairobi: Lee Griggs, Gavin Scott, Eric Rob-
ins. New Delhi: William E. Smith. Tokyo: William Stewart, S. Chang.
Frank Iwama. Melbourne: John Dunn. Canada: John M. Scott (Chi-
na only), Ed Ogle (Vancouver). South America: Barry Hillenbrand
(Rio de Janeiro). Mexico City: Bernard Diederich.
News Desk: Minnie Magazine, Margaret G. Boeth, Al Buist, Susan
Lynd, James Patterson, Lee Powell, Barbara Sneddon, Linda D. Vartoo-
gian. Administration: Emily Friedrich, Linda D. Varse-
gian.

OPERATIONS MANAGER: Eugene F. Coyle, Mary Ellen Simon
(Deputy)

PRODUCTION: Charles P. Jackson (Makeup Editor). John M.
Cavanagh (Deputy). Sue Aikin, Manuel Delgado, Agustin Lombera,
Stanley Keaffern, Leonard Schulman, Allan Washburn.
ART DEPARTMENT: Arturo Cazeneuve, Wade Haycock, Irene
Ramp (Assistant Art Directors). Rosemary L. Frank (Covers), An-
thony J. Liberti, William Spencer (Designers). Layout Staff: Burjor
Nargolwala, Steve Conley, John P. Dowd, John F. Geist, Don Le-
vine, Maoln Ramon. Maps and Charts: Paul J. Pugliese, Joseph
Aronn. Researcher: Nancy Griffin.
PHOTOGRAPHY: John Durniak (Picture Editor). Arnold H. Drapkin
(Color Editor). Michele Stephenson (Assistant Picture Editor).
Picture Researchers: Evelyn Morris, Gay Franklin, Alice Rose
George, Francine Hyland, Rita Quinn, Suzanne Richie, Carol Saner,
Nancy Smith, Elizabeth Streiter.
Photographers: Walter Bennett, Dirck Halstead, Ralph Morse,
Stephan Northup, Bill Pierce, John Wasser, John Zimmerman.
COPY DESK: Anne K. Davis (Chief), Eleanor Edgar and Susan Hahn
(Deputies). Frances Bander, Minda Bikman, Madeline Butler, Joan
Cleary, Leo Gouet, Katharine Mihok, Emily Mitchell, Maria Paul,
Linda Pocock, Shirley Zimmerman.
EDITORIAL SERVICES: Norman Airey (Director), George Karas,
Michael E. Keene, Benjamin Lightman, Doris O'Neil, Carolyn R.
Pappas.

PUBLISHER
Ralph P. Davidson
Associate Publisher: Reginald K. Brack Jr.
General Manager: Donald L. Spurdle
Promotion Director: Robert D. Sweeney
Circulation Director: Donald W. Smith
Business Manager: John F. Howard
Advertising Sales Director: William M. Kelly Jr.
International Advertising Sales Director: Jan H.H. Moyer
ASIA PUBLISHING DIRECTOR: Charles L. D'Honau
JAPAN GENERAL MANAGER: Hidehiko Kido

© 1976 Time Inc. All rights reserved.
Principal office: Rockefeller Center, New York, New York 10020

SOUTH KOREA

A Song for the Workers of Seoul

Chang Hyang Soon, 22, has just lost her job as a bus conductor. Dressed in a simple blue suit, she sits worriedly in a tiny office in Seoul's grimy industrial suburb of Yongdungpo, telling her story with mounting bitterness. It seems that she left her company dormitory to buy skin cream for an allergy, but failed to ask for her employer's permission. She was not only summarily fired from the

THE REV. CHO CHI SONG
"When they're angry, I'm angry."

$60-a-month job, she says, but was physically abused by a superior who roughly twisted her arm. As she speaks, a slight figure in a worker's blue shirt and trousers sits perched on a desk, swinging his stockinged feet to and fro while he listens. He will support her complaint to a government labor office, he promises. If that fails, as it usually does, he will mount a campaign—petitions to the company, letters, phone calls—in the hope that the company will relent.

The listener is the Rev. Chi Cho Song, 47, a mild-mannered Presbyterian minister who for the past ten years has run the Yongdungpo Urban Industrial Mission amid the factories, the shanties and the mushrooming concrete apartments across the Han River from Seoul proper. Cho's mission is a few ground-floor rooms in one of those gray slab walk-ups, rooms that are rarely empty. Each month more than 5,000

people, most of them not formally Christian, come to the mission for some kind of help or encouragement. Last week alone the mission had 72 scheduled meetings on subjects ranging from labor law to flower arranging, birth control to the Bible. The mission also had its usual three or four harassing calls a day from the Korean Central Intelligence Agency.

The KCIA seems to think that the Rev. Mr. Cho is a labor agitator. In the circuitous manner that seems prudent for social change in South Korea these days, he is. Though the Yongdungpo mission provides such mundane services as a credit union and consumer-goods cooperative, its main energies are devoted to labor reform—a difficult process in a country where President Park Chung Hee's emergency decrees forbid strikes. Cho uses public protest instead. "We always have three or four labor-management disputes going," he told TIME Tokyo Bureau Chief William Stewart. "Last year there was a company with a 90-hour week. We asked the managers to change, but they never listened. So we organized our workers. One thousand wrote one letter each to the company every day. One thousand others made 1,000 telephone calls to the company every day. We sent out about 10,000 pamphlets. Then the Washington Post wrote an article, and the manager's son telephoned from the U.S. Now the company has an eight-hour day and gives holidays as well. The KCIA didn't like that."

Workers' Power. Though his social gospel is often called communistic by his critics, Cho is a refugee from North Korea, where his family were prosperous Christian farmers. He fled south in 1950, worked at odd jobs while putting himself through Seoul's Kyonggi College and Presbyterian Theological Seminary. It was at the seminary that some American missionaries from Japan introduced him to the need for industrial missions. He joined work projects in coal mines and textile factories, and became enraged at the long hours and harrowing working conditions in those places. Now, says Cho, South Korean workers are becoming more and more impatient for their share of the country's burgeoning economy. "There are all kinds of pressure from the police, the KCIA and business. But the workers' power is growing, and it cannot be destroyed."

Cho acknowledges that his own denomination is "very conservative" in South Korea and that he receives scant outside support: $1,500 a year from U.S. Presbyterians, some help from a few sympathetic local churches. Many of the workers close to Cho would like him to start his own congregation, but he resists that idea. "I don't talk about the church and religion," he says. "I don't even pray in the same way any more. I listen to people's problems and I ask God, 'How can I find a way?'"

49.
50

1978년 10월 23일 영등포산업선교회관 착공식에서 첫 삽을 뜨는 모습. 왼쪽부터 세 번째 김창식 목사, 네 번째 이정학 목사(건축위원장), 여섯 번째 인명진 목사 부인 김옥란, 일곱 번째 김관석 목사, 열 번째 이순경 목사, 맨 오른쪽 정봉덕 장로.

1979년, 해태제과 '8시간 노동 쟁취투쟁' 농성 중인 회관 모습.

1980년, 영등포산업선교회 '소그룹' 활동 모습. 5~8명의 노동자로 이뤄진 소그룹에서
교육, 투쟁계획, 실천, 평가가 이루어졌다.

1981년 5월, 소그룹 리더 '파이오니어' 수련회를 마치고. 첫째 줄 네 번째가 조지송 목사.

1980년대 초반, 노동교회 성찬식 모습. 왼쪽 집례자 조지송 목사, 오른쪽 집례자 인명진 목사, 맨 오른쪽 검은 양복 이근복 전도사.

1980년대 초반, 치과 진료실. 치과병원을 방불할 정도로 노동자 손님으로 늘 붐볐다.

1982년, '산업선교의 나바론'으로 불렸던 원풍모방에서 생산라인을 둘러보는 방용석 지부장(왼쪽), 조지송(가운데), 인명진(오른쪽).

조지송 목사가 영등포산업선교회 사임 후 1985년부터 2007년까지 22년간 살았던 청주 옥화리 '하나의 집'(2020년 1월).

1989년 8월 8일 '하나의 집'에서, 여성 노동자들과 대화하는 조지송 목사(뒷모습).

2010년 11월 29일, 준공된 민주화운동기념비를 둘러보며. 왼쪽부터 김영철, 조지송, 박길순, 손은정, 이근복, 유재무.

2011년 1월 28일, 78세의 조지송 부부.

2011년 8월, 조지송 목사에게 민주화운동기념사업회 '민주화운동인물기록공모사업'에 응하도록 설득하기 위해 방문한 후배·동지들과 함께. 앞줄 왼쪽부터 홍윤경, 박길순, 조지송, 김용복, 박진석, 손은정. 뒷줄 왼쪽부터 김은실, 장남희, 진방주, 이재성, 고성기, 신승원, 정미숙, 박성철.

2012년 10월 6일, 조지송 목사 팔순잔치에 참석한 옛 산업선교회원들과 실무자, 후배, 교계 인사들.

2019년 1월 24일, 조지송 목사 장례예식에서 설교본문 성서봉독을 하는 방종운 지회장(콜트 해고노동자)과 경청하는 추모객들.

작품1 〈뜨거운 감자들〉(1991, 설치 작품)
옥화리 '하나의 집' 텃밭에서 가꾼 감자로 예수의 '최후의 만찬'을 패러디한 설치 작품. 예수와 제자들이 그 시대의 뜨거운 감자들이었다면, 조지송이 일했던 시기의 산업선교 역시 뜨거운 감자와 같은 존재였다. 조 목사는 매년 감자를 수확하면 즐겨 똑같은 장면을 구성해보곤 했다. 이 작품을 보여주며 조지송 목사는 여기서 가룟 유다를 찾아보라고 말했다(예수가 주는 고난의 잔을 마시지 않겠다고 잔을 엎어놓은 감자다).

BREAD   FREEDOM   PEACE

작품2 〈밥 자유 평화〉(2010 연하장, 서예)
'밥'과 '자유'와 '평화'는 산업선교에 임하는 조지송 목사의 신앙적·사상적 배경을 함축하고 있는 단어다. 그는 노동자의 인간다움과 구원을 위해서는 이 세 가지 가치가 꼭 함께 가야 한다고 여겼다. 그래서 그가 쓴 붓글씨, 일러스트, 시, 앰블럼, 노랫말 등에 가장 많이 사용된 주제였다.

작품3 〈똥도 생명이야〉(연대 미상, 일러스트)
컴퓨터가 보급되면서 조지송은 컴퓨터 기능으로 여러 종류의 일러스트 작품을 만들어 성탄카드, 연하장, 편지 등에 활용했다. 길바닥에 버려지는 소똥을 소중히 갈무리하는 말똥구리의 모습은 민중의 생명력과 협동정신을 잘 드러내고 있다. 그는 노동자가 협동조합을 생활화하면 자본의 횡포를 뛰어넘을 수 있다고 누누이 강조하곤 했다.

주

제1부 막장에서 만난 예수

1) 서덕석, 〈평전을 위한 조지송 목사 인터뷰〉, 홍윤경 정리, 2011, 제5회차.

2) 앞의 자료.

3) 김용복/유승희, 《조지송 목사 구술자료 제12권》, 2011, 32A-36A.

4) 서덕석, 〈평전을 위한 조지송 목사 인터뷰〉, 홍윤경 정리, 2011, 제5회차.

5) 한국기독교교회협의회, 〈5·16쿠데타와 60년대 노동운동〉, 《70년대 노동 현장과 증언》, 도서출판 풀빛, 1984.

6) 장숙경, 《산업선교 그리고 70년대 노동운동》, 선인, 2013, 32~33쪽.

7) 앞의 자료.

8) 정병준, 〈산업선교 50년사〉, 《내 아버지께서 일하시니 나도 일한다》, 대한예수교장로회 총회 국내선교부, 2007.

9) 김용복/유승희, 《조지송 목사 구술자료 제12권》, 2011, 32A-36A.

10) 서덕석, 〈평전을 위한 조지송 목사 인터뷰〉, 홍윤경 정리, 2011, 제5회차.

11) 김용복/유승희, 《조지송 목사 구술자료 제1권》, 1986, 4쪽.

12) 앞의 자료, 21쪽.

13) 앞의 자료, 67쪽.

14) 오철호, 《산업전도수첩》, 대한예수교장로회총회 종교교육부, 1965.

15) 영등포산업선교회 40년사 기획위원회, 《영등포산업선교회 40년사》, 영등포산업선교회, 1998, 53쪽.

16) 인명진, 〈영등포산업선교회의 역사〉, 《영등포산업선교회 40년사》, 영등포산업선교회, 1998, 58쪽.

17) 조지송, 〈간추린 산업선교 이야기〉, 《영등포산업선교회 40년사》, 영등포산업선교회,

1998, 58쪽.

18) 김용복/유승희,《조지송 목사 구술자료 제12권》, 2011, 32A-36A.

19) 김명배 편,《영등포산업선교회 자료집 I》, 영등포산업선교회/숭실대문화선교연구소, 2020, 21~31쪽.

20) 대한예수교장로회 총회전도부 산업선교위원회 편,《교회와 도시산업선교》, 대한예수 교장로회총회교육부, 1981, 95~96쪽.

21) 김용복/유승희,《조지송 목사 구술자료 제12권》, 전이루 정리, 2011, 32A-36A, 11쪽.

22) 앞의 자료.

23) B. H. Won's story Blog, http//moriamount&faith.blogspot.com/2007/10/8..

제2부 노동자의 복음 '산업선교'

1) 김용복/유승희,《조지송 목사 구술자료 제1권》, 2011, 10쪽.

2) 앞의 자료.

3) 앞의 자료, 11쪽.

4) 앞의 자료.

5) 영등포산업선교회 40년사 기획위원회, 〈산업전도의 두 가지 길-산업신도들의 조직화〉, 《영등포산업선교회 40년사》, 영등포산업선교회, 1998, 72~80쪽.

6) 김용복/유승희, 〈영등포산업선교회 초기 역사〉,《조지송 목사 구술자료 제1권》, 2011, 11쪽.

7) 정영철/손은정, 〈조지송 인터뷰〉,《민주화운동 관련 인사 구술자료 수집사업》, 민주화 운동기념사업회, 2002.

8) 김용복/유승희, 〈영등포산업선교회 초기 역사〉,《조지송 목사 구술자료 제1권》, 2011.

9) 앞의 자료.

10) 김명배 편, 〈1965년도 사업보고서〉,《영등포산업선교회 자료집 I》, 영등포산업선교 회/숭실대문화선교연구소, 2020.

11) 앞의 자료.

12) 영등포산업선교회 40년사 기획위원회, 〈산업전도의 몇 가지 문제〉,《영등포산업선교 회 40년사》, 영등포산업선교회, 1998.

13) 김명배 편,《영등포산업선교회 자료집 I》, 영등포산업선교회/숭실대문화선교연구소, 2020.

14) 김용복/유승희, 〈영등포산업선교회 초기 역사〉,《조지송 목사 구술자료 제1권》, 2011.

15) 앞의 자료.

16) 김명배 편, 〈1965년도 사업보고서〉,《영등포산업선교회 자료집 I》, 영등포산업선교 회/숭실대문화선교연구소, 2020, 49쪽.

17) 영등포산업선교회 40년사 기획위원회, 〈노동조합운동의 보발꾼, 산업선교〉, 《영등포
산업선교회 40년사》, 영등포산업선교회, 1998, 112쪽.

18) 정영철/손은정, 〈조지송 인터뷰〉, 《민주화운동 관련 인사 구술자료 수집사업》, 민주화
운동기념사업회, 2002.

19) 조지송, 〈반 토막 산업선교 이야기〉, 미간행 강의자료.

20) 대한예수교장로회 총회전도부 산업선교위원회 편, 《교회와 도시산업선교》, 대한예수
교장로회총회교육부, 1981, 111쪽.

21) 정영철/손은정, 〈조지송 인터뷰〉, 《민주화운동 관련 인사 구술자료 수집사업》, 민주화
운동기념사업회, 2002.

22) 영등포산업선교회, 〈영등포산업선교의 어제와 오늘〉, 《영등포산업선교회 자료집 I 》,
영등포산업선교회/숭실대문화선교연구소, 2020, 126~127쪽.

23) 오글(Geoge E. Ogle, 한국명 오명걸) 목사는 1954년 미국연합감리교의 파송으로 인천
에서 감리교인천도시산업선교회를 시작했다. 산업선교실무자협의회(1965년 7월)를
통해 감리교를 넘어서서 산업선교 지도자 교육과 선교정책 연대에 기여했다. 그는 인
혁당 사건 등 한국의 민주화운동에도 관여하다가 1974년 11월 14일 박정희 유신정
권으로부터 추방되었으며, 2020년 6월 문재인 정부에서 국민포장을 받았다.

24) 양명득 편, 〈1965년 7월 사업보고서〉, 《눌린 자에게 자유를》, 영등포산업선교회/도서
출판 동연, 2020, 73~76쪽.

25) 조지송, 〈회상〉, 미간행 문서자료; 김용복/유승희, 〈영등포산업선교회 초기 역사〉, 《조
지송 목사 구술자료 제1권》, 2011.

26) 앞의 자료.

27) 정영철/손은정, 〈조지송 인터뷰〉, 《민주화운동 관련 인사 구술자료 수집사업》, 민주화
운동기념사업회, 2002.

28) 서덕석/손은정, 〈김갑준 인터뷰〉, 《조지송 평전을 위한 관련자 인터뷰 자료》, 영등포
산업선교회, 2011.

29) KBS 뉴스룸, 2020년 11월 13일 방송.

30) 김명배 편, 《영등포산업선교회 자료집 Ⅲ》, 영등포산업선교회/숭실대문화선교연구
소, 2020, 273쪽.

31) 민주화운동기념사업회, 《시대의 불꽃·3 김진수》, 2003.

32) 김명배 편, 《영등포산업선교회 자료집 Ⅳ》, 영등포산업선교회/숭실대문화선교연구
소, 2020, 62~66쪽.

33) 김용복/유승희, 〈영등포산업선교회 초기 역사〉, 《조지송 목사 구술자료 제1권》, 2011.

34) 김명배, 《영등포산업선교회 자료집 Ⅲ》, 영등포산업선교회/숭실대문화선교연구
소, 2020, 275쪽.

35) 김경락 목사는 장로교-감리교 연합 체제이던 시기에 감리교 측 실무자로 조지송 목사와 함께 영등포산업선교연합회 일을 했다.
36) 한국교회도시산업문제협의회, 〈김진수 장례식순〉, 미간행 문서자료, 1971.
37) 민주화운동기념사업회, 《시대의 불꽃·3 김진수》, 2003.
38) 장숙경, 《산업선교 그리고 70년대 노동운동》, 선인, 2013, 98~99쪽.
39) 대한예수교장로회 총회전도부 산업선교위원회 편, 《교회와 도시산업선교》, 대한예수교장로회총회교육부, 1981, 152~153쪽.

제3부 바보들의 행진
1) 한국기독교교회협의회, 《70년대 노동 현장과 증언》, 도서출판 풀빛, 1984, 136~137쪽.
2) 김용복/유승희, 《조지송 목사 구술자료 제2권》, 2011.
3) 인명진, 〈1970년대 영등포산업선교회 전략〉, 《영등포산업선교회 40년사》, 영등포산업선교회, 1998.
4) 김용복/유승희, 《조지송 목사 구술자료 제2권》, 2011.
5) 유옥순, 〈콘트롤데이터에 민주노조를 세우다〉, 《나, 여성 노동자 1》, 그린비, 2011.
6) 권진관, 〈집단적 배움의 과정으로서의 사회운동〉, 《1960~70년대 한국노동자의 계급문화와 정체성》, 한울아카데미, 2006.
7) 서덕석/홍윤경/이훈희, 〈김연자 인터뷰〉, 《조지송 평전을 위한 관련자 인터뷰 자료》, 영등포산업선교회, 2011년 6월.
8) 김명배 편, 《영등포산업선교회 자료집 I》, 영등포산업선교회/숭실대문화선교연구소, 2020, 128~388쪽.
9) 앞의 자료, 128쪽.
10) 김용복/유승희, 《조지송 목사 구술자료 제2권》, 2011.
11) 조지송, 〈누가 이들을 바보로 만들었나?〉, 《영등포산업선교회 자료집 I》, 영등포산업선교회/숭실대문화선교연구소, 2020, 192~195쪽.
12) 명노선, 〈잊을 수 없는 산업선교회의 일들〉, 《영등포산업선교회 40년사》, 영등포산업선교회, 1998.
13) 서덕석/손은정, 〈산선 선배노동자 인터뷰-박점순, 신미자, 송효순, 박득순, 김미순, 한명희〉, 2011.
14) 김용복/유승희, 《조지송 목사 구술자료 제8권》, 2011.
15) 영등포산업선교회 40년사 기획위원회, 《영등포산업선교회 40년사》, 영등포산업선교회, 1998, 154~160쪽.
16) 앞의 자료.
17) 김명배 편, 〈남영나일론 노사분규개략〉, 《영등포산업선교회 자료집 I》, 영등포산업선

교회/숭실대문화선교연구소, 2020, 337~341쪽.

18) 김용복/유승희,《조지송 목사 구술자료 제9권》, 2011.

19) 앞의 자료.

20) 서덕석/손은정, 〈산선 선배노동자 인터뷰-박점순, 신미자, 송효순, 박득순, 김미순, 한 명희〉, 2011.

21) 영등포산업선교회 40년사 기획위원회,《영등포산업선교회 40년사》, 영등포산업선교 회, 1998, 164쪽.

22) 앞의 자료, 167쪽.

23) 김용복/유승희,《조지송 목사 구술자료 제9권》, 2011.

24) 한국기독교교회협의회,《70년대 노동 현장과 증언》, 도서출판 풀빛, 1984, 521쪽.

25) 김명배 편,《영등포산업선교회 자료집 Ⅳ》, 영등포산업선교회/숭실대문화선교연구 소, 2020, 339쪽.

26) 김용복/유승희,《조지송 목사 구술자료 제9권》, 2011.

27) 순점순,《8시간 노동을 위하여》, 도서출판 풀빛, 1984.

28) 앞의 자료.

29) 서덕석/손은정, 〈산선 선배노동자 인터뷰-박점순, 신미자, 송효순, 박득순, 김미순, 한 명희〉, 2011.

30) 한국기독교교회협의회,《70년대 노동 현장과 증언》, 도서출판 풀빛, 1984, 529~530쪽.

31) 〈동아일보〉, 1979년 9월 12일.

32) 영등포산업선교회 40년사 기획위원회,《영등포산업선교회 40년사》, 영등포산업선교 회, 1998, 176~177쪽.

33) 신철영, 〈영등포산업선교의 10년〉,《영등포산업선교회 40년사》, 영등포산업선교회, 1998.

34) 김용복/유승희,《조지송 목사 구술자료 제9권》, 2011.

35) 송효순,《서울로 가는 길》, 형성사, 1982.

36) 김용복/유승희,《조지송 목사 구술자료 제9권》, 2011.

37) 서덕석/손은정, 〈송효순 인터뷰〉,《조지송 평전을 위한 관련자 인터뷰 자료》, 영등포 산업선교회, 2021.

38) 김용복/유승희,《조지송 목사 구술자료 제8권》, 2011.

39) 앞의 자료.

40) 앞의 자료.

41) 김남일 편,《원풍모방 노동운동사》, 삶이보이는창, 2010.

42) 김명배 편,《영등포산업선교회 자료집 Ⅰ》, 영등포산업선교회/숭실대문화선교연구소, 2020.

43) 김남일 편,《원풍모방 노동운동사》, 삶이보이는창, 2010.

44) 앞의 자료.

45) 영등포산업선교회 40년사 기획위원회,《영등포산업선교회 40년사》, 영등포산업선교
회, 1998, 208쪽.

제4부 탄압과 저항

1) 김용복/유승희,《조지송 목사 구술자료 제2권》, 2011.

2) 한국기독교교회협의회,《70년대 노동 현장과 증언》, 도서출판 풀빛, 622~624쪽.

3) 앞의 자료, 425쪽.

4) 김명배 편,《영등포산업선교회 자료집 IV》, 영등포산업선교회/숭실대문화선교연구소,
2020.

5) 고애신, 〈구미 도시산업선교회 탄압실태보고서〉, 미간행 보고서, 1979; 영등포산업선
교회 40년사 기획위원회,《영등포산업선교회 40년사》, 영등포산업선교회, 1998, 197쪽.

6) 앞의 자료.

7) 김용복/유승희,《조지송 목사 구술자료 제4권》, 2011.

8) 영등포산업선교회 40년사 기획위원회,《영등포산업선교회 40년사》, 영등포산업선교
회, 1998.

9) 김명배 편,《영등포산업선교회 자료집 I》, 영등포산업선교회/숭실대문화선교연구소,
2020, 366쪽.

10) 한국기독교교회협의회,《70년대 노동 현장과 증언》, 도서출판 풀빛, 1984.

11) 영등포산업선교회 40년사 기획위원회,《영등포산업선교회 40년사》, 영등포산업선교
회, 1998.

12) 김용복/유승희,《조지송 목사 구술자료 제2권》, 2011.

13) 인명진, 〈정부의 YDP-UIM 공격〉,《영등포산업선교회 40년사》, 영등포산업선교회,
1998.

14) 서덕석/손은정, 〈산선 선배노동자 인터뷰-박점순, 신미자, 송효순, 박득순, 김미순, 한
명희〉, 2011. 영등포산업선교회 회원인 여성노동자들은 10·26사태로 박정희가 김재
규의 총탄에 사망했을 때 조지송 목사가 "잘 죽었다"라고 한마디 한 것 외에는 조지송
목사의 정치적 발언을 거의 듣지 못했다고 증언한다.

15) 조지송, 〈새로운 전진을 위하여〉,《눌린 자에게 자유를》, 동연, 2020, 396쪽.

16) 신철영, 〈영등포산업선교의 10년〉,《영등포산업선교회 40년사》, 영등포산업선교회,
1998, 485쪽.

17) 김명배 편,《영등포산업선교회 자료집 I》, 영등포산업선교회/숭실대문화선교연구소,
2020, 386쪽.

18) 영등포산업선교회 40년사 기획위원회,《영등포산업선교회 40년사》, 영등포산업선교 회, 1998.

19) 앞의 자료.

20) 앞의 자료.

21) 인명진, 〈정부의 YDP-UIM 공격〉,《영등포산업선교회 40년사》, 영등포산업선교회, 1998.

22) 김용복/유승희,《조지송 목사 구술자료 제8권》, 2011.

23) 김남일 편,《원풍모방 노동운동사》, 삶이보이는창, 2010.

24) 김용복/유승희,《조지송 목사 구술자료 제8권》, 2011.

25) 영등포산업선교회 40년사 기획위원회,《영등포산업선교회 40년사》, 영등포산업선교 회, 1998.

26) 김용복/유승희,《조지송 목사 구술자료 제3권》, 2011.

27)《TIME》1977년 1월 3일.

28) 스티븐 라벤더, 〈영등포 산선의 벗들에게〉,《영등포산업선교회 40년사》, 영등포산업 선교회, 1998, 470~473쪽.

29) 조지송, '영문 기도 요청 편지'.

30) 김용복/유승희,《조지송 목사 구술자료 제2권》, 2011.

31) 앞의 자료.

32) 신철영, 〈영등포산업선교의 10년〉,《영등포산업선교회 40년사》, 영등포산업선교회, 1998.

33) 서덕석/손은정, 〈이근복 인터뷰〉,《조지송 평전을 위한 관련자 인터뷰 자료》, 영등포 산업선교회, 2021.

34) 인명진, 〈교회 PCK의 YDP-UIM 공격〉,《성문 밖 사람들 이야기》, 대한기독교서회, 2013.

35) 대한예수교장로회 제63회 총회 〈시국에 대한 성명서〉, 1978.

36) 김용복/유승희,《조지송 목사 구술자료 제2권》, 2011.

37) 앞의 자료..

38) 양명득 편, 〈제64회 총회 성명서〉,《눌린 자에게 자유를》, 영등포산업선교회/도서출판 동연, 2020, 29쪽.

39) 양명득 편, 〈산업선교 활동에 대한 총회의 입장〉,《눌린 자에게 자유를》, 영등포산업선 교회/도서출판 동연, 2020, 30~32쪽.

40) 인명진, 〈교회로부터의 도전〉,《성문 밖 사람들 이야기》, 대한기독교서회, 2013, 123~128쪽.

41) 정영철/손은정, 〈조지송 인터뷰〉,《민주화운동 관련 인사 구술자료 수집사업》, 민주화

운동기념사업회, 2002.

제5부 영등포가 따뜻했던 날들

1) 김용복/유승희,《조지송 목사 구술자료 제12권》, 2011.

2) 김명배 편, 〈1966년 1월 보고서〉,《영등포산업선교회 자료집 I 》, 영등포산업선교회/숭실대문화선교연구소, 2020.

3) 김명배 편, 〈1966년 6월 보고서〉,《영등포산업선교회 자료집 I 》, 영등포산업선교회/숭실대문화선교연구소, 2020.

4) 김용복/유승희,《조지송 목사 구술자료 제5권》, 2011.

5) 서덕석/손은정, 〈산선 선배노동자 인터뷰-박점순, 신미자, 송효순, 박득순, 김미순, 한명희〉, 2011.

6) 정영철/손은정, 〈조지송 인터뷰〉,《민주화운동 관련 인사 구술자료 수집사업》, 민주화운동기념사업회, 2002.

7) 조지송, 〈협동조합, 왜? 어떻게?〉, 미간행 문서자료, 영등포산업선교회.

8) 정영철/손은정, 〈조지송 인터뷰〉,《민주화운동 관련 인사 구술자료 수집사업》, 민주화운동기념사업회, 2002.

9) 조지송, 〈협동조합, 왜? 어떻게?〉, 미간행 문서자료, 영등포산업선교회.

10) 김명배 편,《영등포산업선교회 자료집 I 》, 영등포산업선교회/숭실대문화선교연구소, 2020.

11) 앞의 자료, 164쪽.

12) 정영철/손은정, 〈조지송 인터뷰〉,《민주화운동 관련 인사 구술자료 수집사업》, 민주화운동기념사업회, 2002.

13) 서덕석/손은정, 〈산선 선배노동자 인터뷰-박점순, 신미자, 송효순, 박득순, 김미순, 한명희〉, 2011.

14) 박점순, 〈아름다운 추억〉,《다람쥐회 창립 30주년 기념 자료집》, 영등포산업선교회, 1999.

15) 김명배 편, 〈1976년도 근로자공동구매조합 보고서〉,《영등포산업선교회 자료집 I 》, 영등포산업선교회/숭실대문화선교연구소, 2020, 306~308쪽.

16) 김용복/유승희,《조지송 목사 구술자료 제3권》, 2011.

17) 앞의 자료.

18) 앞의 자료.

19) 앞의 자료.

20) 대한예수교장로회 총회전도부 산업선교위원회 편,《교회와 도시산업선교》, 대한예수교장로회총회교육부, 1981, 113쪽.

21) 영등포산업선교회,《다람쥐회 창립 30주년 기념 자료집》, 미간행 보고서, 1999.

22) 서덕석/손은정, 〈산선 선배노동자 인터뷰-박점순, 신미자, 송효순, 박득순, 김미순, 한명희〉, 2011.

23) 김명배 편,《영등포산업선교회 자료집 I》, 영등포산업선교회/숭실대문화선교연구소, 2020.

24) 서덕석/손은정, 〈산선 선배노동자 인터뷰-박점순, 신미자, 송효순, 박득순, 김미순, 한명희〉, 2011.

25) 김용복/유승희,《조지송 목사 구술자료 제3권》, 2011.

26) 앞의 자료.

27) 영등포산업선교회,《다람쥐회 창립 30주년 기념 자료집》, 미간행 보고서, 1999.

28) 조지송, 〈간추린 산업선교 이야기〉,《영등포산업선교회 40년사》, 영등포산업선교회, 1998.

29) 김용복/유승희,《조지송 목사 구술자료 제10권》, 2011, 10쪽.

30) 김용복/유승희,《조지송 목사 구술자료 제2권》, 2011.

31) 오철호,《산업전도수첩》, 대한예수교장로회총회 종교교육부, 1965.

32) 대한예수교장로회 총회전도부 산업선교위원회 편,《교회와 도시산업선교》, 대한예수교장로회총회교육부, 1981, 259쪽.

33) 서덕석/손은정, 〈김용복 인터뷰〉,《조지송 평전을 위한 관련자 인터뷰 자료》, 영등포산업선교회, 2021.

34) 김용복/유승희,《조지송 목사 구술자료 제3권》, 2011.

35) 앞의 자료.

36) 서덕석/손은정, 〈장석숙 인터뷰〉,《조지송 평전을 위한 관련자 인터뷰 자료》, 영등포산업선교회, 2011년.

37) 서덕석/손은정, 〈산선 선배노동자 인터뷰-박점순, 신미자, 송효순, 박득순, 김미순, 한명희〉, 2011; 김용복/유승희,《조지송 목사 구술자료 제4권》, 2011.

38) 영등포노동교회, 〈승리의 찬송〉, 미간행 노래집.

39) 김용복/유승희,《조지송 목사 구술자료 제4권》, 2011.

40) 서덕석/손은정, 〈산선 선배노동자 인터뷰-박점순, 신미자, 송효순, 박득순, 김미순, 한명희〉, 2011.

41) 앞의 자료.

42) 김명배 편,《영등포산업선교회 자료집 I》, 영등포산업선교회/숭실대문화선교연구소, 2020.

43) 김용복/유승희,《조지송 목사 구술자료 제4권》, 2011.

44) 김명배 편,《영등포산업선교회 자료집 I》, 영등포산업선교회/숭실대문화선교연구소,

2020.

45) 인명진, 〈새 전략으로서의 민중교회〉, 《성문 밖 사람들 이야기》, 대한기독교서회, 2013.

46) 김명배 편, 《영등포산업선교회 자료집 I》, 영등포산업선교회/숭실대문화선교연구소, 2020.

47) 영등포노동교회, 《주보》, 1979.

48) 영등포노동교회, 《주보》, 1979~80.

49) 한명희, 〈영등포산업선교회와 나〉, 양명득 편, 《눌린 자에게 자유를》, 영등포산업선교회/도서출판 동연, 2020, 338쪽.

50) 영등포노동교회, 《주보》, 1980.

51) 김용복/유승희, 《조지송 목사 구술자료 제4권》, 2011.

52) 인명진, 〈새 전략으로서의 민중교회〉, 《성문 밖 사람들 이야기》, 대한기독교서회, 2013.

제6부 서로 배우고 가르치다

1) 김용복/유승희, 〈노동자 문화〉, 《조지송 목사 구술자료 제1권》, 2011.

2) 김용복/유승희, 《조지송 목사 구술자료 제12권》, 2011.

3) 앞의 자료.

4) 김용복/유승희, 〈노동자 문화〉, 《조지송 목사 구술자료 제1권》, 2011.

5) 김용복/유승희, 《조지송 목사 구술자료 제8권》, 2011, 93쪽.

6) 김용복/유승희, 《조지송 목사 구술자료 제12권》, 2011, 19쪽.

7) 앞의 자료.

8) 김용복/유승희, 《조지송 목사 구술자료 제8권》, 2011.

9) 앞의 자료.

10) 앞의 자료.

11) 조지송, 〈영등포산업선교회 이야기〉, 《나의 삶 나의 이야기 2》, 도서출판 연이, 1997, 287쪽.

12) 영등포산업선교회 40년사 기획위원회, 《영등포산업선교회 40년사》, 영등포산업선교회, 1998, 134쪽.

13) 인명진, 〈70년대 영산의 전략〉, 《영등포산업선교회 40년사》, 영등포산업선교회, 143쪽.

14) 김명배 편, 《영등포산업선교회 자료집 I》, 영등포산업선교회/숭실대문화선교연구소, 2020.

15) 서덕석/손은정, 〈산선 선배노동자 인터뷰-박점순, 신미자, 송효순, 박득순, 김미순, 한명희〉, 2011.

16) 기독교교육학자 문동환 박사는 그의 책《아리랑고개의 교육》에서, 민중들이 고난 가운데서 서로 위로하며 끈질긴 생명력을 발휘하여, 억압하는 권력에 저항하면서 새 삶을 꿈꾸고 창조해 나간다고 했다. .

17) 김용복/유승희,《조지송 목사 구술자료 제10권》, 2011.

18) 조지송,〈산업선교 실무자 훈련지침서〉, 미간행 문서자료, 영등포산업선교회.

19) 김용복/유승희,《조지송 목사 구술자료 제10권》, 2011.

20) 앞의 자료.

21) 서덕석/손은정,〈고애신 인터뷰〉,《조지송 목사 평전을 위한 관련자 인터뷰 자료》, 홍윤경 정리, 2011.

22) 장숙경,《산업선교 그리고 70년대 노동운동》, 도서출판 선인, 2013.

23) 서남동,〈한의 형상화와 그 신학적 성찰〉,《민중신학의 탐구》, 한길사, 1983, 83~87쪽.

24) 안병무,〈예수와 민중〉,《갈릴래아의 예수》, 한국신학연구소, 2019.

25) 김용복,〈산업선교의 성서적 배경과 근거〉,《영등포산업선교회 40년사》, 영등포산업선교회, 1998.

26) 권진관,《예수, 민중의 상징. 민중, 예수의 상징》, 동연, 2009, 575쪽.

27) 대한예수교장로회 총회전도부 산업선교위원회 편,《교회와 도시산업선교》, 대한예수교장로회총회교육부, 1981, 59~70쪽. 1971년 신구교를 망라한 '크리스챤 사회행동협의체'가 조직되어 그리스도교가 민주화운동과 민중운동에 본격적으로 참여함으로써 저항운동에 강력한 구심점을 형성하게 되었다. 이 단체는 1976년 '한국교회 사회선교협의체'로 개편되고 조지송 목사가 총무를 맡았다.

28) 황홍렬,《한국민중교회 선교역사와 민중선교론》, 한들출판사, 2004.

29) 앞의 자료.

제7부 멈추지 않는 바보들의 행진

1) 김용복/유승희,《조지송 목사 구술자료 제2권》, 2011.

2) 정영철/손은정,〈조지송 인터뷰〉,《민주화운동 관련 인사 구술자료 수집사업》, 민주화운동기념사업회, 2002. .

3) 인명진,〈산업선교를 위한 새로운 도전〉,《성문 밖 사람들 이야기》, 대한기독교서회, 2013.

4) 서덕석/손은정,〈고애신, 조순형 인터뷰〉,《조지송 목사 평전을 위한 관련자 인터뷰 자료》, 홍윤경 정리, 2011.

5) 조지송 외,〈하나의 집 정관〉, 1985.

6) 서덕석/손은정,〈조순형 인터뷰〉,《조지송 목사 평전을 위한 관련자 인터뷰 자료》, 홍윤경 정리, 2020.

7) 김용복 교수가 산돌노동문화원 원장으로 재직하던 때 조지 타드의 권유로 영등포산업 선교회 활동을 채록하는 조사연구를 했다. 출판을 전제로 시작했으나 조지송 목사가 출판에 동의하지 않아 녹음테이프와 녹취록으로만 남겼다.

8) 서덕석/손은정, 〈조순형 인터뷰〉,《조지송 목사 평전을 위한 관련자 인터뷰 자료》, 홍윤경 정리, 2020.

9) 옥화교회 ○○○집사 육성 증언, 2020.

10) 조지송 사진 〈뜨거운 감자들〉, 이 책의 뒤에 수록된 화보 자료 참조.

11) 서덕석/손은정, 〈산선 선배노동자 인터뷰-박점순, 신미자, 송효순, 박득순, 김미순, 한명희〉, 2011.

12) 브루스 커밍스,《한국현대사》, 창작과비평, 2001, 372쪽.

13) 김진호, 〈신들의 사회〉,《한겨레 21》, 제857호.

14) 장숙경,《산업선교 그리고 70년대 노동운동》, 도서출판 선인, 2013, 381쪽.

15) 김용복/유승희,《조지송 목사 구술자료 제2권》, 2011.

16) 정영철/손은정, 〈조지송 인터뷰〉,《민주화운동 관련 인사 구술자료 수집사업》, 민주화운동기념사업회, 2002.

17) 김용복/유승희,《조지송 목사 구술자료 제2권》, 2011, 50쪽.

18) 정영철/손은정, 〈조지송 인터뷰〉,《민주화운동 관련 인사 구술자료 수집사업》, 민주화운동기념사업회, 2002.

19) 김용복/유승희,《조지송 목사 구술자료 제8·9권》, 2011.

20) 김남일 편,《원풍모방 노동운동사》, 삶이보이는창, 2010.

21) 김용복/유승희,《조지송 목사 구술자료 제8·9권》, 2011.

22) 양명득 편, 〈영등포산업선교회 선교 활동 문서집〉,《눌린 자에게 자유를》, 영등포산업선교회/도서출판 동연, 2020, 547쪽.

23) 영등포산업선교위원회, 〈총회역사유적지 지정 감사예배/민주화운동 기념비 제막식 순서지〉, 2010.

24) 안도선(Antony David Francis Dawson), 이메일, 2010년 11월.

25) 영등포산업선교회, 〈조지송 목사 영상 녹화자료〉, 2010.

26) 이 책의 뒤에 수록된 화보 자료 참조.

27) CBS 초대석, 〈산업선교의 개척자 조지송 목사〉, 2011년 1월 17일.

28) 영등포산업선교회, 〈우리 바보들은 행진을 멈추지 않습니다〉,《조지송 목사 팔순 축하 자료집》, 2012년 10월.

29) 예장뉴스, 〈산업선교의 선구자 조지송 목사 소천〉, 2019년 1월 22일.